逻辑考古，呈现道德经原貌

道德经正源

赵福利 ◎ 著

人民东方出版传媒
People's Oriental Publishing & Media
东方出版社
The Oriental Press

图书在版编目（CIP）数据

道德经正源 / 赵福利 著 . —北京：东方出版社，2022.8
ISBN 978-7-5207-1458-7

Ⅰ . ①道… Ⅱ . ①赵… Ⅲ . ①道家 ②《道德经》—研究 Ⅳ . ① B223.15

中国版本图书馆 CIP 数据核字（2020）第 011254 号

道德经正源

（DAODEJING ZHENGYUAN）

- -

作　　者：赵福利
责任编辑：辛春来
出　　版：东方出版社
发　　行：人民东方出版传媒有限公司
地　　址：北京市东城区朝阳门内大街 166 号
邮　　编：100010
印　　刷：优奇仕印刷河北有限公司
版　　次：2022 年 8 月第 1 版
印　　次：2022 年 8 月第 1 次印刷
开　　本：710 毫米 ×1000 毫米　1/16
印　　张：20.5
字　　数：250 千字
书　　号：ISBN 978-7-5207-1458-7
定　　价：59.00 元
发行电话：（010）85924663　　85924644　　85924641

- -

目 录
CONTENTS

自　序

　　流传的《道德经》版本众多，千百年来，为《道德经》作注疏者不计其数。可谓众说纷纭，莫衷一是。近代学者许地山在《道教史》中对《道德经》思想和文体提出了广泛的质疑，并得出结论："今本《老子》直像一部从多方面选录底道家教科书，思想与文体都呈混杂的状态。最低限度，也可以说是原本《老子》底增改本。"

　　事实上，任何一个版本的《道德经》都毫无例外：不但思想繁杂且自相矛盾，更严重的是语言逻辑混乱，前言不搭后语，连文章的最基本要求都达不到。

　　现代学者高亨在《老子正诂》一书中阐述了《道德经》的很多混乱问题，对于非常多的章节，都提出了整理意见，但很多时候也颇为无奈。

　　例：

　　《道德经》第二十章　绝学无忧，唯之与阿，相去几何？善之与恶，相去若何？人之所畏，不可不畏。荒兮其未央哉！众人熙熙，如享太牢，如春登台。我独泊兮其未兆，如婴儿之未孩；儽儽兮，若无所归。众人皆有余，而我独若遗。我愚人之心也哉！沌沌兮，俗人昭昭，我独昏昏。俗人察察，我独闷闷。澹兮其若海，飂兮若无止。众人皆有以，而我独顽似鄙。我独异于人，而贵食母。

　　面对这一章，高亨在《老子正诂》中逐句分析之后，彻底无奈地说："本章文句颇多窜乱，无可谊正。"

正源，是根据语言逻辑的基本规则、思想逻辑的基本规律，乃至文学艺术的韵律，把流传的《道德经》的所有语句重新拆分、编排整理，最后在通行本《道德经》基本不添字不减字的基础上整理成三篇语意顺畅的文章。（注：最终据其他古本添加了"罪莫大于可欲"这一句话。）

下面，简单介绍一下《道德经正源》的理论渊源。

我出生于一个农民家庭，在幼年时期完全不知道有《道德经》，只需考100分就足够了。没出意外，我于1990年考上了天津市蓟县第一中学。记得当时校长致词说，"不要认为考上一中就进了保险箱。"

1992年，通过一些读物我知道了《道德经》，这是最早的启蒙。没承想意外频出，以至于非常勉强地考上大学。大学本科就读哈尔滨理工大学，专业为检测技术及仪器，这是一个和《道德经》八竿子打不着的专业。后来我在整理《道德经》过程中非常重视逻辑推理以及论证的严密，也许，这正是理科生的基因。

大学期间兴趣繁杂。物理、哲学、经济学、心理学、文学、佛学、道学等等，什么书都看。我以为，过早功利化追求单一领域，只会使精神贫瘠。表面上，我兴趣繁杂，但是在心底却一直在思索一个问题："力的本质是什么？"因为，力学并没有涉及心理活动，而心理活动也属于自然的一部分，所以，我认为力学必定是不完备的。我把力学分为心理力学和物理力学两大体系。单就心理力学来看，这个体系要包融艺术、哲学乃至一切文化。把中国的传统文化融入心理力学体系则是我的努力方向。就这样，在大学时期我完成了知识、理论的系统化积累以及逻辑思维的持久锻炼，这也为整理《道德经》奠定了坚实的基础。

毕业之后，在一家国有通信公司工作，任职采购。后来辞了职，很长时间也没有合适的工作，要靠朋友的帮助才可以度日。特别要感谢张永见先生，我们曾经住在同一个宿舍，在我困难期间他给了我持续几年的帮助。

在此期间我写了《国民经济运行论》《心理力学原理》《温暖的心灵》。十七年如一日。除了在《天津师范大学学报·2009增刊》上发表一篇《心理力学和物理力学通论》，其余全部压箱底儿。

2009 年，我要写一本书法培训方面的书，以便配合书法教学。技术的核心思想就来源于《道德经》里的"天下大事必作于细"。然后，诸如"气韵""道法自然""为学日益为道日损""阴阳"等很多思想都源自《道德经》。但是，这些思想全部散见于《道德经》的不同章节。当时，一个朴素的想法就是，能不能在《道德经》中提炼出系统的思想来指导书法实践？反过来看，能够通过书法让人喜欢上《道德经》，也是我更高的愿望。在引用的过程中，我直觉发现有些语句连在一起会非常顺畅。最开始是哪些语句，已经记不清了，总之就像下面两章画线部分的语句：

第二十二章 曲则全，枉则直，洼则盈，敝则新，少则得，多则惑。是以圣人抱一为天下式。<u>不自见故明，不自是故彰，不自伐故有功，不自矜故长</u>。夫唯不争，故天下莫能与之争。古之所谓曲则全者，岂虚言哉！诚全而归之。

第二十四章 企者不立，跨者不行。<u>自见者不明，自是者不彰，自伐者无功，自矜者不长</u>。其在道也，曰余食赘行，物或恶之，故有道者不处。

这两章的画线部分怎么看都是说的一码事，并且连在一起自然顺畅、天衣无缝：

自见者不明，自是者不彰，自伐者无功，自矜者不长。（其在道也，曰余食赘行，物或恶之，故有道者不处。）不自见故明，不自是故彰，不自伐故有功，不自矜故长。

在我的印象里，类似的情况并非绝无仅有。那么，还有哪些语句连在一起会更顺畅呢？找一找，也很有意思。于是顺着这个思路找下去，很容易就找到一些语句，组合在一起更为顺畅。（这里不再一一举例，整理后的《道德经》全部顺畅。）

回过头再看，上述两章画线的部分可以整理到一起，其余文字又该如何处理呢？或许，在别的章节同样可以找到相关内容，可不可以尝试？于是，我又整理出这样的文本：

是以天下乐推而不厌。[①] 夫唯不厌，是以不厌。[②] 夫唯不争，故天下莫能与之争。[③]

这段文本，语意同样顺畅而且更有意义，只是又涉及其他不同章节的拆分组合。这时候，在思想上突然就有了升华——《道德经》会不会是竹简散落等原因，造成次序混乱？或许是可以整理的？或许是经历太多思考，只需要一个火花就足以形成燎原之势。接下来，各种发现层出不穷，《道德经》就像冬天的草原，在等待野火的洗礼。

在整理的过程中，不仅仅是"有些文本组合在一起很顺畅"这一类的小清新，还有很多不可调和的矛盾，很多的内容雷同、杂乱、语义令人费解、文字无考等各种各样花式问题。

例：

第四章 道冲，而用之或不盈，渊兮似万物之宗；挫其锐，解其纷，和其光，同其尘，湛兮似或存。吾不知谁之子，象帝之先。

第五十二章 天下有始，以为天下母。既得其母，以知其子；既知其子，复守其母，没身不殆。塞其兑，闭其门，终身不勤；开其兑，济其事，终身不救。见小曰明，守柔曰强。用其光，复归其明，无遗身殃，是为习常。

第五十六章 知者不言，言者不知。塞其兑，闭其门，挫其锐，解其分，和其光，同其尘，是谓玄同。故不可得而亲，不可得而疏；不可得而利，不可得而害；不可得而贵，不可得而贱。故为天下贵。

这几章的内容部分雷同且杂乱，有些语句只能被看作"错简重出"。

或许，《道德经》不是一个人写的，而是两个人在辩论？这样就可以解释为什么《道德经》中有很多不可调和的矛盾。至于"错简重出"，也可能是两个人在辩论时谈到相同的内容？然而，内容杂乱又是什么原因呢？于是进一

---

① 第六十六章。
② 第七十二章。
③ 第二十二章。

步猜想，《道德经》可能是多人辩论。需要说明的是，这些猜想也并非像说来这么容易，而是经过若干年的整理，不得不提出更多的猜想。同时，这也仅仅是进一步的猜想框架，至于能整理出什么结果来，完全不得而知。

直到如今我才明白，整理《道德经》是一个多么浩大的工程。在整理的最初几年，很多满足基本语言逻辑要求的语句都有多种组合可能性，所以，为了一段文本，每天大概有近百次乃至数百次的尝试，都不夸张。显然，仅仅靠语句通顺不足以继续整理，所以，必要依据思想逻辑。因为一种思想的发端、推演、结论，都会有规律可循。随着整理深入，又发现《道德经》有非常美的韵律和结构。于是，在满足语言逻辑、思想逻辑的基础上又侧重于文章结构的均衡和韵律。只是，要达到美的境界，还有更多繁重的工作。比如，有整理的文本、论证、解析、译文，等等，一处改动就牵一发动全身。……若没有现代的文字处理工具，恐怕一个人几辈子也完不成。

尽管书名为《道德经正源》，但是我绝不敢认定整理后的《道德经》为老子的原作，姑且称之为整理本《道德经》。时至今日，每读一遍，我仍旧会有新的理解，所以，其中的问题肯定不少，也恳请前辈学者能提出宝贵的意见。

《道德经正源》的成书过程过于艰辛，要特别感谢东方出版社的辛春来老师、陈艳华老师、金学勇老师、赵鹏丽老师、谷轶波老师，他们为这本书的出版付出了很多精力，并提出了许多中肯的意见。

无限感慨难以言说，谨填词一首以慰心绪。

江城子·千年如洗

十年辛苦不寻常。静书房，暌纱窗。寥寂星辰，天街夜色凉。纵有真经无人识，灯如旧，月如霜。

白驹过隙往何乡？少年郎，慎时光。千年如洗，唯有路长长。紫气东来应不远，无为处，何须忙？

凡例与说明

一 、底本

本书底本采用浙江书局据华亭张氏本所刊王弼注本，即通行本《道德经》。此本"玄"字因避清圣祖讳皆改为"元"。今复如初。此外，除依据其他古本增加"罪莫大于可欲"，再无文字增减与改变。

二、文字调整

下面章节的加粗文字需要移动位置（不是简单地互换位置）。这些需要调整的文字，在流传的版本中，或文字不一致，或歧义颇多，或于理不通，乃至后人解释疑点重重、争议不断。调整后的文本，绝无牵强附会，完全符合常识、义理。关于这一点，在文中的注释部分用"注：……"的形式加以简单说明。鉴于每组文字的调整涉及两处或多处文本，为了避免重复，或只在其中一处解释调整的原因。

第一种 单句的变化
其一，单句内部调整

第十四章 视之不见名曰**夷**，听之不闻名曰希，搏之不得名曰**微**。

调整为：

视之不见名曰**微**，听之不闻名曰希，搏之不得名曰**夷**。

第四十二章　万物负阴而抱阳。

调整为：

万物负阳而抱阴。

第四十五章　躁胜寒，静胜热。

调整为：

热胜寒，静胜躁。

第五十七章　我无为而民自化，我好静而民自正。

调整为：

我好静而民自化，我无为而民自正。

第六十四章　学不学，（　）复众人之所过。以辅万物之自然，而不敢为。

调整为：

学不学，不复众人之所过。

以辅万物之自然而敢为。

第六十五章　非以明民，将以愚之。

调整为：

非以愚民，将以明之。

其二，单句移动位置

第二十三章（　）希言自然。故飘风不终朝。

调整为：

故希言自然。

飘风不终朝。

第六十二章　（ ）善人之宝，不善人之所保。

调整为：

不善人之宝，**善**人之所保。

第二种　两句之间互换位置

第二十一章　其精**甚**真。

第五十三章　财货有**馀**。

调整为：

其精**有**真。

财货**甚**馀。

第二章　**万物作焉**而不辞。

第三十四章　**衣养万物**而不为主。

调整为：

衣养万物而不辞。

万物作焉而不为主。

第十五章　俨兮其若**客**。

第六十九章　吾不敢为主而为**客**。

调整为：

俨兮其若**客**。

吾不敢为主而为**客**。

第四十一章　质**真**若渝。

第五十八章　**直**而不肆。

调整为：

质**直**若渝。

真而不肆。

第十章　涤除玄览，能无**疵**乎？

第二十七章　善言无瑕**谪**。

调整为：

涤除玄览，能无**谪**乎？

善言无瑕**疵**。

第十五章　孰能安以**久**动之徐生？

第七十八章　**其无以易**之。

调整为：

孰能安以动之徐生？

以其久无易之。

第三十一章　兵者，不祥之器，非**君子**之器，不得已而用之。

第二十六章　是以**圣人**终日行，不离辎重。

调整为：

兵者，不祥之器，非**圣人**之器，不得已而用之。

是以**君子**终日行，不离辎重。

第五十七章　以正治国，以**奇**用兵。

第六十九章　故**抗**兵相加，哀者胜矣。

调整为：

以正治国，以**抗**用兵。

故**奇**兵相加，哀者胜矣。

第十章　爱民治国，能无**知**乎？……明白四达，能无**为**乎？

第六十九章　是谓**行**无行，执无兵，攘无臂，扔无敌。

调整为：

明白四达，能无**行**乎？爱民治国，能无**为**乎？

是谓**知**无行，执无兵，攘无臂，扔无敌。

第二十八章　朴散则为**器**。

第五十三章　是谓盗**夸**。

调整为：

朴散则为**夸**。

是谓盗**器**。

第五十章　陆行不**遇**兕虎。

第五十五章　攫鸟不**搏**。

调整为：

陆行不**搏**兕虎。

攫鸟不**遇**。

第二十七章　是谓**袭**明。

第五十章　兵无所**容**其刃。

调整为：

是谓**容**明。

兵无所**袭**其刃。

第三章　是以**圣人**之治。

第三十八章　是以**大丈夫**处其厚。

调整为：

是以**大丈夫**之治。

是以**圣人**处其厚。

第二十九章　去**泰**。

第三十五章　安平**太**。

调整为：

去**太**。

安平**泰**。

第三种　两句之间单向移位

第四十五章　清净（　）为天下正。

第三十四章　虽有拱璧**以**先驷马。

调整为：

清净**以**为天下正。

虽有拱璧先驷马。

第七十六章　**万物**草木之生也柔脆。

第十九章　故令（　）有所属。

调整为：

草木之生也柔脆。

故令**万物**有所属。

第五十章　入军不被甲（　）兵。

第七十四章　吾得**执**而杀之。

调整为：

入军不被甲**执**兵。

吾得而杀之。

第十二章　驰骋畋（tián）猎令人心**发**狂。

第二十章　众人皆有以（ ）。

调整为：

驰骋畋猎令人心狂。

众人皆有以**发**。

第五十四章　子孙**以**祭祀不辍。

第七十九章　是以圣人执左契，而不（ ）责于人。

调整为：

子孙祭祀不辍。

是以圣人执左契，而不**以**责于人。

第四种　三句之间交叉换位

第九章　**持**而盈之，……**揣**而棁之。

第三十六章　将欲**夺**之，必固与之。

调整为：

揣而盈之，……**夺**而棁之。

将欲**持**之，必固与之。

第五种　多句之间互换位置

第二十九章　故**物**或行或随，或歔或吹，或强或羸，或**挫**或隳（huī）。

第二十五章　**人**法地，地法天，天法道，道法自然。

第五十三章　大道甚夷，而**民**好径。

第十章　**载**营魄抱一。

调整为：

故**民**或行或随，或嘘或吹。或强或羸，或**载**或隳。

物法地，地法天，天法道，道法自然。

大道甚夷，而**人**好径。

挫营魄抱一。

第十章　**专**气致柔。

第二十二章　诚**全**而归之。

第二章　高下相**倾**。

第三十九章　天无以清将恐**裂**，地无以宁将恐**发**。

第三十六章　将欲**歙**之，必固张之。

调整为：

歙气致柔。

诚**专**而归之。

高下相**全**。

天无以清将恐**倾**，地无以宁将恐**裂**。

将欲**发**之，必固张之。

三、《道德经》多元化思想简述

《道德经》呈现了十几家乃至更多的思想。每一家的思想都各有建树也各有偏颇，在流传的《道德经》中统统被当作老子的思想。所以，有必要在字、词、句的注释之后，用"按……"的形式加以简要的解析。推而广之，对所有前人观点加以解析的，均以"按……"的形式。

《道德经》的论述方式和任何一本先秦著作都完全不同。《道德经》没有一个真实的历史人名（《论语》中就有子贡、子路等）。历来给人的印象就是"独立"于诸子百家。但是，《道德经》的"每一思想流派"都融合了诸子百家的思想，并且论述方式、阐述问题的角度及层次和诸子百家又有微妙的区别，几近于对诸子百家的评述、修正、交织与总结。（所涉篇名、人物详见本

书第三章）

比如，《明玄德·老子》："圣人用之，则为官长。"

《明常德·兵法家丙》："天道无亲，常与善人。"

这两句话在先秦的著作中有表述，但是都有微妙的差别，并且其思想的走向完全不同。

《荀子·天论》："天道有常：不为尧存，不为桀亡。应之以治则吉，应之以乱则凶。"

《墨子·尚贤》："故古者圣王甚尊尚贤，而任使能，不党父兄，不偏贵富，不嬖颜色。贤者，举而上之，富而贵之，以为官长。"

"天道无亲"与"不党父兄"是相通的。但是，墨子在这里没说"天道"，只是说"圣王"。至于"尚贤"与否，在《道德经》中别有论述。

综上，如果想真正理解《道德经》，必须放在诸子百家的历史背景之下。为避免千头万绪，在本书中，《道德经》与诸子百家的各种关联无法一一列举。

四、文字的训诂

中国文字的创造本身就有很高的思想内涵，并且在历史的发展中其含义以及文字结构经常会发生各种变化。

通过文字的历史演变来说明问题，这是《道德经》独有的也是不可思议的笔法（详见本书第四篇）。在《道德经》中，一个字训为不同的含义屡见不鲜。所以，必须对《道德经》所阐述的概念寻本溯源，并参考其历史的演变。

比如"道可道，非常道"。这三个"道"字的含义都不一样。并且，在三篇文章中，每一篇文章的"道"的含义均不一样。

老子著述《道德经》使用什么文字已不得而知，但至少是金文。严格来说，应该在甲骨文、金文的层面解读《道德经》。因为，相比于甲骨文与金文，小篆已有了很大变化。并且有些概念的含义按照现在的理解也很难区分，比如，"有之以为利，无之以为用"。"利"和"用"当有非常明确的区分，但在当今的语境下，"利用"已经混为一谈。遗憾的是，很多文字的金文、甲骨文已经缺失无考，诠释《道德经》不能连贯，并且解读甲骨文、金文同样是一个非常烦琐浩大的工程，这已经超过了本书的负荷。所以，除个别概念的诠释由我对甲骨文或金文的解读而来（解读甲骨文的过程也略去），其余的均参考已有文献。

退而求其次，汉·许慎《说文解字》及清·段玉裁《说文解字注》是很重要的参考资料。在文中，《说文》即是《说文解字》，"段注"即是段玉裁的《说文解字注》（当然，这并不能代表其他的训诂著作不重要）。

五、简化字问题

简化字在某种程度上是理解《道德经》的一个严重障碍。但是，由于简化字推广应用的时间很长，所以本书采用简化字。有些文字分别用繁体或小篆加以辅助说明。

六、比较式注释

本书注释的一般形式是字、词、句排列，采用分组注释。即先对字注释，然后对词注释，最后对句注释。但是，有的句子涉及一个字有不同的含义，属于这种情况的，先注释句。

《道德经》的每一篇都是多方辩论的文章。但是《道德经》中的文章并不像一般的辩论文章，采用一问一答的体裁，而是多方辩论，各说各理。其论述方式是先提出论题或者概念，然后进行论证或解释。

《道德经》的辩论丝丝入扣，在多方辩论中或者对某些概念给予不同的诠释，或者提出与之有微细差别的各种概念加以呼应。几乎每一句话乃至每一个字，都既有独立性的道理，同时又不是孤立的存在。所以，在注释一个文字、一句话时有必要参考文章的其他部分。如果参考来自本篇文章，均以"＊＊"（表示来自上文）、"下文＊＊"标注。如果引自其他篇章，则以篇名及思想者的名字加以标注。但限于篇幅，不可能把所有的对比都一一展现出来，这也是让人感到遗憾之处。请读者自行领会。

七、关于《道德经》译文的一点说明

展现由文字的本义过渡到各种含义的文字发展史,这是《道德经》的正名方式。并且,《道德经》高度抽象,所表达的含义也有很多层次。有的含义在译文中没有表达出来,纯粹是为了行文的流畅。此种情况下,注释与译文有差异但没有冲突。比如《明玄德·道者》:"既得其母,以知其子;既知其子,复守其母。始制有名,可名为大。"在译文部分与注释部分允许不一样。

八、本书不对《道德经》进行总结

《道德经》是一部高度精练的著作,虽然行文美妙,但是其蕴含的思想就像原始森林一样,具有高度的融合性。它展示了当时社会中流行的各种思想体系,也展示了各种思潮的演变方式,包括文字的演变历程,几乎凝聚并涵盖了先人围绕人生的所有思考的精华,每一点都是不可忽视的存在。任何试图"总结"其"思想主旨"的想法均是挂一漏万。所以,本书不再对《道德经》进行归纳总结。

九、本书不关注老子的时代

许地山先生对老子的生平作了考证,但是无果。

"老子到底是谁,或谓没有这人,是近来发生底问题。在解答这问题时,随即要回答《老子》是谁底著作。日本津田左右吉先生以为老子是乌有先生一流底人物。他说在《史记·老子传》里所记老子底事实极不明了,一会说是老莱子,一会说是周太史儋(dān),一会又说他是李耳。可知司马迁时代,老子是谁已有异说。"(《道教史》)

按:或许人的心中有这样的认识,"老子的时代越早"就会让人觉得越自豪,如果说老子是战国时期的人、晚于孔子甚至晚于孟子,那就"难以接受"。这都是舍本求末。

老子具体是哪个时代的人本书不再关注。

第一篇

通行本《道德经》

第一章　道可道，非常道。名可名，非常名。无名，天地之始，有名，万物之母。故常无欲，以观其妙；常有欲，以观其徼。此两者同出而异名，同谓之玄，玄之又玄，众妙之门。

第二章　天下皆知美之为美，斯恶已。皆知善之为善，斯不善已。故有无相生，难易相成，长短相较，高下相倾，音声相和，前后相随。是以圣人处无为之事，行不言之教；万物作焉而不辞，生而不有，为而不恃，功成而弗居。夫唯弗居，是以不去。

第三章　不尚贤，使民不争。不贵难得之货，使民不为盗。不见可欲，使民心不乱。是以圣人之治，虚其心，实其腹，弱其志，强其骨。常使民无知无欲。使夫智者不敢为也。为无为，则无不治。

第四章　道冲，而用之或不盈。渊兮似万物之宗，挫其锐，解其纷，和其光，同其尘，湛兮似或存。吾不知谁之子，象帝之先。

第五章　天地不仁，以万物为刍狗；圣人不仁，以百姓为刍狗。天地之间，其犹橐籥（tuó yuè）乎？虚而不屈，动而愈出。多言数穷，不如守中。

第六章　谷神不死，是谓玄牝（pìn）。玄牝之门，是谓天地根。绵绵若存，用之不勤。

第七章　天长地久。天地所以能长且久者，以其不自生，故能长生。是以圣人后其身而身先，外其身而身存。非以其无私邪？故能成其私。

第八章　上善若水。水善利万物而不争，处众人之所恶，故几于道。居善地，心善渊，与善仁，言善信，正善治，事善能，动善时。夫唯不争，故无尤。

第九章　持而盈之，不如其已。揣而锐（zhuō）之，不可长保。金玉满堂，莫之能守。富贵而骄，自遗其咎。功遂身退，天之道。

第十章　载营魄抱一，能无离乎？专气致柔，能婴儿乎？涤除玄览，能无疵乎？爱民治国，能无知乎？天门开阖，能无雌乎？明白四达，能无为乎？生之畜之。生而不有，为而不恃，长而不宰，是谓玄德。

第十一章　三十辐共一毂（gǔ），当其无，有车之用。埏埴（shān zhí）

以为器，当其无，有器之用。凿户牖（yǒu）以为室，当其无，有室之用。故有之以为利，无之以为用。

第十二章 五色令人目盲，五音令人耳聋，五味令人口爽，驰骋畋（tián）猎令人心发狂，难得之货令人行妨。是以圣人为腹不为目，故去彼取此。

第十三章 宠辱若惊，贵大患若身。何谓宠辱若惊？宠为下，得之若惊，失之若惊，是谓宠辱若惊。何谓贵大患若身？吾所以有大患者，为吾有身，及吾无身，吾有何患？故贵以身为天下，若可寄天下；爱以身为天下，若可托天下。

第十四章 视之不见名曰夷，听之不闻名曰希，搏之不得名曰微。此三者，不可致诘，故混而为一。其上不曒（jiǎo），其下不昧。绳绳不可名，复归于无物。是谓无状之状，无物之象，是谓惚恍。迎之不见其首，随之不见其后。执古之道，以御今之有。能知古始，是谓道纪。

第十五章 古之善为士者，微妙玄通，深不可识。夫唯不可识，故强为之容：豫兮若冬涉川，犹兮若畏四邻，俨兮其若容，涣兮若冰之将释，敦兮其若朴，旷兮其若谷，混兮其若浊。孰能浊以静之徐清？孰能安以久动之徐生？保此道者不欲盈，夫唯不盈，故能蔽不新成。

第十六章 致虚极，守静笃（dǔ）。万物并作，吾以观复。夫物芸芸，各复归其根。归根曰静，是谓复命。复命曰常，知常曰明。不知常，妄作凶。知常容，容乃公，公乃王，王乃天，天乃道，道乃久，没身不殆。

第十七章 太上，下知有之，其次亲而誉之，其次畏之，其次侮之。信不足焉，有不信焉。悠兮其贵言，功成事遂，百姓皆谓我自然。

第十八章 大道废，有仁义；慧智出，有大伪；六亲不和，有孝慈；国家昏乱，有忠臣。

第十九章 绝圣弃智，民利百倍；绝仁弃义，民复孝慈；绝巧弃利，盗贼无有。此三者以为文不足，故令有所属。见素抱朴，少私寡欲。

第二十章 绝学无忧，唯之与阿，相去几何？善之与恶，相去若何？人之所畏，不可不畏。荒兮其未央哉！众人熙熙，如享太牢，如春登台。我独泊兮其未兆，如婴儿之未孩；儡儡兮，若无所归。众人皆有余，而我独若遗。我愚人之心也哉！沌沌兮，俗人昭昭，我独昏昏。俗人察察，我独闷闷。澹兮其若海，飂（liù）兮若无止。众人皆有以，而我独顽似鄙。我独异于人，而贵食母。

第二十一章　孔德之容，惟道是从。道之为物，惟恍惟惚。惚兮恍兮，其中有象；恍兮惚兮，其中有物。窈（yǎo）兮冥兮，其中有精；其精甚真，其中有信。自今及古，其名不去，以阅众甫。吾何以知众甫之状哉？以此。

第二十二章　曲则全，枉则直，洼则盈，敝则新，少则得，多则惑。是以圣人抱一为天下式。不自见故明，不自是故彰，不自伐故有功，不自矜故长。夫唯不争，故天下莫能与之争。古之所谓曲则全者，岂虚言哉！诚全而归之。

第二十三章　希言自然。故飘风不终朝，骤雨不终日。孰为此者？天地。天地尚不能久，而况于人乎？故从事于道者，道者同于道，德者同于德，失者同于失。同于道者，道亦乐得之；同于德者，德亦乐得之；同于失者，失亦乐得之。信不足焉，有不信焉。

第二十四章　企者不立，跨者不行，自见者不明，自是者不彰，自伐者无功，自矜者不长。其在道也，曰余食赘行。物或恶之，故有道者不处。

第二十五章　有物混成，先天地生。寂兮寥兮，独立不改，周行而不殆，可以为天下母。吾不知其名，字之曰道，强为之名曰大。大曰逝，逝曰远，远曰反。故道大，天大，地大，王亦大。域中有四大，而王居其一焉。人法地，地法天，天法道，道法自然。

第二十六章　重为轻根，静为躁君。是以圣人终日行，不离辎重。虽有荣观，燕处超然。奈何万乘之主，而以身轻天下？轻则失本，躁则失君。

第二十七章　善行无辙迹，善言无瑕谪（zhé）；善数不用筹策；善闭无关楗，而不可开，善结无绳约，而不可解。是以圣人常善救人，故无弃人；常善救物，故无弃物，是谓袭明。故善人者，不善人之师；不善人者，善人之资。不贵其师，不爱其资，虽智大迷，是谓要妙。

第二十八章 知其雄，守其雌，为天下谿。为天下谿，常德不离，复归于婴儿。知其白，守其黑，为天下式。为天下式，常德不忒，复归于无极。知其荣，守其辱，为天下谷。为天下谷，常德乃足，复归于朴。朴散则为器，圣人用之，则为官长，故大制不割。

第二十九章 将欲取天下而为之，吾见其不得已。天下神器，不可为也。为者败之，执者失之。故物或行或随，或歔或吹。或强或羸，或挫或隳（huī）。是以圣人去甚，去奢，去泰。

第三十章 以道佐人主者，不以兵强天下。其事好还。师之所处，荆棘生焉。大军之后，必有凶年。善者果而已，不敢以取强。果而勿矜，果而勿伐，果而勿骄，果而不得已，果而勿强。物壮则老，是谓不道，不道早已。

第三十一章 夫佳兵者，不祥之器，物或恶之，故有道者不处。君子居则贵左，用兵则贵右。兵者，不祥之器，非君子之器，不得已而用之，恬淡为上。胜而不美，而美之者，是乐杀人。夫乐杀人者，则不可以得志于天下矣。吉事尚左，凶事尚右。偏将军居左，上将军居右，言以丧礼处之。杀人之众，以哀悲泣之，战胜，以丧礼处之。

第三十二章 道常无名，朴虽小，天下莫能臣也。侯王若能守之，万物将自宾。天地相合，以降甘露，民莫之令而自均。始制有名，名亦既有，夫亦将知止，知止可以不殆。譬道之在天下，犹川谷之于江海。

第三十三章 知人者智，自知者明。胜人者有力，自胜者强。知足者富。强行者有志。不失其所者久。死而不亡者寿。

第三十四章 大道氾兮，其可左右。万物恃之而生而不辞，功成不名有。衣养万物而不为主，常无欲，可名于小；万物归焉而不为主，可名为大。以其终不自为大，故能成其大。

第三十五章 执大象，天下往。往而不害，安平太。乐与饵，过客止。道之出口，淡乎其无味，视之不足见，听之不足闻，用之不足既。

第三十六章 将欲歙之，必固张之；将欲弱之，必固强之；将欲废之，必固兴之；将欲夺之，必固与之。是谓微明。柔弱胜刚强。鱼不可脱于渊，国之利器不可以示人。

　　第三十七章　道常无为，而无不为。侯王若能守之，万物将自化。化而欲作，吾将镇之以无名之朴。无名之朴，夫亦将无欲。不欲以静，天下将自定。

　　第三十八章　上德不德，是以有德；下德不失德，是以无德。上德无为而无以为；下德为之而有以为。上仁为之而无以为；上义为之而有以为。上礼为之而莫之应，则攘臂而扔之。故失道而后德，失德而后仁，失仁而后义，失义而后礼。夫礼者，忠信之薄，而乱之首。前识者，道之华，而愚之始。是以大丈夫处其厚，不居其薄；处其实，不居其华。故去彼取此。

　　第三十九章　昔之得一者，天得一以清，地得一以宁，神得一以灵，谷得一以盈，万物得一以生，侯王得一以为天下贞。其致之，天无以清将恐裂，地无以宁将恐发，神无以灵将恐歇，谷无以盈将恐竭，万物无以生将恐灭，侯王无以贵高将恐蹶。故贵以贱为本，高以下为基。是以侯王自称孤、寡、不榖。此非以贱为本邪？非乎？故致数舆无舆，不欲琭琭如玉，珞珞如石。

　　第四十章　反者道之动，弱者道之用。天下万物生于有，有生于无。

　　第四十一章　上士闻道，勤而行之；中士闻道，若存若亡；下士闻道，大笑之。不笑，不足以为道。故建言有之：明道若昧，进道若退，夷道若纇，上德若谷，大白若辱，广德若不足，建德若偷，质真若渝，大方无隅，大器晚成，大音希声，大象无形，道隐无名。夫唯道，善贷且成。

　　第四十二章　道生一，一生二，二生三，三生万物。万物负阴而抱阳，冲气以为和。人之所恶，唯孤、寡、不榖，而王公以为称。故物或损之而益，或益之而损。人之所教，我亦教之。强梁者不得其死，吾将以为教父。

　　第四十三章　天下之至柔，驰骋天下之至坚。无有入无间，吾是以知无为之有益。不言之教，无为之益，天下希及之。

　　第四十四章　名与身孰亲？身与货孰多？得与亡孰病？是故甚爱必大费，多藏必厚亡，知足不辱，知止不殆，可以长久。

第四十五章　大成若缺，其用不弊。大盈若冲，其用不穷。大直若屈，大巧若拙，大辩若讷。躁胜寒，静胜热。清静为天下正。

第四十六章　天下有道，却走马以粪。天下无道，戎马生于郊。祸莫大于不知足；咎莫大于欲得。故知足之足，常足矣。

第四十七章　不出户，知天下；不窥牖，见天道。其出弥远，其知弥少。是以圣人不行而知，不见而名，不为而成。

第四十八章　为学日益，为道日损，损之又损，以至于无为，无为而无不为。取天下常以无事，及其有事，不足以取天下。

第四十九章　圣人无常心，以百姓心为心。善者吾善之，不善者吾亦善之，德善。信者吾信之，不信者，吾亦信之，德信。圣人在天下歙歙，为天下浑其心，百姓皆注其耳目，[①]圣人皆孩之。

第五十章　出生入死。生之徒，十有三；死之徒，十有三；人之生，动之死地，亦十有三。夫何故？以其生生之厚。盖闻善摄生者，陆行不遇兕（sì）虎，入军不被甲兵；兕无所投其角，虎无所措其爪，兵无所容其刃。夫何故？以其无死地。

第五十一章　道生之，德畜之，物形之，势成之。是以万物莫不尊道而贵德。道之尊，德之贵，夫莫之命而常自然。故道生之，德畜之。长之育之，亭之毒之，养之覆之。生而不有，为而不恃，长而不宰，是谓玄德。

第五十二章　天下有始，以为天下母。既得其母，以知其子；既知其子，复守其母，没身不殆。塞其兑，闭其门，终身不勤；开其兑，济其事，终身不救。见小曰明，守柔曰强。用其光，复归其明，无遗身殃，是为习常。

第五十三章　使我介然有知，行于大道，唯施是畏。大道甚夷，而民好径。朝甚除，田甚芜，仓甚虚；服文彩，带利剑，厌饮食，财货有余。是谓盗夸。非道也哉！

[①] 通行本无此句。河上公本、景龙碑本、敦煌本皆有。王弼在"为天下浑其心"下注"各用聪明。"与正文不合，可推知通行本原有"百姓皆注其耳目。"可能失传抄脱落。

第五十四章　善建者不拔，善抱者不脱，子孙以祭祀不辍。修之于身，其德乃真；修之于家，其德乃余；修之于乡，其德乃长；修之于国，其德乃丰；修之于天下，其德乃普。故以身观身，以家观家，以乡观乡，以国观国，以天下观天下。吾何以知天下然哉？以此。

第五十五章　含德之厚，比于赤子。蜂虿虺蛇不螫（shì），猛兽不据，攫（jué）鸟不搏。骨弱筋柔而握固。未知牝牡之合而全作，精之至也。终日号而不嗄，和之至也。知和曰常，知常曰明，益生曰祥，心使气曰强。物壮则老，谓之不道，不道早已。

第五十六章　知者不言，言者不知。塞其兑，闭其门，挫其锐，解其分，和其光，同其尘，是谓玄同。故不可得而亲，不可得而疏；不可得而利，不可得而害；不可得而贵，不可得而贱。故为天下贵。

第五十七章　以正治国，以奇用兵，以无事取天下。吾何以知其然哉？以此。天下多忌讳，而民弥贫；民多利器，国家滋昏；人多伎巧，奇物滋起；法令滋彰，盗贼多有。故圣人云："我无为而民自化，我好静而民自正，我无事而民自富，我无欲而民自朴。"

第五十八章　其政闷闷，其民淳淳；其政察察，其民缺缺。祸兮福之所倚，福兮祸之所伏。孰知其极？其无正，正复为奇，善复为妖，人之迷，其日固久。是以圣人方而不割，廉而不刿，直而不肆，光而不耀。

第五十九章　治人事天，莫若啬。夫唯啬，是谓早服；早服谓之重积德；重积德则无不克，无不克则莫知其极；莫知其极，可以有国；有国之母，可以长久。是谓深根固柢，长生久视之道。

第六十章　治大国，若烹小鲜。以道莅天下，其鬼不神；非其鬼不神，其神不伤人；非其神不伤人，圣人亦不伤人。夫两不相伤，故德交归焉。

第六十一章　大国者下流，天下之交，天下之牝，牝常以静胜牡，以静为下。故大国以下小国，则取小国；小国以下大国，则取大国。故或下以取，或下而取。大国不过欲兼畜人，小国不过欲入事人。夫两者各得其所欲，大者宜为下。

第六十二章 道者，万物之奥，善人之宝，不善人之所保。美言可以市，尊行可以加人。人之不善，何弃之有？故立天子，置三公。虽有拱璧以先驷马，不如坐进此道。古之所以贵此道者何？不曰以求得，有罪以免邪？故为天下贵。

第六十三章 为无为，事无事，味无味。大小多少，报怨以德。图难于其易，为大于其细；天下难事必作于易，天下大事必作于细。是以圣人终不为大，故能成其大。夫轻诺必寡信，多易必多难。是以圣人犹难之，故终无难矣。

第六十四章 其安易持，其未兆易谋。其脆易泮，其微易散。为之于未有，治之于未乱。合抱之木，生于毫末；九层之台，起于累土；千里之行，始于足下。为者败之，执者失之。是以圣人无为，故无败，无执，故无失。民之从事，常于几成而败之。慎终如始，则无败事。是以圣人欲不欲，不贵难得之货；学不学，复众人之所过。以辅万物之自然而不敢为。

第六十五章 古之善为道者，非以明民，将以愚之。民之难治，以其智多。故以智治国，国之贼；不以智治国，国之福。知此两者亦稽式。常知稽式，是谓玄德。玄德深矣，远矣，与物反矣，然后乃至大顺。

第六十六章 江海所以能为百谷王者，以其善下之，故能为百谷王。是以欲上民，必以言下之。欲先民，必以身后之。是以圣人处上而民不重，处前而民不害。是以天下乐推而不厌，以其不争，故天下莫能与之争。

第六十七章 天下皆谓："我道大，似不肖。"夫唯大，故似不肖。若肖，久矣其细也夫！我有三宝，持而保之。一曰慈，二曰俭，三曰不敢为天下先。慈故能勇；俭故能广；不敢为天下先，故能成器长。今舍慈且勇，舍俭且广，舍后且先，死矣。夫慈，以战则胜，以守则固。天将救之，以慈卫之。

第六十八章 善为士者不武，善战者不怒，善胜敌者不与，善用人者为之下，是谓不争之德，是谓用人之力，是谓配天，古之极。

第六十九章 用兵有言：吾不敢为主而为客，不敢进寸而退尺。是谓行无行，攘无臂，扔无敌，执无兵。祸莫大于轻敌，轻敌几丧吾宝。故抗兵相加，哀者胜矣。

第七十章　吾言甚易知，甚易行。天下莫能知，莫能行。言有宗，事有君。夫唯无知，是以不我知。知我者希，则我者贵。是以圣人被褐怀玉。

第七十一章　知不知，上；不知知，病。夫唯病病，是以不病。圣人不病，以其病病，是不病。

第七十二章　民不畏威，则大威至。无狎其所居，无厌其所生。夫唯不厌，是以不厌。是以圣人自知不自见；自爱不自贵。故去彼取此。

第七十三章　勇于敢则杀，勇于不敢则活，此两者或利或害。天之所恶，孰知其故？是以圣人犹难之。天之道，不争而善胜，不言而善应，不召而自来，绰然而善谋。天网恢恢，疏而不失。

第七十四章　民不畏死，奈何以死惧之？若使民常畏死，而为奇者，吾得执而杀之。孰敢？常有司杀者杀，夫代司杀者杀，是谓代大匠斫，夫代大匠斫者，希有不伤其手矣。

第七十五章　民之饥，以其上食税之多，是以饥。民之难治，以其上之有为，是以难治。民之轻死，以其求生之厚，是以轻死。夫唯无以生为者，是贤于贵生。

第七十六章　人之生也柔弱，其死也坚强。万物草木之生也柔脆，其死也枯槁。故坚强者死之徒，柔弱者生之徒。是以兵强则不胜，木强则兵。强大处下，柔弱处上。

第七十七章　天之道，其犹张弓与？高者抑之，下者举之；有余者损之，不足者补之。天之道，损有余而补不足。人之道则不然，损不足以奉有余。孰能有余以奉天下？唯有道者。是以圣人为而不恃，功成而不处，其不欲见贤。

第七十八章　天下莫柔弱于水，而攻坚强者莫之能胜，其无以易之。弱之胜强，柔之胜刚，天下莫不知，莫能行。是以圣人云："受国之垢，是谓社稷主；受国不祥，是为天下王。"正言若反。

第七十九章　和大怨，必有余怨，安可以为善？是以圣人执左契，而不责于人。有德司契，无德司彻。天道无亲，常与善人。

第八十章 小国寡民，使有什伯之器而不用，使民重死而不远徙。虽有舟舆，无所乘之；虽有甲兵，无所陈之。使人复结绳而用之，甘其食，美其服，安其居，乐其俗。邻国相望，鸡犬之声相闻，民至老死，不相往来。

第八十一章 信言不美，美言不信。善者不辩，辩者不善。知者不博，博者不知。圣人不积，既以为人，己愈有；既以与人，己愈多。天之道，利而不害；圣人之道，为而不争。

第二篇

整理《道德经》的缘由

第一章《道德经》诸多问题

第一节　流传的《道德经》无脉络无层次

读任何一本书，都要理清这本书的思想脉络，当然，前提是这本书是有思想，同时也是有脉络的。读《道德经》或许是个例外。在阅读理解的过程中，对《道德经》的思想进行归纳、总结，进而在《道德经》里找到治国思想、治军思想、养生思想等不一而足，这大约是每一个读者的必经之路。但是，到最后会发现，《道德经》虽然思想高深，但是从行文上完全看不到鲜明的脉络和层次。

什么是脉络？

脉络，在中医指全身的血管和经络，通常可用来比喻条理或头绪。

连贯性以及某种程度的封闭性是脉络的本质特征。比如血管，血液流通是必需的，同时，血管不能破裂也是必需的。

稍加留意就会发现，流传的《道德经》有思想而无脉络。

1. 相连的任何章节并没有文义的连贯性。比如第二章和第三章文义并不承接（其余章节同样），同样，第五章的内容与第十章相互移位，对理解流传的《道德经》没有任何影响。

2. 将任何两章或者更多的章节合并在一起，对理解《道德经》几乎都没什么影响。所以，每一章都不是"封闭"的，都没有自成体系。

3. 流传的《道德经》不仅整体逻辑混乱，即便在每一章节内部，也前言不搭后语，思想上矛盾百出。

例:

通行本《道德经》第二十三章:希言自然。故飘风不终朝,骤雨不终日。孰为此者?天地。天地尚不能久,而况于人乎?故从事于道者,道者同于道,德者同于德,失者同于失。同于道者,道亦乐得之;同于德者,德亦乐得之;同于失者,失亦乐得之。信不足焉,有不信焉。

这段文本的因果关系极度混乱。

从文本来看,"希言自然"是因,"飘风不终朝,骤雨不终日。孰为此者?天地。天地尚不能久,而况于人乎?"是果。

但是,以问话作为"果",显然不通,这是其一。

其二,以人少说话为"因",自然现象为"果",显然本末倒置。

其三,把说话比作暴风骤雨,毕竟不妥当。

其四,"故从事于道者,道者同于道,德者同于德,失者同于失。同于道者,道亦乐得之;同于德者,德亦乐得之;同于失者,失亦乐得之"与前面所述无任何因果关联。

其五,"信不足焉,有不信焉"于此处完全没有意义。

第二节　前人的简单"整理"

一、《道篇》与《德篇》的划分

把《道德经》郑重其事地分为《道篇》《德篇》,甚至为哪篇在前、哪篇在后煞费苦心,俨然成为后世学者研究的课题。但是,无论是《道篇》在前还是《德篇》在前,"道"和"德"都应该有提纲挈领的作用。《吕氏春秋·用民》:"一引其纲,万目皆张"。但是在流传的《道德经》中,完全看不到纲举目张的条理和气韵。你无法说,第三十八章之前的内容讲的是"道",而第三十八章之后的内容讲的是"德"。至于河上公把每一章都冠以标题,这也无以为据。

不过，《道篇》《德篇》的划分也可以看作对《道德经》的"原始整理"，或者可以看作《道德经》原始面貌残存的信息。

二、只有思想的整理而无文本的整理

从高亨对"道"的总结可见一斑：

"道为宇宙之母者，即宇宙之母力，有于天地之先，而生育天地万物也。四章说道曰：'渊兮似万物之宗。'又曰：'吾不知谁之子，象帝之先。'二十一章说道曰：'以阅众甫。'二十五章说道曰：'有物混成，先天地生。'又曰：'可以为天地母。'……"（《老子正诂》）

按：高亨所得出的思想上的见解是否"正确"先放在一边。就研究总结的方法而言，几乎所有的专家学者都与高亨毫无二致——在《道德经》的不同章节中提取相关联的论述，进而总结出关于某一问题的思想观念。

三、文本的简单整理

注解《道德经》里的某些概念必须参考其他章节，这在历代注者看来已经成为惯例。仍旧以第二十三章为例：

希言自然。故飘风不终朝，骤雨不终日。孰为此者？天地。天地尚不能久，而况于人乎？故从事于道者，道者同于道，德者同于德，失者同于失。同于道者，道亦乐得之；同于德者，德亦乐得之；同于失者，失亦乐得之。信不足焉，有不信焉。

1.陈鼓应等学者的研究

陈鼓应说："'希言'按字面的意思是'少说话'。深一层的意思是：不施加政令。'言'，指'声教法令'。"（《老子注译及评介》）

按：从这一章来看，"希言"没有任何理由引申为"不施加政令"。

陈鼓应说："'希言'和第五章'多言数穷'成为一个对比。'多言'（政令繁苛）是不合乎自然的。'希言'和第二章的'不言之教'的'不言'意义

相同。"(《老子注译及评介》)

蒋锡昌说："'多言'者,多声教法令之治;'希言'者,少声教法令之治;故一即有为,一即无为也。"(《老子校诂》)

按:蒋锡昌和陈鼓应认为,"希言"和第五章的"多言"有逻辑关系,这都是有道理的。由此可以看出,理解《道德经》必须把不同的章节结合起来理解,并且,这不同的章节完全是随机的。

2.姚鼐和高亨等学者注意到文本的问题并提出自己的见解

姚鼐《老子章义》、高亨《老子正诂》都认为,"希言自然"为第二十二章的内容窜入本章,并且认为"故飘风不终朝"的"故"字是衍文。并且,因为河上公本无"故"字,遂删掉。

高亨说:"故飘风不终朝,骤雨不终日。孰为此者?天地。天地尚不能久,而况于人乎?"为一章;"故从事于道者同于道,德者同于德,失者同于失。同于道者道,亦乐得之;同于德者德,亦乐得之;同于失者失,亦乐得之"为一章;并认为"同于道"前面的"道者"是衍文,删掉。高亨又认为"信不足焉,有不信焉"一句重见于第十七章。

按:以上诸位学者并未认识到"希言自然"和"多言数穷,不如守中"有非常紧密的逻辑关系,紧密到不可分割。

"多言数穷,不如守中"在第五章是这样的:

"天地不仁,以万物为刍狗;圣人不仁,以百姓为刍狗。天地之间,其犹橐籥(tuó yuè)乎?虚而不屈,动而愈出。多言数穷,不如守中。"

很明显,"多言数穷,不如守中"与"天地不仁,以万物为刍狗;圣人不仁,以百姓为刍狗。天地之间,其犹橐籥乎?虚而不屈,动而愈出"没有必然的逻辑关系。至少,"希言自然,多言数穷,不如守中"更为紧密,明眼人一望便知。

虽然高亨在《老子正诂》一书中对《道德经》的文本提出很多整理意见,但是高亨的整理还远远不够。

第三节　"联章解释"顾此失彼

在不同的章节寻找近似的思想来解释《道德经》，可称之为"联章解释"。

上一节，我们遇到了"联章解释"的问题。在注释《道德经》的过程中，这一方法屡屡应用。不过，也有选择性失明的时候。

例：对"美言"的解释

第六十二章 道者，万物之奥，善人之宝，不善人之所保。美言可以市，尊行可以加人。人之不善，何弃之有？故立天子，置三公。虽有拱璧以先驷马，不如坐进此道。古之所以贵此道者何？不曰以求得，有罪以免邪？故为天下贵。

王弼注："言道无所不先，物无有贵于此也。虽有珍宝璧马，无以匹之，美言之则可以夺众货之贾，故曰，美言可以市也，尊行之则千里之外应之，故曰，可以加于人也。"

《淮南子·人间训》《道应训》改为"美言可以市尊，美行可以加人"。

俞樾、奚侗以为当从《淮南子》。

奚侗《老子集解》："'市'当训'取'。'市'，本是指买卖，这里指取得。此言美言可以取人尊敬。"

吴澄《道德经注》："申言善人之宝，善人以道取重于人，嘉言可爱，如美物之可以鬻卖。卓行可宗，高出众人之上。"

按：1. 从这段文本来看，"道""美言""市"三者应该有承接的关系。事实上，"美言可以市，尊行可以加人"与这一章的上下文并没有必然的逻辑关系。

2. 即便在《道德经》写作的年代，"市"与"取"的意思也相差甚远。况且，《道德经》里也有明确的"取"的用法，比如"取天下"。

3. 历代学者都屈从于文本，或者对"美言"，或者对"市"的解释都不免于牵强附会，总之，顾此失彼，"联章解释"被历史性地忽略了。

参考第八十一章　信言不美，美言不信。善者不辩，辩者不善。知者不博，博者不知。圣人不积，既以为人，己愈有；既以与人，己愈多。天之道，利而不害；圣人之道，为而不争。

信言不美：

河上公注：信者，如其实。不美者，朴且质也。

王弼注：实在质也。

美言不信：

河上公注：滋美之言者，孳孳华词。不信者，饰伪多空虚也。

王弼注：本在朴也。

按：在本章，"美言"训为"甜言蜜语"，历史上毫无质疑。同样是"美言"，为何其含义有着天壤之别？

况且，就第八十一章来看，完全是"格言的排列"，上下文之间没有任何逻辑关联。

历史上没有人认为"信言不美，美言不信。美言可以市，尊行可以加人"具有紧密的、不可分割的逻辑关系。与"希言"和"多言"的对比性研究不同，这两句话从来没发生过任何交集。

第四节　许地山的质疑与猜想

民国学者许地山在《道教史》一书中，从语言风格、思想的杂乱以及时代背景等诸多方面对《道德经》提出质疑和猜想。

鉴于许地山先生引述的史料十分丰富，且概括能力极强，从某种意义上而言，许地山用较短的篇幅阐述了《道德经》方方面面的问题，是一次历史性总结，所以在本书中引用的篇幅较长。

现在的《老子》是否老子底原作，也是一个问题。《汉书·艺文志》载《老子邻氏经传》四篇，《老子傅氏经说》三十七篇，《老子徐氏经说》

六篇,《刘向说老子》四篇,可惜现在都见不着,无从参证。从经内底章句与思想看来,因为矛盾之处甚多,故可以断定其中必有许多后加的文句。如果现存的《老子》没经过后人增改,在文体上应当首尾一致,但其中有些章句完全是韵文(如第二十一章),有些完全是散文(如第六十七章),又在同一韵文里,有些类似骚赋,有些同于箴铭;同一散文,有些是格言,有些是治木,甚至有些羼入经注。仅仅五千文底一小册,文体便那么不一致,若说是一个人一气写下来底,就未免有点牵强。《史记》说,老子著书“言道德之意五千余言”,从现存本看来很难说与汉初底本子相同,有许多可以看为汉代加入底文字。如《庄子·天下篇》所引老聃之言:“人皆取先,己独取后。”“受天下之垢,人皆取实,己独取虚。无藏也,故有余。岿然而有余,其行身也,徐而不费。无为也,而巧笑。人皆求福,己独曲全。”“苟免于咎,以深为根,以约为纪。”“坚则毁矣,锐则挫矣。常宽容于物,不削于人。”这些文句都不见于现存的《老子》。其他如“知其雄……”,“知其白……”,“受国之垢”,“曲则全”,“深根”,“挫其锐”,则散见于今本《老子》,但表现法和思想多与今本不同。这大概是由于引用者底误记,或传诵间所生底讹误吧。或者今本《老子》是取原本一部分的文句,加上辑者以为是老子底话而成,故此现出许多断片的格言。汉代著作所引底《老子》几乎都与今本不同。如《韩非》底《解老》《喻老》,《淮南》底《道应训》《原道训》《齐俗训》《诠言训》《人间训》,《韩诗外传》,《史记·货殖传》中所引底《老子》,只有《解老》中底一句是今本所存底。可知今本是后改底本子,不是原本。

从思想方面看来,今本《老子》有许多不调和底地方。如六十七章所立底“三宝”不能与排斥仁义礼名底态度相融洽。不重视善恶区别底道家思想,也不能与七十九章底“天道无亲,常与善人”相调和。“取天下”(二十九,四十八,五十七章)也不与崇尚无为底见解一致。五十四章底子孙祭祀、列记乡国天下,生死、摄生(五十章),长生久视(五十九章),兵(三十及六十九章),“立天子,置三公”(六十二章),“圣人用之,以为官长”(二十八章),简直不是道家底话。又众人与我底分别(二十章),天道与人道底对举（七十七章），都与说柔弱，说退，说屈等精神不和。这些都可看出《道德经》中所表示底思想底混杂。再进一步考察起来，老子底根本思想，在《道德经》中也有与它冲突之处。拿"失道而后德"（三十八章）来和"孔德之容，惟道是从"（二十一章）与"道者同于道，德者同于德"（二十三章）比较；"上仁为之而无以为，上义为之而有以为"（三十八章）与"大道废，有仁义"及"绝仁弃义，民复孝慈"比较；五章底"天地不仁"以下几句与四十九章底"善者吾善之，不善者吾亦善之"，"善之与恶，相去何若"（二十章），"天下皆知善之为善，斯不善已"（二章），"善，人之宝，不善，人之所保"（六十二章）比较起来，不能不说彼此矛盾处很多。

今本《老子》有些地方夹入俚谚，有些是引用它书底文句。如"曲则全"（二十二章）之后，便说"古之所谓'曲则全'"，是用古谚底证据。八十章底"甘其食，美其服，安其居，乐其俗，邻国相望，鸡犬之声相闻，民至老死不相往来"，也见《庄子·胠箧（qū qiè）篇》。十三章底"故贵以身为天下，若可寄天下；爱以身为天下，若可托天下"，与《庄子·在宥（yòu）篇》相同。恐怕是辑《老子》底人改窜《庄子》而来底。又如"善者不辩，辩者不善"（八十一章），是战国末年流行底辩者所说，在老子时代恐怕也不能有。又三十六章"将欲翕之，必固张之"等句明是一种方略，与主张虚静无为底老子思想全然不同。这文句在《战国策》与《韩非子》中同说为引《周书》之文。所谓《周书》即《周书阴符》，或《太公阴符》，为阴谋家与纵横家所尊崇底经典。这些文句是阴谋家言羼（chàn）行入《老子》里头。又，十八、十九两章底仁义等句，明是反对高唱仁义底儒家。孔子虽常说仁与义，却未尝把仁义连起来成为一个名辞。仁义是孔子以后底儒家术语。孟子力说仁义，然而《孟子》全书，并没提到这排斥仁义最力底老子。如果《老子》之说为当时所流行底，孟子不能不攻击他。这章恐怕是孟子以后之文。在道家系统中，与这章最相近底主张是法家慎到底说法，恐怕也是慎子一派之言窜入《老子》里头底。这样看来，今本《老子》直像一部从多方面选录底道家教科书，思想与文体都呈混杂的状态。最低限度，也可以说是原本《老子》底增改本。在《论语》及《孟子》里，我们可以看见孔、孟底人格活跃在纸上；在《道德经》中却不能找出老子底真性格，所以怀疑老子不是历史人物也未尝不可。

然则《道德经》原本底作者及其时代是否相传底老子又是另一问题，津田先生以为从《荀子·天论》对于老子底批评"老子有见于诎，无见于信"看来，这书当成于《孟子》以后，《荀子》以前，作者大约是西历纪元前三百年左右底人物。武内先生以为老聃是西历纪元前四百年前后底人物，而《道德经》当成于纪元前二百四十年顷。老子以后百数十年间，其思想传授底历程不得而知。现存《老子》里底有韵部分大概比其余散文部分较古。《荀子·解蔽篇》中有"《道经》曰：人心之危，道心之微"底引文。《道经》这名字，暗示着在荀子时代道家底书不止《老子》一部。再者，当时道家不但有像儒家底经，并且也有传。《荀子·修身篇》引"《传》曰：君子役物，小人役于物"一句，与《庄子·山木篇》"物物而不物于物"底见解相同，可知这所谓"传"，是道传。《解蔽篇》有"虚一而静"、"至人"、"无为"，《礼论》中有"太一"等辞，都是出于道书底。在《老子》里没有"太一"、"至人"。《庄子·天下篇》叙关尹、老聃之道，说："建之以常无有，主之以太一。"这名辞后来屡见于《吕氏春秋》（《仲夏纪·大乐》《审分览》诸篇）。"至人"这辞见于《庄子·逍遥游》："故曰至人无己，神人无功，圣人无名。"《老子》中只有"圣人"，故《解蔽》所用底"至人"是从以前的道书得来底。《庄子》中底"故曰"底下底文句多是引用早期的道书。可知在现存的《老子》未被修辑以前当有许多别行底道家经籍。《列子·天瑞篇》"谷神不死"一段是今本《老子》所载，而书却冠以"黄帝书"底名称。同篇别段也有这名字。又《力命篇》及《庄子·知北游》底黄帝之言亦见于《老子》。当时的道书多半是佚了，只剩下些被采入《老》《庄》等书底引句。打开《老子》底时候，读者当注意到这一层。

综上，许地山先生对流传的《道德经》作过如下猜想：

1.有许多可以看为汉代加入底文字。或者今本《老子》是取原本一部分的文句，加上辑者以为是老子底话而成，故此现出许多断片的格言。

2.有阴谋家言羼行入《老子》里头。

3.恐怕有孟子以后之文。

4.有慎子一派之言窜入《老子》里头底。

许地山确认的有两点：

1.今本是后改底本子，不是原本。

2.今本《老子》直像一部从多方面选录底道家教科书，思想与文体都呈混杂的状态。最低限度，也可以说是原本《老子》底增改本。

许地山的猜想可以部分解释《道德经》思想的混乱，但对于逻辑的混乱不能提供任何帮助。

许地山的猜想是有理有据的，但并不意味着许地山的猜想是唯一合理的猜想。

第二章　全面整理《道德经》

第一节　《道德经》的判伪标准

一、没有证据证明任何一个流传的《道德经》版本为真

流传的《道德经》版本众多，目前发现最早的是湖北荆门郭店楚墓中出土的战国竹简本，其次是长沙马王堆汉墓出土的帛书本；流传最广的版本是汉代河上公本和曹魏王弼本，王弼本也称通行本。

如何评判这众多版本的《道德经》？

第一，不能以时间的久远程度来判别某个版本更接近于真实的《道德经》。郭店版本未必比通行本更为接近原著，依此类推。

第二，不能以公认度判别真伪，不能以受众是否广泛、影响是否深远为标准判断真伪。尽管世人认为通行本《道德经》是最好的本子，但这并不能说明通行本《道德经》就是真实的《道德经》，或者"最接近"真实的《道德经》。有可能通行本《道德经》与真实的《道德经》相差甚远。

第三，就目前而言，不能以出土文物来判别真伪，没有任何证据证明郭店版本、马王堆版本其中之一是真实的《道德经》。

二、判伪标准

1. 既然用语言传播思想，就必须遵循语法

佛祖释迦牟尼的任何一部佛经都有通畅的语言逻辑，《圣经》不例外，乃至任何一部流传下来的古代著作都不例外。即便不能依据语言是否合乎逻辑来判真，但是如果连起码的语言逻辑都不通，则可明确判伪。

流传的任何一个版本的《道德经》都毫无例外：逻辑极为混乱，前言不搭后语的状况异常严重。依据逻辑常识，不符合逻辑的章节可以判定为不是《道德经》的内容，进而可以判定所有的流传版本均不是真实的《道德经》。

例：第六十章 治大国，若烹小鲜。以道莅天下，其鬼不神；非其鬼不神，其神不伤人；非其神不伤人，圣人亦不伤人。夫两不相伤，故德交归焉。

这里的"相"明显是"相互"的意思。可是，在这段文本中，"神不伤人""圣人亦不伤人"，完全都是单向的。高亨先生对此的解释是，"鬼神不祟人，人不驱鬼神，圣人病民，民不害圣人。是为两不相伤"。但这段文本并没能显示出"民不害圣人"的迹象。

2. 任何一部著作，在一个人的思想上都不能有不可调和的矛盾

流传的《道德经》的思想不可调和、混乱。关于这一点，在许地山的《道教史》一书中有比较翔实的论述，这里不再赘述。

综上两点，流传的《道德经》是伪作无疑。

第二节　整理《道德经》的基本猜想

科学离不开猜想。猜想，源于旧有理论框架与现实产生冲突，或者源于理论内部的矛盾，在没有充分现实证据的条件下，猜想拟定一个目标方向，这个目标方向形成一个新的思维框架。它将制约思想实践的进程，预示目标的一种结果。

猜想必须针对具体问题；猜想本身也是一种解答。

如果根据"第六章 谷神不死，是谓玄牝（pìn）。玄牝之门，是谓天地根。绵绵若存，用之不勤"而猜想《道德经》是一部研究生育的著作，那就没有解答任何问题。

一、流传的《道德经》是怎样的伪作？

承认流传的《道德经》并非原著，就有三种可能。

一种是彻底的伪作，是历史托名的产物。

一种是部分原作，但是有同时代人或后人窜入的语句。

以许地山为代表的诸多学者认为，《道德经》可能是格言的册子，并且有大量后人窜入的内容。但是，即便用"格言册子"来解释，也不能为《道德经》的逻辑极度混乱甚至前言不搭后语的现象提供合理的说明。

同时，这样的猜想本身也就注定了，流传的《道德经》即便存在很多问题，但也只能作为问题存在下去。

第三种可能就是，《道德经》是被打乱次序的"伪作"。

二、"联章解释"的新突破

因为在不同的章节有思想、概念非常接近的内容，所以联章理解《道德经》是必要的。这也为历代注家所实践。比如，第二十三章"希言自然"和第五章"多言数穷，不如守中"会互相参考。

遗憾的是，前人止步于互相参考。完全没有发现"希言自然，多言数穷，不如守中"是一种紧密到不可分割的存在。

"希言自然"与"多言数穷，不如守中"这两句话不仅仅是文意相承，放在一起连读，我们一定会感觉到流畅自然，逻辑清晰，浑然一体，可谓天衣无缝。无论是从因果关系来看，还是从语势、语境来看，都完美统一，可谓逻辑关联和文学关联的完美统一。我们完全有理由进一步猜想，这段文本在真实的《道德经》里就是这样写的。

那么，是否可以进一步提问：在流传的《道德经》中，有多少文本具有紧密的逻辑关联以及流畅的文学关联呢？

三、流传的《道德经》有没有可能一开始是完整的、符合逻辑的书，但出于某种原因被打乱次序了？

如果承认流传的《道德经》是被打乱次序的书，就意味着流传的《道德经》是可以整理的。

流传的《道德经》里有很多"错简重出"的例子。从本质上说，所谓"错简重出"是前人对《道德经》文本问题的一个解释，同时也是一个猜想。

为什么会有"错简重出"？

一个重要的原因，就是竹简的散落。既然竹简散落，当然也有可能造成整本书的次序被打乱。因为，个别的"错简重出"和整本书的次序被打乱在概率上是一样的。

所以，老子的《道德经》次序被打乱（甚至被窜改）都是完全有可能的。

四、《道德经》思想"流派"的猜想

许地山列举了《道德经》中种种不可调和的矛盾，并认为"今本《老子》直像一部从多方面选录底道家教科书，思想与文体都呈混杂的状态。最低限度，也可以说是原本《老子》底增改本"。

《道德经》中不可调和的矛盾是真实存在的。同样，许地山指出的思想与文体都呈混杂的状态，也是真实存在的。承认这两点，是能够真实解读《道德经》的基础。

例：第四十六章　天下有道，却走马以粪。天下无道，戎马生于郊。罪莫大于可欲；[①]祸莫大于不知足；咎莫大于欲得。故知足之足，常足矣。

这段文章以毋庸置疑的口吻提出了三个世界之最。然后在第六十九章又弄个并列第一名：

第六十九章　用兵有言：吾不敢为主而为客，不敢进寸而退尺。是谓行

---

① 注：通行本没有这一句。河上本、傅本皆有。《韩非子·解老》《喻老》都有引用。整理后，这句话或不可缺。此句也是整理本（相比通行本）增补的唯一一句话。

无行，攘无臂，扔无敌，执无兵。祸莫大于轻敌，轻敌几丧吾宝。故抗兵相加，哀者胜矣。

"祸莫大于不知足"与"祸莫大于轻敌"这两句话必定都包含长久的思考，乃至有了深刻的人生体验后才会提出，绝非儿啼之言，在逻辑上不可能出自一人之口，这就是常识。

辩论式体裁是历史上曾经很普遍的一种文章体裁。我们有理由猜想《道德经》是一部辩论性的著作。如果是辩论式著作，那么《道德经》中不可调和的矛盾就完全正常。

正如相声有单口相声，有双口相声，也有群口相声。文章有一个人的文章，有两个人的文章，当然也可能有几个人辩论的文章。《道德经》被打乱次序可以解释许地山所谓《道德经》思想混乱、文体的混乱。如果《道德经》是多人辩论式的著作，那么许地山指出的思想杂乱问题也可以解释。

第三节　整理《道德经》的佐证

一、《道篇》与《德篇》的佐证

今整理的《道德经》有三篇文章，每一篇分为上下两篇，也可看作六篇文章。

如前文所述，《道德经》划分为《道篇》《德篇》。从思想逻辑上来看，这是没有道理的。但是，上下两篇可能是《道德经》的基因，虽然文章整体次序被完全打乱，却保留了最基本的基因符号。

俗话说："半部《论语》安天下。"至于如何是"半部"《论语》、如何划分则不得而知。不过，这句话更适合评论《道德经》。即使仅仅读了《道德经》中老子的三篇文章，也可以毫不夸张地说，治理天下就一定会有难以想象的升华。

二、文献的佐证

《汉书·艺文志》载《老子邻氏经传》四篇，《老子傅氏经说》三十七篇，《老子徐氏经说》六篇，《刘向说老子》四篇。

遗憾的是，这几本书目前均无所见。而《老子徐氏经说》也是六篇文章，这与笔者整理出来的文章篇数一致。或许这不是简单的巧合。从文献的证据来看，这可以看作唯一的"佐证"。

《老子邻氏经传》四篇，《刘向说老子》四篇。虽然从篇数上来说不是六篇，但是可以用遗失了两篇来解释。比较而言，与八十一章的《道德经》相差更为遥远，这是质的不同。

三、结构原理的佐证

一件打碎的器物可以拼接复原；一首诗被打乱了次序，复原也是可以的，因为一首完整的诗也有特定的结构，这可称为结构原理。

整理本《道德经》没有任何出土文物和古代文献的直接证据。与这一点相同的是，任何一本流传的《道德经》相对于那个年代而言也没有"出土文物和古代文献"的直接证据。

从物质遗产来说，许多出土文物都没有任何文献支撑，尤其是"独一无二的孤本"，"一个器物就是那个样子"。比如"马踏飞燕""长信宫灯"等，虽然出土时几为碎片，但是经过考古学家的耐心整理复原，我们就可以看到原来"真实的器型"。这些器物复原的依据是什么呢？就是器物本身的结构特征，这是一种物质结构的必然性。

我们现在看到的《诗经》被认为是孔子整理的作品。估计在当时，《诗经》的乐谱、文章等都是散乱的。

《论语·子罕》："子曰：'吾自卫反鲁，然后乐正，《雅》《颂》各得其所。'"

综上，老子的《道德经》次序被打乱甚至被窜改都是完全有可能的。另一方面，既然《诗经》是可以整理的，也就不排除《道德经》可以整理的可能性。因为《道德经》也应该具有符合逻辑的结构。

第四节　整理《道德经》的基本依据

一、整理《道德经》底本的猜想及确认

流传的《道德经》版本众多，哪一个本子最接近原作？整理《道德经》要以哪个版本为底本？

是否还要像以前的注者那样，综合采用各家古本，从中选择"最佳"？

在整理的过程中，首先是综合考虑各个古本，然后从中选择，但是随着整理工作的深入，最终确定通行本《道德经》为底本。

二、最基本的依据：文学常识和逻辑常识

1. 三篇文章的划分依据

就一般讲故事而言，经常会以"相传古时候……"作为故事的开头。

我们发现，在《道德经》里面，恰好有"古之善为道者"（第六十五章）、"古之善为士者"（第十五章）、"盖闻善摄生者"（第五十章）这样的文字。

依据常识，这三句话完全是文章开篇语。并且，我们可以进一步猜想，这三句话引领了《道德经》的三篇文章。

2. 适合作结尾的文本

文章的结尾必定是总结性的语言。但是，通行本《道德经》第八十一章是这样的：

信言不美，美言不信。善者不辩，辩者不善。知者不博，博者不知。圣人不积，既以为人，己愈有；既以与人，己愈多。天之道，利而不害；圣人之道，为而不争。

以这样的段落作结尾,《道德经》只能看作格言的集子,因为这段文章放在哪一章都一样。

相比而言,通行本《道德经》中还有如下语句:

故立天子,置三公,虽有拱璧以先驷马,不如坐进此道。古之所以贵此道者何? 不曰以求得,有罪以免邪?① (注:整理后略有调整。)

故圣人云:"我无事而民自富,我无欲而民自朴,我无为而民自化,我好静而民自正。"②(注:整理后略有调整。)

这样的文本,无论从语气上还是表述总结性特质来看都符合文章结尾的常识。当然,适合作结尾的还不止以上两句,这涉及每一段落的结尾。

3. 承上启下的语句

①在通行本《道德经》中整理出如下章句:

吾言甚易知,甚易行。言有宗,事有君。③天下莫不知,莫能行。④吾何以知其然哉?以此。⑤

不言之教,无为之益,天下希及之,⑥天下莫能知,莫能行。⑦……用兵有言。⑧

上士闻道,勤而行之;中士闻道,若存若亡;下士闻道,大笑之。不笑,不足以为道。⑨吾何以知天下然哉?以此。⑩

这三句话整理出来逻辑完美,气韵贯通,因果关系明显,都有承上启下

---

① 第六十二章。
② 第五十七章。
③ 第七十章。
④ 第七十八章。
⑤ 第五十七章。
⑥ 第四十三章。
⑦ 第七十章。
⑧ 第六十九章。
⑨ 第四十一章。
⑩ 第五十四章。

的作用。

②在通行本《道德经》第十二章、第三十八章、第七十二章均有"故去彼取此"，与上文都无关联。在《老子正诂》一书中，高亨把这三个"故去彼取此"都看作衍文。

按：毫无疑问，"故去彼取此"同样属于承上启下之语。与上面三句承上启下之语恰好可以衔接。有引领，有转承，有结尾总结。综上，我们可以确信，《道德经》是辩论体裁的三篇文章。

（注：整理出的每段文本在通行本《道德经》中与上下文的逻辑关联都极为松散。

例：第四十三章 天下之至柔，驰骋天下之至坚。无有入无间，吾是以知无为之有益。不言之教，无为之益，天下希及之。

"不言之教，无为之益，天下希及之"与上文有何逻辑关联？）

4. 基于文学常识、逻辑常识确定哪些语句不可分割

例：第二十二章 曲则全，枉则直，洼则盈，敝则新，少则得，多则惑。是以圣人抱一为天下式。不自见故明；不自是故彰；不自伐故有功；不自矜故长；夫唯不争，故天下莫能与之争。古之所谓曲则全者，岂虚言哉！诚全而归之。

第二十四章 企者不立，跨者不行；自见者不明，自是者不彰，自伐者无功，自矜者不长。其在道也，曰余食赘行，物或恶之，故有道者不处。

在原有的文章中"曲则全，枉则直。洼则盈，敝则新。少则得，多则惑"是不可分割的整体，这就是文学常识。（注：整理后略有改动。）

有理由确信，那些逻辑关联非常紧密的章句组合，更接近真实的《道德经》，哪怕是很短的片段。甚至可以确认这就是真实的《道德经》的一部分，哪怕这是微乎其微的一小部分。

其他的如：

"不自见故明，不自是故彰，不自伐故有功，不自矜故长。"

"夫唯不争，故天下莫能与之争。"

"企者不立，跨者不行。"

"自见者不明，自是者不彰，自伐者无功，自矜者不长。"

"其在道也，曰余食赘行，物或恶之，故有道者不处。"

这几句话内部也是不可再分割的，这同样也是文学常识和逻辑常识。

5. 基于不可分割的常识确认新版本

例： 第三章　不尚贤，使民不争。不贵难得之货，使民不为盗。不见可欲，使民心不乱。是以圣人之治，<u>虚其心，实其腹，弱其志，强其骨</u>。常使民无知无欲。使夫智者不敢为也。为无为，则无不治。

第八十章　小国寡民，使有什伯之器而不用，使民重死而不远徙。虽有舟舆，无所乘之；虽有甲兵，无所陈之。使人复结绳而用之，<u>甘其食，美其服，安其居，乐其俗</u>。邻国相望，鸡犬之声相闻，民至老死，不相往来。

这几段文本的混乱，无须一一解说，乃至没有必要寻找内在的相关性。把这两章内容放在一起，观察画线部分，很容易发现其中的端倪：韵味十足，思维缜密。

"虚其心，实其腹，弱其志，强其骨。甘其食，美其服，安其居，乐其俗"读起来合辙押韵，琅琅上口，气韵贯通，可谓"大珠小珠落玉盘"。或许有的学者会说，上古韵和现在的韵相差很远。可是，整理出来的文本不但意理贯通，描写的景象一派祥和，其乐融融，而且韵味十足，这两者应该不仅仅是巧合。

这段整理出来的文本是《道德经》的原文吗？姑且不论，至少这段文本从逻辑上说是没有问题的。并且，这段文本更清晰易懂，如果从政策上考虑，也完全有可执行性。

三、整理本《道德经》

今整理出三篇完整无瑕的文章。这三篇文章不能断言就是老子所著的《道德经》，姑且称之为整理本《道德经》。

整理本《道德经》有如下特征毋庸置疑：

第一，完全符合语言逻辑，逻辑语法问题全部消除。

第二，完全满足"议论文要素"——论点、论据、论述方法。

第三，每篇文章都浑然一体，概念清晰，语气贯通，语境自然，泾渭分明，层层深入。每一篇文章的每一段落的思想都环环相扣、结构紧密，没有一句话显得突兀，也没有一句话显得多余。具有清晰的思想脉络和层次，显出清晰流畅的文学意境；有深厚的文学修养和非常高的艺术成就，个人没有作任何穿凿附会。

第五节　整理本《道德经》思想"流派"的划分依据

一、有微妙差异的语句作为关键语句

《道德经》的思想博大精深，这一点毋庸置疑。短短五千言"道尽天下事"，也并不夸张。所以，完全可以假定，《道德经》这样语言高度凝练的著作，不会有废话，更不会有自我修正乃至自我否定的话。

比如，通行本第三十一章："夫佳兵者，不祥之器，物或恶之，故有道者不处。君子居则贵左，用兵则贵右。兵者，不祥之器，非君子之器，不得已而用之，……"

"夫佳兵者，不祥之器""兵者，不祥之器"出现在同一章，其中的一句要么属于废话，要么属于对另外一句的修正或否定。总之，如果这两句话为同一人所说，最低限度也只能说"思想尚不成熟"。

既然《道德经》是辩论体裁的文章，由此可判定，这两句话出自不同人的观点；同时，这两句话关系紧密，属于针锋相对的辩论。可推知，这两句话必定同属于一篇文章。

整理的结果如下：

兵法家甲："夫佳兵者，不祥之器，物或恶之，^①为者败之，执者失之。"^②

老子："兵者，不祥之器，非圣人之器，不得已而用之。"^③

在《道德经》中有很多不同的论述用了相同的词、语句，或者表面看起来意思很接近的字词。今把这些相同的字词、语句作为划分思想流派的"关键词、句"。在以"关键词、句"划分的基础上，我们可推知，每个"关键词、句"都会有相应的思想支撑以及思想延伸。

（再如，"是以圣人终不为大，故能成其大"^④和"以其终不自为大，故能成其大"^⑤针锋相对。"天下大事必作于细，天下难事必作于易"^⑥和"夫轻诺必寡信，多易必多难，图难于其易，为大于其细，故终无难矣"^⑦针锋相对。）

二、"错简重出"的语句作为关键语句

通行本《道德经》里有很多公认的"错简重出"语句。如果认为《道德经》里重复的语言是"错简重出"，或者是后人的"窜入"，就不会有整理本《道德经》的可能性。

所谓辩论，就是在相同的议题中辨析不同。

所以，完全有理由认为，"错简重出"是不同的人用了相同或者相近的语言，在阐述不同的观点，其实质是针锋相对的辩论。这些"错简重出"的语句同样可作为"关键语句"整理出符合各自思想的文本。

例："道生之，德畜之"，"故道生之，德畜之"。

第五十一章　道生之，德畜之，物形之，势成之。是以万物莫不尊道而

---

① 第三十一章。

② 第二十九章、第六十四章。

③ 第三十一章。

④ 第六十三章。

⑤ 第三十四章。

⑥ 第六十三章。

⑦ 第六十三章。

贵德。道之尊，德之贵，夫莫之命而常自然。故道生之，德畜之。长之育之，亭之毒之，养之覆之。生而不有，为而不恃，长而不宰，是谓玄德。

"道生之，德畜之""故道生之，德畜之"是显见的重复，并且都没有主语。所以，历来的注者只能根据下文"是以万物莫不尊道而贵德"凭空加上"万物"二字。

高亨《老子正诂》："物形之，势成之二句，义不可通，文必有误。疑此四句当作'物，道生之，形之；德畜之，成之'。盖转写物字窜入下文，形之二字亦窜入下文，读者以意增势字耳。"

按：既然"物形之，势成之"缺少主语，那么就要在《道德经》中去找相应的概念作为主语。这就是围绕"关键语句"展开整理。

整理后：

（兵法家乙）："含德之厚，比于赤子，[①]吾不知谁之子，象帝之先。[②]道生之，德畜之，物形之，势成之。[③]……"

（老子）："致虚极，守静笃。万物并作，吾以观复：[④]天下之牝，以静为下，牝常以静胜牡。[⑤]譬道之在天下，[⑥]夫两不相伤，故德交归焉。[⑦]故道生之，德畜之，长之育之，亭之毒之，养之覆之。[⑧]物壮则老，[⑨]是为习常。[⑩]……"

"故道生之，德畜之，长之育之，亭之毒之，养之覆之"说的是"万物"。

整理出来的文本文义通畅，不但消除没有主语的问题，同时文字重复的

---

① 第五十五章。

② 第四章。

③ 第五十一章。

④ 第十六章。

⑤ 第六十一章。

⑥ 第三十二章。

⑦ 第六十章、第五十五章。

⑧ 第五十一章。

⑨ 第三十一章、第五十五章。

⑩ 第五十二章。

问题也消除了。这是兵法家乙和老子说了同样的话。而老子的重复是对兵法家乙的一个纠正过程。

在《道德经》中还有很多重复或不完全重复的语句，如.

"知常曰明"分别见于第十六章、第五十五章。"故为天下贵"分别见于第五十六章、第六十二章。"没身不殆"分别见于第十六章、第五十二章。"可以长久"分别见于第四十四章、第五十九章。"取天下常以无事"见于第四十八章，"以无事取天下"见于第五十七章。"不贵难得之货"分别见于第三章、第六十四章。"为无为"分别见于第三章、第六十三章。"信不足焉，有不信焉"分别见于第十七章、第二十三章。"是以圣人犹难之"分别见于第六十三章、第七十三章。

三、相同的词作为关键字词

例 1. 飘风不终朝，骤雨不终日

第二十三章 希言自然。故飘风不终朝，骤雨不终日。……

例 2. 终日号而不嗄

第五十五章 含德之厚，比于赤子。蜂虿虺蛇不螫，猛兽不据，攫鸟不搏。骨弱筋柔而握固。未知牝牡之合而朘作，精之至也。终日号而不嗄，和之至也。……

例 3. 是以圣人终日行，不离辎重

第二十六章 重为轻根，静为躁君。是以圣人终日行，不离辎重。虽有荣观，燕处超然。奈何万乘之主，而以身轻天下？轻则失本，躁则失君。

这几段话的相同点是都有"终日"，但论述的内容、阐述的思想不同。有理由认为，这几段话是一篇文章中不同部分，并且分属不同"思想流派"的针锋相对的论述。

四、根据不可调和的矛盾划分思想"流派"

第五章 天地不仁，以万物为刍狗；圣人不仁，以百姓为刍狗。天地之

间，其犹橐籥乎？虚而不屈，动而愈出。多言数穷，不如守中。

第四十九章　圣人无常心，以百姓心为心。善者吾善之，不善者吾亦善之，德善。信者吾信之，不信者，吾亦信之，德信。圣人在天下歙歙，为天下浑其心，百姓皆注其耳目，圣人皆孩之。

"天地不仁，以万物为刍狗；圣人不仁，以百姓为刍狗"与"百姓皆注其耳目，圣人皆孩之"有不可调和的矛盾，必定属于不同人的思想。

五、根据《道德经》中出现的人物概念

道者同于道，德者同于德，失者同于失。[①]

用兵有言：[②]

上士闻道，勤而行之；中士闻道，若存若亡；下士闻道，大笑之。不笑，不足以为道。[③]

其中，"道者""德者""失者""上士""中士""下士"代表了不同的思想流派。根据每个人的主旨思想整理出每一段文章。（注：在《道德经》中没有与"用兵有言"相对应的代表思想流派的具体概念，整理后，以"兵法家甲""兵法家乙""兵法家丙"代指。）

六、根据在通行本《道德经》中整理出的章句

吾言甚易知，甚易行。言有宗，事有君。[④] 天下莫不知，莫能行。[⑤] 吾何以知其然哉？以此。[⑥]

---

① 第二十三章。
② 第六十九章。
③ 第四十一章。
④ 第七十章。
⑤ 第七十八章。
⑥ 第五十七章。

不言之教，无为之益，天下希及之，① 天下莫能知，莫能行。②……用兵有言：③

上士闻道，勤而行之；中士闻道，若存若亡；下士闻道，大笑之。不笑，不足以为道。④ 吾何以知天下然哉？以此。⑤

这三句话整理出来逻辑完美，气韵贯通，因果关系明显，符合判真标准。从"天下莫不知，莫能行"这样的语气来看，有"君临天下"的气势，可以假定其代表帝王君主一类人的思想。

"天下人"可包含形形色色的人，也可包含形形色色的思想，这样就可以完全解释许地山先生所谓《道德经》思想混杂的问题。

七、《红楼梦》式的判断

胡适基于写作风格或者说写作水平"考证"，《红楼梦》的后四十回和前八十回不是一人所作。

整理《道德经》不是个别文本的简单移位，而是以每一句话为单元彻底重组。同时符合逻辑、文学常识的组合有非常多的可能性，以至于整理出不下几万个版本。要想说明每一句话整理在某个位置并且必须整理在这个位置，这个工作量将大到完全没有意义。

例：

第二十二章　曲则全，枉则直，洼则盈，敝则新，少则得，多则惑。是以圣人抱一为天下式。不自见故明，不自是故彰，不自伐故有功，不自矜故长。夫唯不争，故天下莫能与之争。古之所谓曲则全者，岂虚言哉！诚全而归之。

---

① 第四十三章。
② 第七十章。
③ 第六十九章。
④ 第四十一章。
⑤ 第五十四章。

在本章,"是以圣人抱一为天下式"和上下文没有任何关联。但是在整理过程中会发现,从局部来看至少可以整理出两段不同的文章,并且在逻辑语法、语言的流畅、思想的贯通方面都没有问题。本书整理版本如下:

祸莫大于不知足。① 知足者富,② 知足不辱,知止不殆。③ 故知足之足,常足矣。④ 是以圣人抱一为天下式。⑤(《明常德·兵法家甲》)

大国者卜流,⑥ 犹川谷之于江海。⑦ 江海所以能为百谷王者,以其善下之,故能为百谷王。⑧ 是以圣人抱一为天下式。⑨(《明常德·老子》)

最后把这句话确认为老子所说,有一个关键因素,即君主的提问:"载营魄抱一,能勿离乎?"有理由认为,"是以圣人抱一为天下式"是对君主的呼应或者回答。

即使如此,我也曾整理成这样的文本:

故以身观身,以家观家,以乡观乡,以国观国,以天下观天下。修之于身,其德乃真;修之于家,其德乃余;修之于乡,其德乃长;修之于国,其德乃丰;修之于天下,其德乃普。⑩ 吾是以知无为之有益。⑪ 是以圣人抱一为天下式。⑫(《明常德·老子》)

君主的问题是"载营魄抱一,能勿离乎?"

老子的回答是"要抱着'观''修'合一的宗旨为天下的楷模"。

---

① 第四十六章。

② 第三十三章。

③ 第四十四章。

④ 第四十六章。

⑤ 第二十二章。

⑥ 第六十一章。

⑦ 第三十二章。

⑧ 第六十六章。

⑨ 第二十二章。

⑩ 第五十四章。

⑪ 第四十三章。

⑫ 第二十二章。

第六节 整理《道德经》的基本原则

一、以不删减，不增补为原则

以"不删减"为原则，就意味着通行本《道德经》中的文字都是原著的文字。这本身也是一种猜想，如果不这样猜想，整理工作就无法进行，一旦删减，那么哪些文字是可以删减的？需要删减多少？这样，整理出来的《道德经》就失掉了基准。以"不增补"为原则同样是必需的。（整理《道德经》除了依据其他古本增加"罪莫大于可欲"一句话，再无文字增减。）

举两个例子看看有没有必要增减。

1. 前人认为需要增字的

例：第五十章 （ ）出生入死。生之徒，十有三；死之徒，十有三；人之生，动之死地，亦十有三。夫何故？以其生生之厚。盖闻善摄生者，陆行不遇兕虎，入军不被甲兵；兕无所投其角，虎无所措其爪，兵无所容其刃。夫何故？以其无死地。

"人之生，动之死地"傅奕本作"民之生生而动，动皆之死地"。高亨《老子正诂》校订为"人之生生，动之死地"。于是，"人之生（ ），动之死地"就缺了一个字。其实，这不仅仅缺个"生"字，"出生入死"前面还缺少主语。

整理后的文本：

人之生，出生入死。生之徒，十有三；死之徒，十有三；……（其余部分见本书《明孔德·君主》）

译文： 人的一生啊，从出生走向死亡，长寿的大概有三分之一，短命夭折的有三分之一……

2. 前人认为需要减字的

例：第四十四章 名与身孰亲？身与货孰多？得与亡孰病？是故甚爱必大费，多藏必厚亡，知足不辱，知止不殆，可以长久。

河上公本的"甚爱"前面无"是故"两字。高亨《老子正诂》："'是故'二字后人所益。"

整理出这样的文本：

五音令人耳聋，五味令人口爽，五色令人目盲，驰骋畋猎令人心狂，难得之货令人行妨。① 是故甚爱必大费，多藏必厚亡。②（《明玄德·失者》）

这段义章因果联系非常紧密，韵味十足，这是自然而然的结论，"是故"两字必不可少。

3. 前人认为是"错简重出"的

必须承认，"错简重出"是前人面对一些在章节内部与上下文关联不密切的并且在其他章节重复出现的语句时，没有办法解释，迫不得已而提出的一种猜想。这些猜想尽管得到公认，但未必是事实。事实上，我们会发现，所谓"错简重出"，并非"完全错简重出"，而是有微妙的差别。

例：第四章 道冲，而用之或不盈，渊兮似万物之宗；挫其锐，解其纷，和其光，同其尘，湛兮似或存。吾不知谁之子，象帝之先。

第五十二章 天下有始，以为天下母。既得其母，以知其子；既知其子，复守其母，没身不殆。塞其兑，闭其门，终身不勤；开其兑，济其事，终身不救。见小曰明，守柔曰强。用其光，复归其明，无遗身殃，是为习常。

第五十六章 知者不言，言者不知。塞其兑，闭其门，挫其锐，解其分，和其光，同其尘，是谓玄同。故不可得而亲，不可得而疏；不可得而利，不可得而害；不可得而贵，不可得而贱。故为天下贵。

在这样没有逻辑关联的片段中，"塞其兑，闭其门""挫其锐，解其纷（分），和其光，同其尘"只能被看作错简重出。

按："错简重出"的语句，完全可以是不同的人在辩论的过程中，说了相同的话，在针锋相对地阐述自己的观点。

---

① 第十二章。

② 第四十四章。

下面以"塞其兑，闭其门"为关键语句整理出两段文本：

上士："……知者不言，言者不知，塞其兑，闭其门，终身不勤；开其兑，济其事，终身不救。"

中士："……是以圣人被褐怀玉，^① 塞其兑，闭其门，^② 不道早已。"^③

（详见《明孔德》）整理出来的文本文意通畅，所谓"错简重出"实为双方辩论。

在通行本《道德经》中还有许多文本被认为是"错简重出"，最终都整理出来，这里不再一一赘述。同时，因为《道德经》具有辩论式结构，在整理过程中，与"错简重出"相关的语句会起到"固定"的作用。即，围绕"错简重出"的文本被固定在三篇文章的其中一篇，并被固定为不同思想流派的具体内容。

二、以文字的无变化为原则

流传的《道德经》版本众多，在众多的版本中，有很多字都不相同。也可能从表面上来看其他文本的文字更容易理解。在这样的情况下，不能认为通行本的文字有误，而是因为理解得不够，或者整理出了问题。所以，完全采用王弼通行本《道德经》的所有文字。事实证明，通行本所有的文字在整理后所蕴含的思想更为深厚，更准确地反映了时代的思想动态，乃至更符合自然规律。

例 1. 第十章"天门开阖，能无雌乎？"

王弼注："天门，天下之所从由也。开阖，治乱之际也，或开或阖，经通于天下，故曰，天门开阖也。雌，应而不倡，因而不为，言天门开阖能为雌乎，则物自宾而处自安矣。"

---

① 第七十章。
② 第五十六章。
③ 第三十章、第五十五章。

按：即便王弼的注解中有"为雌"的字眼，在整理的最后仍旧采用"无雌"。（详见《明常德·君主》解析）

例2.第六十四章"九层之台，起于累土。"

"累"，帛书乙本作"蘽"、甲本作"藟"。累、藟都借为"蘽"。蘽，土笼，即盛土的筐子。"蘽土"，一筐筐的土累积。

这样的解释表面上有一定道理，但似是而非。所以，最终仍采用"累土"。（详见《明常德·老子》解析）

三、文字溯源原则

读每一篇古文都要对文字进行诠释，这是读古文的必经之路。但是，整理《道德经》的要求会更高。《道德经》文字古奥，又言简义丰。如果不对文字进行准确诠释，就会直接影响整理的结果。只有对文字进行准确诠释，才能理清《道德经》的思想脉络，进而整理出合理的文本。

如何是"准确诠释"？

1.文字在自身的发展中，其含义乃至结构在不断地发生变化。这种变化在《道德经》的时代就已发生。

2.在《道德经》流传的过程中，注释《道德经》的人太多，对文字的诠释也都不一样。

3.整理《道德经》如果用通假字来诠释文字，整理就无法进行。比如，在《道德经》中用了"敝""蔽""弊"三个字，必定有所考虑，所以断不可以通假字来互相解释。

4.有的进入"字典"且极为普通的文字也许与原来的含义相差遥远。比如，"功成事遂，百姓皆谓我自然"。[①]"百姓"，最司空见惯了——"老百姓"不就是"人民"吗？

但是，古代的"百姓"却是指百官。《诗·小雅·鹿鸣之什·天保》："群

———————

① 第十七章。

黎百姓，遍为尔德。"《毛传》："百姓，百官族姓也。"

如果按照现在对"百姓"的理解，整理工作就无法进行。（整理的结果也是一种有冲突的结果。）

综上，整理《道德经》必须通晓文字的本义以及其含义的演变。

四、不得掺杂自己的主观意志

1. 整理《道德经》没有任何直接的依据，整理的工作自始至终都是笔者一人完成。所以，在整理的过程中切忌掺杂自己的主观意志。

2. 因为中国文字在历史的发展中衍生出非常多的含义，这样在文字的训诂上，就有了很大的"自由度"，所以切忌"自由发挥"。

3. 整理后的文章在语句上必须逻辑自洽，在语境、语气上完全贯通，在思想上符合自身逻辑，在整体上不能有所冲突。

第三篇

整理本《道德经》

第一章　明玄德

（**君主**）古之善为道者，^①治大国，若烹小鲜。^②孰知其故？^③其未兆易谋，其脆易泮。其安易持，其微易散。为之于未有，治之于未乱，^④则无不治。^⑤

"鱼不可脱于渊，国之利器不可以示人。^⑥人之所畏，不可不畏。"^⑦天下大事必作于细。天下难事必作于易。^⑧罪莫大于可欲。^⑨小国寡民，^⑩不见可欲。^⑪民不畏威，则大威至。^⑫邻国相望，鸡犬之声相闻，民至老死不相往来。^⑬乐与饵，过客止，^⑭吾得而杀之。^⑮大道废，有仁义；智慧出，有大伪；六亲不和，有孝慈；国家昏乱，有忠臣。^⑯信不足焉，有不信焉！^⑰民之难治，以

---

① 第六十五章。

② 第六十章。

③ 第七十三章。

④ 第六十四章。

⑤ 第三章。

⑥ 第三十六章。

⑦ 第二十章。

⑧ 第六十三章。

⑨ 第四十六章。

⑩ 第八十章。

⑪ 第三章。

⑫ 第七十二章。

⑬ 第八十章。

⑭ 第三十五章。

⑮ 第七十四章。

⑯ 第十八章。

⑰ 第十七章、第二十三章。

其智多。① 绝巧弃利，民利百倍。绝仁弃义，民复孝慈。绝圣弃智，盗贼无有。② 故以智治国，国之贼；不以智治国，国之福。③ 勇于敢则杀，勇于不敢则活，④ 孰敢？⑤ 是以大丈夫之治，常使民无知无欲；使夫智者不敢为也。⑥

吾言甚易知，甚易行。言有宗，事有君。⑦ 天下莫不知，莫能行。⑧ 吾何以知其然哉？以此：⑨

（道者）"道可道，非常道。名可名，非常名。"⑩ 天下有始，以为天下母。既得其母，以知其子，既知其子，复守其母，⑪ 始制有名，⑫ 可名为大。⑬ 大曰逝，逝曰远，远曰反。⑭ 此三者，不可致诘。是谓无状之状，无物之象，是谓惚恍。⑮ 信不足焉，有不信焉。⑯ 俗人察察，我独闷闷。俗人昭昭，我独昏昏。⑰ 知人者智，自知者明。⑱ 用其光，复归其明，⑲ 以阅众甫。吾何以知众

---

① 第六十五章。
② 第十九章。
③ 第六十五章。
④ 第七十三章。
⑤ 第七十四章。
⑥ 第三章。
⑦ 第七十章。
⑧ 第七十八章。
⑨ 第五十七章。
⑩ 第一章。
⑪ 第五十二章。
⑫ 第三十二章。
⑬ 第三十四章。
⑭ 第二十五章。
⑮ 第十四章。
⑯ 第二十三章、第十七章。
⑰ 第二十章。
⑱ 第三十三章。
⑲ 第五十二章。

甫之状哉？以此：^①其政察察，其民缺缺；其政闷闷，其民淳淳。^②道常无名，^③吾将镇之以无名之朴。无名之朴，^④可名于小。^⑤能知古始，执古之道，以御今之有，^⑥朴虽小，天下莫能臣也，^⑦故大制不割。^⑧是以圣人终不为大，故能成其大。^⑨

（德者）"天地不仁，以万物为刍狗；圣人不仁，以百姓为刍狗。"^⑩道常无为，而无不为。^⑪若使民常畏死，而为奇者，^⑫天之所恶。^⑬常有司杀者杀，^⑭是谓配天。^⑮夫代司杀者杀，是谓代大匠斫。夫代大匠斫者，希有不伤其手矣。^⑯故善人者，不善人之师；不善人者，善人之资；不贵其师，不爱其资，虽智大迷。^⑰人之迷，其日固久，正复为奇，善复为妖。^⑱大小多少，报怨以德。^⑲善者吾善之，不善者吾亦善之，德善。信者吾信之，不信者，

---

① 第二十一章。
② 第五十八章。
③ 第三十二章。
④ 第三十七章。
⑤ 第三十四章。
⑥ 第十四章。
⑦ 第三十二章。
⑧ 第二十八章。
⑨ 第六十三章。
⑩ 第五章。
⑪ 第三十七章。
⑫ 第七十四章。
⑬ 第七十三章。
⑭ 第七十四章。
⑮ 第六十八章。
⑯ 第七十四章。
⑰ 第二十七章。
⑱ 第五十八章。
⑲ 第六十三章。

吾亦信之，德信。^①人之不善，何弃之有？^②不尚贤，使民不争。^③无狎其所居，无厌其所生，^④是以天下乐推而不厌。^⑤夫唯不厌，是以不厌。^⑥夫唯不争，故天下莫能与之争。^⑦

（失者）"天网恢恢，疏而不失，^⑧天下多忌讳，而民弥贫。"^⑨法令滋彰，人多伎巧，^⑩揣而盈之，不可长保。^⑪国家滋昏，民多利器，^⑫夺而锐之，不如其已。^⑬奇物滋起，盗贼多有，^⑭金玉满堂，莫之能守。富贵而骄，自遗其咎。^⑮是以圣人犹难之。^⑯五音令人耳聋，五味令人口爽，五色令人目盲，驰骋畋猎令人心狂，难得之货令人行妨。^⑰是故甚爱必大费，多藏必厚亡。^⑱是以圣人为腹不为目，^⑲不贵难得之货。^⑳使有什伯之器而不用；使民重死而不远徙。虽有甲兵，无所陈之；虽有舟舆，无所乘之。^㉑道之出口，淡乎其无

---

① 第四十九章。
② 第六十二章。
③ 第三章。
④ 第七十二章。
⑤ 第六十六章。
⑥ 第七十二章。
⑦ 第二十二章。
⑧ 第七十三章。
⑨ 第五十七章。
⑩ 第五十七章。
⑪ 第九章。
⑫ 第五十七章。
⑬ 第九章。
⑭ 第五十七章。
⑮ 第九章。
⑯ 第六十三章、第七十三章。
⑰ 第十二章。
⑱ 第四十四章。
⑲ 第十二章。
⑳ 第三章。
㉑ 第八十章。

味。^①非以愚民，将以明之。^②为无为，味无味，事无事。^③少私寡欲，见素抱朴，^④绝学无忧。^⑤

（**君主**）和大怨，必有余怨，安可以为善？^⑥道者同于道，德者同于德，失者同于失。^⑦上德不德，是以有德；下德不失德，是以无德。上德无为而无以为；下德为之而有以为。^⑧善者不辩，辩者不善。^⑨此两者或利或害，^⑩夫唯不争，故无尤。^⑪

（**老子**）前识者，道之华，而愚之始。是以圣人处其厚，不居其薄；处其实，不居其华。^⑫故去彼取此：^⑬

有物混成，先天地生。^⑭其上不皦，其下不昧，^⑮独立不改，周行而不殆，吾不知其名，字之曰道。^⑯道之为物，惟恍惟惚。惚兮恍兮，其中有象；恍兮惚兮，其中有物；窈兮冥兮，其中有精；^⑰寂兮寥兮，^⑱其精有真，^⑲是谓玄

---

① 第三十五章。
② 第六十五章。
③ 第六十三章。
④ 第十九章。
⑤ 第二十章。
⑥ 第七十九章。
⑦ 第二十三章。
⑧ 第三十八章。
⑨ 第八十一章。
⑩ 第七十三章。
⑪ 第八章。
⑫ 第三十八章。
⑬ 第十二章、第三十八章、第七十二章。
⑭ 第二十五章。
⑮ 第十四章。
⑯ 第二十五章。
⑰ 第二十一章。
⑱ 第二十五章。
⑲ 第二十一章。

牝。玄牝之门，^①众妙之门，^②其中有信，^③是谓玄德。玄德深矣，远矣，与物反矣。^④故常无欲，以观其妙，常有欲，以观其徼：^⑤有德司契，无德司彻，^⑥此两者同出而异名，同谓之玄，玄之又玄，^⑦可以为天下母。^⑧有国之母，可以有国，^⑨强为之名曰大。故道大，天大，地大，王亦大，域中有四大，而王居其一焉。物法地，地法天，天法道，道法自然，^⑩以其终不自为大，故能成其大。^⑪夫轻诺必寡信，多易必多难，图难于其易，为大于其细，故终无难矣。^⑫

圣人在天下歙歙，为天下浑其心，^⑬以辅万物之自然而敢为，^⑭是谓玄德。^⑮三十辐共一毂，当其无有，车之用。凿户牖以为室，当其无有，室之用。埏埴以为器，当其无有，器之用。^⑯朴散则为夸，^⑰使人复结绳而用之。^⑱虚其心，实其腹，弱其志，强其骨。^⑲甘其食，美其服，安其居，乐其俗。^⑳

---

① 第六章。
② 第一章。
③ 第二十一章。
④ 第六十五章。
⑤ 第一章。
⑥ 第七十九章。
⑦ 第一章。
⑧ 第二十五章。
⑨ 第五十九章。
⑩ 第二十五章。
⑪ 第三十四章。
⑫ 第六十三章。
⑬ 第四十九章。
⑭ 第六十四章。
⑮ 第十章、第五十一章。
⑯ 第十一章。
⑰ 第二十八章。
⑱ 第八十章。
⑲ 第三章。
⑳ 第八十章。

子孙祭祀不辍，^①复归于朴。^②执大象，天下往。往而不害，安平泰。^③故有之以为利，无之以为用。^④是以圣人方而不割，光而不耀，真而不肆，廉而不刿。^⑤是以圣人常善救人，故无弃人；常善救物，故无弃物。^⑥知此两者亦稽式。^⑦是以圣人犹难之！^⑧常知稽式，^⑨常无欲，^⑩为无为，^⑪然后乃至大顺。^⑫故从事于道者，同于道，道者亦乐得之；同于德，德者亦乐得之；同于失，失者亦乐得之，^⑬是谓玄同。^⑭

圣人无常心以百姓心为心，百姓皆注其耳目，圣人皆孩之，^⑮是谓玄德。^⑯上仁为之而无以为；上义为之而有以为；上礼为之而莫之应，则攘臂而扔之。^⑰夫唯无以生为者，是贤于贵生。^⑱其不欲见贤，^⑲是谓不争之德，^⑳以其

---

① 第五十四章。
② 第二十八章。
③ 第三十五章。
④ 第十一章。
⑤ 第五十八章。
⑥ 第二十七章。
⑦ 第六十五章。
⑧ 第六十三章、第七十三章。
⑨ 第六十五章。
⑩ 第三十四章。
⑪ 第三章。
⑫ 第六十五章。
⑬ 第二十三章。
⑭ 第五十六章。
⑮ 第四十九章。
⑯ 第五十一章、第十章。
⑰ 第三十八章。
⑱ 第七十五章。
⑲ 第七十七章。
⑳ 第六十八章。

不争，故天下莫能与之争。^①圣人用之，则为官长。^②民之难治，以其上之有为，是以难治。民之饥，以其上食税之多，是以饥。民之轻死，以其上求生之厚，是以轻死。^③民不畏死奈何以死惧之？^④是以圣人欲不欲，不贵难得之货，^⑤使民不为盗。^⑥学不学，不复众人之所过，^⑦使民心不乱。^⑧为学日益，为道日损，损之又损，以至于无为，无为而无不为。^⑨是以圣人执左契，而不以责于人。^⑩故圣人云："我好静而民自化，我无为而民自正，我无事而民自富，我无欲而民自朴。"^⑪

---

① 第六十六章。
② 第二十八章。
③ 第七十五章。
④ 第七十四章。
⑤ 第六十四章。
⑥ 第三章。
⑦ 第六十四章。
⑧ 第三章。
⑨ 第四十八章。
⑩ 第七十九章。
⑪ 第五十七章。

第二章　明常德

（君主）古之善为士者，微妙玄通，深不可识。夫唯不可识，故强为之容：^①善建者不拔，善抱者不脱，^②善数不用筹策；善闭无关楗，而不可开，善结无绳约，而不可解。善行无辙迹，善言无瑕疵；^③迎之不见其首，随之不见其后。^④是谓知无行，执无兵，攘无臂，扔无敌。^⑤夫慈，以战则胜，以守则固，^⑥没身不殆。^⑦以慈卫之，天将救之，^⑧是谓复命。复命曰常，^⑨知常曰明。^⑩不知常，妄作凶。^⑪故奇兵相加，哀者胜矣。^⑫天下皆谓："我道大，似不肖。"夫唯大，故似不肖。若肖，久矣其细也夫！^⑬天下神器，不可为也。^⑭取天下常以无事，及其有事，不足以取天下。^⑮将欲取天下而为之，吾见其不得已。^⑯

---

① 第十五章。

② 第五十四章。

③ 第二十七章。

④ 第十四章。

⑤ 第六十九章。

⑥ 第六十七章。

⑦ 第五十二章、第十六章。

⑧ 第六十七章。

⑨ 第十六章。

⑩ 第五十五章、第十六章。

⑪ 第十六章。

⑫ 第六十九章。

⑬ 第六十七章。

⑭ 第二十九章。

⑮ 第四十八章。

⑯ 第二十九章。

故失道而后德，失德而后仁，失仁而后义，失义而后礼。夫礼者，忠信之薄，而乱之首。① 故希言自然，② 多言数穷，不如守中。③

不言之教，无为之益，天下希及之，④ 天下莫能知，莫能行。夫唯无知，是以不我知，知我者希，则我者贵。⑤

用兵有言：⑥

（**兵法家甲**）人之生也柔弱，其死也坚强；草木之生也柔脆，其死也枯槁。木强则兵，⑦ 物壮则老，⑧ 故坚强者死之徒，柔弱者生之徒。强大处下，柔弱处上，⑨ 柔弱胜刚强，⑩ 是以兵强则不胜。⑪ 夫佳兵者，不祥之器，物或恶之，⑫ 为者败之，执者失之。⑬ 师之所处，荆棘生焉。大军之后，必有凶年，⑭ 故有道者不处。⑮ 天下之交，大国不过欲兼畜人，小国不过欲入事人，故大国以下小国，则取小国；小国以下大国，则取大国。⑯ 信言不美，美言不信。⑰ 美言可以市，尊行可以加人。⑱ 为者败之，执者失之。⑲ 故或下以取，或下而取，

---

① 第三十八章。

② 第二十三章。

③ 第五章。

④ 第四十三章。

⑤ 第七十章。

⑥ 第六十九章。

⑦ 第七十六章。

⑧ 第三十章、第五十五章。

⑨ 第七十六章。

⑩ 第三十六章。

⑪ 第七十六章。

⑫ 第三十一章。

⑬ 第二十九章、第六十四章。

⑭ 第三十章。

⑮ 第三十一章。

⑯ 第六十一章。

⑰ 第八十一章。

⑱ 第六十二章。

⑲ 第二十九章、第六十四章。

夫两者各得其所欲，大者宜为下。^①是以圣人无为故无败；无执故无失。^②知不知，上。不知知，病。夫唯病病，是以不病。圣人不病，以其病病，是以不病。^③祸莫大于不知足。^④知足者富，^⑤知足不辱，知止不殆。^⑥故知足之足，常足矣。^⑦

（**兵法家乙**）含德之厚，比于赤子，^⑧吾不知谁之子，象帝之先。^⑨道生之，德畜之，物形之，势成之。^⑩骨弱筋柔而握固，未知牝牡之合而全作，精之至也。终日号而不嗄，和之至也。知和曰常，^⑪知常容，容乃公，公乃王，王乃天，天乃道，道乃久，^⑫热胜寒，静胜躁，清静以为天下正。^⑬以正治国，以抗用兵，^⑭咎莫大于欲得。^⑮胜人者有力，^⑯是谓用人之力；^⑰自胜者强，^⑱战胜，^⑲其事好还。^⑳善者果而已，果而不得已。果而勿伐，果而勿强，果而勿骄，

---

① 第六十一章。
② 第六十四章。
③ 第七十一章。
④ 第四十六章。
⑤ 第三十三章。
⑥ 第四十四章。
⑦ 第四十六章。
⑧ 第五十五章。
⑨ 第四章。
⑩ 第五十一章。
⑪ 第五十五章。
⑫ 第十六章。
⑬ 第四十五章。
⑭ 第五十七章。
⑮ 第四十六章。
⑯ 第三十三章。
⑰ 第六十八章。
⑱ 第三十三章。
⑲ 第三十一章。
⑳ 第三十章。

果而勿矜，^①没身不殆，^②故为天下贵。^③悠兮其贵言，^④吾不敢为主而为容，不敢进寸而退尺。^⑤吉事尚左，凶事尚右。君子居则贵左，用兵则贵右。偏将军居左，上将军居右，^⑥不失其所者久，死而不亡者寿。^⑦故立天子，置三公，虽有拱璧先驷马，不如坐进此道。古之所以贵此道者何？不曰以求得，有罪以免邪？^⑧

（**兵法家丙**）飘风不终朝，骤雨不终日。孰为此者？天地。天地尚不能久，而况于人乎？^⑨知者不博，博者不知。^⑩不窥牖，见天道。不出户知天下；其出弥远，其知弥少。^⑪天道无亲，常与善人。^⑫反者道之动，弱者道之用。^⑬自矜者不长，自见者不明，自是者不彰，自伐者无功。其在道也，曰余食赘行，物或恶之，故有道者不处。^⑭不自矜故长，不自见故明，不自是故彰，不自伐故有功。^⑮善战者不怒，善为士者不武，善胜敌者不与，善用人者为之下。^⑯以道佐人主者，^⑰其鬼不神；非其鬼不神，其神不伤人；非其神不伤

---

① 第三十章。
② 第十六章、第五十二章。
③ 第六十二章、第五十六章。
④ 第十七章。
⑤ 第六十九章。
⑥ 第三十一章。
⑦ 第三十三章。
⑧ 第六十二章。
⑨ 第二十三章。
⑩ 第八十一章。
⑪ 第四十七章。
⑫ 第七十九章。
⑬ 第四十章。
⑭ 第二十四章。
⑮ 第二十二章。
⑯ 第六十八章。
⑰ 第三十章。

人，圣人亦不伤人。① 知其荣，守其辱，为天下谷。为天下谷，常德乃足。知其雄，守其雌，为天下溪。为天下溪，常德不离。知其白，守其黑，为天下式。为天下式，常德不忒。② 是以圣人不行而知，不见而名，不为而成。③ 故为天下贵。④

（君主）歙气致柔，能婴儿乎？挫营魄抱一，能无离乎？天门开阖，能无雌乎？涤除玄览，能无谪乎？明白四达，能无行乎？爱民治国，能无为乎？⑤

（老子）天下有道，却走马以粪。天下无道，戎马生于郊。⑥ 兵者，不祥之器，非圣人之器，不得已而用之。⑦ 祸莫大于轻敌，轻敌几丧吾宝。⑧ 重为轻根，静为躁君。轻则失本，躁则失君。是以君子终日行，不离辎重。虽有荣观，燕处超然。⑨ 杀人之众，以哀悲泣之，以丧礼处之，胜而不美。言以丧礼处之，而美之者，是乐杀人。夫乐杀人者，⑩ 其无正，⑪ 则不可以得志于天下矣。⑫ 守柔曰强，⑬ 心使气曰强，⑭ 强行者有志：⑮ "强梁者不得其死！"⑯ 故不可得而亲，不可得而疏；不可得而利，不可得而害；不可得而贵，不可得而

---

① 第六十章。
② 第二十八章。
③ 第四十七章。
④ 第五十六章、第六十二章。
⑤ 第十章。
⑥ 第四十六章。
⑦ 第三十一章。
⑧ 第六十九章。
⑨ 第二十六章。
⑩ 第三十一章。
⑪ 第五十八章。
⑫ 第三十一章。
⑬ 第五十二章。
⑭ 第五十五章。
⑮ 第三十三章。
⑯ 第四十二章。

贱。① 故去彼取此：②

天之道，不争而善胜，不言而善应，不召而自来。③ 致虚极，守静笃。万物并作，吾以观复：④ 天下之牝，以静为下，牝常以静胜牡。⑤ 譬道之在天下，⑥ 夫两不相伤，故德交归焉。⑦ 故道生之，德畜之，长之育之，亭之毒之，养之覆之。⑧ 物壮则老，⑨ 是为习常。⑩ 夫物芸芸，各复归其根，归根曰静，⑪ 复归于婴儿⑫，是以万物莫不尊道而贵德。道之尊，德之贵，夫莫之命而常自然。⑬ 以道莅天下，⑭ 不以兵强天下，⑮ 以无事取天下。⑯ 恬淡为上，⑰ 绰然而善谋。⑱ 大国者下流，⑲ 犹川谷之于江海。⑳ 江海所以能为百谷王者，以其善下之，故能为百谷王。㉑ 是以圣人抱一为天下式。㉒ 吾是以知无为之有益。㉓ 夫亦将

---

① 第五十六章。
② 第十二章、第三十八章、第七十二章。
③ 第七十三章。
④ 第十六章。
⑤ 第六十一章。
⑥ 第三十二章。
⑦ 第六十章。
⑧ 第五十一章。
⑨ 第三十章、第五十五章。
⑩ 第五十二章。
⑪ 第十六章。
⑫ 第二十八章。
⑬ 第五十一章。
⑭ 第六十章。
⑮ 第三十章。
⑯ 第五十七章。
⑰ 第三十一章。
⑱ 第七十三章。
⑲ 第六十一章。
⑳ 第三十二章。
㉑ 第六十六章。
㉒ 第二十二章。
㉓ 第四十三章。

知止，知止可以不殆。①

　　天下莫柔弱于水，而攻坚强者莫之能胜，②天下之至柔，驰骋天下之至坚，无有入无间，③弱之胜强，柔之胜刚，以其久无易之。④合抱之木生于毫末；九层之台，起于累土；千里之行，始于足下。民之从事，常于几成而败之。⑤企者不立，跨者不行。⑥是以圣人处无为之事，行不言之教，⑦不敢以取强。⑧慎终如始，则无败事。⑨故以身观身，以家观家，以乡观乡，以国观国，以天下观天下。修之于身，其德乃真；修之于家，其德乃余；修之于乡，其德乃长；修之于国，其德乃丰；修之于天下，其德乃普。⑩见小曰明，⑪是谓微明。⑫知常曰明，⑬是谓容明。⑭是以圣人自知不自见；自爱不自贵。⑮夫亦将无欲，⑯无遗身殃。⑰

---

① 第三十二章。

② 第七十八章。

③ 第四十三章。

④ 第七十八章。

⑤ 第六十四章。

⑥ 第二十四章。

⑦ 第二章。

⑧ 第三十章。

⑨ 第六十四章。

⑩ 第五十四章。

⑪ 第五十二章。

⑫ 第三十六章。

⑬ 第十六章、第五十五章。

⑭ 第二十七章。

⑮ 第七十二章。

⑯ 第三十七章。

⑰ 第五十二章。

第三章　明孔德

（**君主**）盖闻善摄生者，陆行不搏兕虎，兕无所投其角，虎无所措其爪。入军不被甲执兵，兵无所袭其刃。夫何故？以其无死地。人之生，出生入死。生之徒，十有三；死之徒，十有三；^①猛兽不据，攫鸟不遇，蜂虿（chài）虺（huǐ）蛇不螫（shì），^②动之死地，亦十有三。夫何故？^③

我有三宝，持而保之。一曰慈，二曰俭，三曰不敢为天下先。慈故能勇；俭故能广；不敢为天下先，故能成器长。^④古之所谓曲则全者，岂虚言哉！诚专而归之。曲则全，直则枉。洼则盈，新则敝。少则得，多则惑。^⑤今舍慈且勇，舍俭且广，舍后且先，^⑥是谓不道，^⑦死矣。^⑧

上士闻道，勤而行之；中士闻道，若存若亡；下士闻道，大笑之。不笑，不足以为道。^⑨吾何以知天下然哉？以此：^⑩

（**上士**）"身与货孰多？^⑪天下万物生于有，有生于无。^⑫道者，万物之

---

① 第五十章。
② 第五十五章。
③ 第五十章。
④ 第六十七章。
⑤ 第二十二章。
⑥ 第六十七章。
⑦ 第三十章。
⑧ 第六十七章。
⑨ 第四十一章。
⑩ 第五十四章。
⑪ 第四十四章。
⑫ 第四十章。

奥。^①视之不足见，听之不足闻，用之不足既。^②道冲，^③不善人之宝，善人之所保，^④而用之或不盈。^⑤保此道者不欲盈，故能蔽不新成。^⑥故建言有之：'建德若偷，广德若不足，上德若谷。^⑦正言若反，^⑧大成若缺，大盈若冲，其用不穷。'^⑨"知者不言，言者不知。^⑩塞其兑，闭其门，终身不勤；开其兑，济其事，终身不救。^⑪无名，天地之始，有名，万物之母。^⑫道隐无名。^⑬视之不见名曰微，听之不闻名曰希，搏之不得名曰夷。^⑭此三者以为文不足，故令万物有所属。^⑮挫其锐，解其分，和其光，同其尘，^⑯名亦既有。^⑰是以圣人去甚，去奢，去太，^⑱而贵食母。^⑲人之所教，我亦教之：^⑳"明道若昧，进道若退，夷道若纇。质直若渝，大白若辱，大器晚成，^㉑其用不弊。"^㉒

———————

① 第六十二章。
② 第三十五章。
③ 第四章。
④ 第六十二章。
⑤ 第四章。
⑥ 第十五章。
⑦ 第四十一章。
⑧ 第七十八章。
⑨ 第四十五章。
⑩ 第五十六章。
⑪ 第五十二章。
⑫ 第一章。
⑬ 第四十一章。
⑭ 第十四章。
⑮ 第十九章。
⑯ 第五十六章。
⑰ 第三十二章。
⑱ 第二十九章。
⑲ 第二十章。
⑳ 第四十二章。
㉑ 第四十一章。
㉒ 第四十五章。

（中士）"名与身孰亲？ ^① 祸兮福之所倚，福兮祸之所伏。^② 天之道，其犹张弓与？ ^③ 将欲发之，必固张之；将欲弱之，必固强之；将欲废之，必固兴之；将欲持之，必固与之。^④ 是以欲上民，必以言下之；欲先民，必以身后之，是以圣人处上而民不重，处前而民不害。"^⑤ 太上，下知有之，其次亲而誉之，其次畏之，其次侮之，^⑥ 谓之不道，^⑦ 得之若惊。宠为下，失之若惊，是谓宠辱若惊。宠辱若惊，贵大患若身，^⑧ 古之极，^⑨ 是以圣人被褐怀玉，^⑩ 塞其兑，闭其门，^⑪ 不道早已。^⑫ 人之所恶，唯孤、寡、不穀，而王公以为称，^⑬ 此非以贱为本邪？^⑭ 唯之与阿，相去几何？善之与恶，相去若何？^⑮ 天下皆知美之为美，斯恶已。皆知善之为善，斯不善已，^⑯ 非乎？^⑰ 大方无隅，大音希声，大象无形。^⑱ 大巧若拙，大直若屈，大辩若讷，^⑲ 孰知其极？^⑳

---

① 第四十四章。

② 第五十八章。

③ 第七十七章。

④ 第三十六章。

⑤ 第六十六章。

⑥ 第十七章。

⑦ 第五十五章。

⑧ 第十三章。

⑨ 第六十八章。

⑩ 第七十章。

⑪ 第五十六章。

⑫ 第三十章、第五十五章。

⑬ 第四十二章。

⑭ 第三十九章。

⑮ 第二十章。

⑯ 第二章。

⑰ 第三十九章。

⑱ 第四十一章。

⑲ 第四十五章。

⑳ 第五十八章。

（下士）"得与亡孰病？^①天之道，利而不害；圣人之道，为而不争。^②为而不恃，生而不有，长而不宰，^③功成而不处，^④天之道。^⑤是以圣人为而不恃，^⑥生而不有，^⑦长而不宰，^⑧功遂身退，^⑨可以长久。"^⑩大道甚夷，而人好径，^⑪我独异于人。众人皆有余，沌沌兮，而我独若遗。众人皆有以发，而我独顽似鄙，如婴儿之未孩。众人熙熙，如享太牢，如春登台，我独泊兮其未兆，^⑫犹兮若畏四邻，豫兮若冬涉川。^⑬儽（léi）儽兮，若无所归。^⑭功成事遂，百姓皆谓我"自然"，^⑮我愚人之心也哉？^⑯益生曰祥，^⑰居善地，动善时，事善能，^⑱吾将以为教父。^⑲使我介然有知，行于大道，唯施是畏。^⑳治人事天，莫若啬。夫唯啬，是谓早服。早服谓之重积德。重积德则无不克，无不克则莫

---

① 第四十四章。
② 第八十一章。
③ 第五十一章。
④ 第七十七章。
⑤ 第九章。
⑥ 第七十七章。
⑦ 第二章。
⑧ 第十章、第五十一章。
⑨ 第九章。
⑩ 第四十四章、第五十九章。
⑪ 第五十三章。
⑫ 第二十章。
⑬ 第十五章。
⑭ 第二十章。
⑮ 第十七章。
⑯ 第二十章。
⑰ 第五十五章。
⑱ 第八章。
⑲ 第四十二章。
⑳ 第五十三章。

知其极，莫知其极，^①复归于无极。^②是谓深根固柢，长生久视之道。^③

（**君主**）大道氾兮，其可左右！^④湛兮似或存，^⑤混兮其若浊，敦兮其若朴，涣兮若冰之将释，旷兮其若谷，^⑥澹兮其若海；^⑦俨兮其若客，^⑧飂兮若无止；^⑨渊兮似万物之宗，^⑩荒兮其未央哉！^⑪其致之。天无以清将恐裂，地无以宁将恐裂，谷无以盈将恐竭，神无以灵将恐歇，万物无以生将恐灭，侯王无以贵高将恐蹶。^⑫孰能浊以静之徐清？孰能安以动之徐生？^⑬孰能有余以奉天下？^⑭

（**老子**）天之道，损有余而补不足。高者抑之，下者举之；有余者损之，不足者补之；人之道则不然，损不足以奉有余。^⑮田甚芜，朝甚除，服文彩，带利剑；仓甚虚，财货甚馀，厌饮食，是谓盗夸，非道也哉！^⑯以其生生之厚，^⑰不道早已。^⑱故去彼取此：^⑲

何谓贵大患若身？^⑳道生一，一生二，二生三，三生万物。万物负阳而抱

---

① 第五十九章。
② 第二十八章。
③ 第五十九章。
④ 第三十四章。
⑤ 第四章。
⑥ 第十五章。
⑦ 第二十章。
⑧ 第十五章。
⑨ 第二十章。
⑩ 第四章。
⑪ 第二十章。
⑫ 第三十九章。
⑬ 第十五章。
⑭ 第七十七章。
⑮ 第七十七章。
⑯ 第五十三章。
⑰ 第五十章。
⑱ 第三十章、第五十五章。
⑲ 第十二章、第三十八章、第七十二章。
⑳ 第十三章。

阴，冲气以为和。^①绳绳不可名，故混而为一。复归于无物，^②谷神不死，是谓天地根。^③昔之得一者，天得一以清，地得一以宁，神得一以灵，谷得一以盈，万物得一以生，侯王得一以为天下贞。^④天长地久，天地所以能长且久者，以其不自生，故能长生。^⑤吾所以有大患者，为吾有身，及吾无身，吾有何患？故贵以身为天下，若可寄天下。爱以身为天下，若可托天下。^⑥奈何万乘之主，而以身轻天下？^⑦是以圣人后其身而身先；外其身而身存。非以其无私邪，故能成其私。^⑧天地之间，其犹橐籥乎？虚而不屈，动而愈出。^⑨绵绵若存，用之不勤。^⑩圣人不积，既以为人，己愈有；既以与人，己愈多。^⑪故物或损之而益，或益之而损，^⑫夫唯不盈，^⑬是谓要妙。^⑭侯王若能守之，万物将自宾，天地相合，以降甘露，民莫之令而自均。^⑮

　　何谓宠辱若惊？^⑯孔德之容，惟道是从。^⑰夫唯道，善贷且成。^⑱生之畜之，

---

① 第四十二章。

② 第十四章。

③ 第六章。

④ 第三十九章。

⑤ 第七章。

⑥ 第十三章。

⑦ 第二十六章。

⑧ 第七章。

⑨ 第五章。

⑩ 第六章。

⑪ 第八十一章。

⑫ 第四十二章。

⑬ 第十五章。

⑭ 第二十七章。

⑮ 第三十二章。

⑯ 第十三章。

⑰ 第二十一章。

⑱ 第四十一章。

为而不恃，生而不有，^①唯有道者。^②上善若水，水善，利万物而不争，处众人之所恶，^③万物恃之而生而不辞，万物作焉而不为主，^④功成而弗居，夫唯弗居，是以不去，^⑤故几于道。^⑥故贵以贱为本，高以下为基。是以侯王自称孤、寡、不穀，珞珞如石，不欲琭琭如玉。^⑦故民或行或随，或歔或吹，或强或羸，或载或隳。^⑧正善治，心善渊，言善信，与善仁。^⑨挫其锐，解其纷，和其光，同其尘。^⑩为而不恃，衣养万物而不辞，^⑪功成不名有，万物归焉而不为主。^⑫故有无相生，难易相成，长短相较，高下相全，音声相和，前后相随，^⑬可以长久。^⑭故致数舆无舆，^⑮自今及古，其名不去，^⑯是谓道纪。^⑰是以圣人云："受国之垢，是谓社稷主；受国不祥，是为天下王。"^⑱侯王若能守之，万物将自化，化而欲作，不欲以静，天下将自定。^⑲

---

① 第十章。

② 第七十七章。

③ 第八章。

④ 第三十四章。

⑤ 第二章。

⑥ 第八章。

⑦ 第三十九章。

⑧ 第二十九章。

⑨ 第八章。

⑩ 第四章。

⑪ 第二章。

⑫ 第三十四章。

⑬ 第二章。

⑭ 第四十四章、第五十九章。

⑮ 第三十九章。

⑯ 第二十一章。

⑰ 第十四章。

⑱ 第七十八章。

⑲ 第三十七章。

第四篇

整理本《道德经》解析

第一章　明玄德

第一节　君主的论述

（君主）古之善为道者，^①治大国，若烹小鲜。孰知其故？^②其未兆易谋，其脆易泮。^③其安易持，其微易散。^④为之于未有，治之于未乱，则无不治。^⑤

注释及解析：

①**古**：故也。从十、口。识前言者也。——《说文》。臣铉等曰：十口所传是前言也。

按：君主说的"古"，是指传说中的历史，而不一定是真实的历史。

道（䢔）：所行道也。从辵（chuò）从首。一达谓之道。（𧗟）古文"道"从"首""寸"。〔辵（𢌳）：乍行乍止也。〕——《说文》。段注：道者人所行，故亦谓之行。道之引申为道理，亦为引道。从辵首，首者，行所达也。

按：1."道"字的金文写法之一：𧗟〔貉（háo）子卣（yǒu）·西周早期〕。可见，"道"从"行"从"首"。"道"字的另几种金文写法：𧗟（散氏盘·西周晚期）、𧗟（散氏盘·西周晚期）和𧗟〔曾伯漆簠（fǔ）·春秋〕。这几种写法相对前一种写法多了一个"止"或"手"字。

《说文》无法说明"道"字不同的金文结构，所以，注释就显得武断。但是"道"字的文化内涵是如此深厚，所以，有必要对"道"的含义重新解析。

"首"字的本义是头，头不可能用来走路，只有在生孩子的时候，小孩的头往下行，所以可推知，"道"的本义是"生孩子的过程"。后来加了"止"字，也正是表明生孩子不是一蹴而就的。加了"手"字，表明是有人在接生。趙从"辵""首"。头乍行乍止，更形象地表明了孩子的头娩出的过程。不过，此时的"道"已经有了众多的引申含义。

2."道"的造字本义是"生孩子的过程"，女人生孩子不亚于在鬼门关走一遭，所以，要有丰富的接生、护理经验、技术等。后来引申为"头脑所行的道路"，成为一种教学、学习、做事的基本法则乃至最高法则。而物种的繁衍、继承毫无疑问是宇宙的基本法则。

3."道"这个概念在本篇乃至在整部《道德经》中有很多含义，此处的"道"即是指人心。

人心具有成长性和复杂性两种属性。一个人的心从简单到复杂，有一个"塑造"和治理的过程。社会上的人形形色色，为了维持某种秩序，同样需要治理。

为道："塑造"并治理人心。

善为道者：善于"塑造"并治理人心的人。

按：1.根据下文可知，这样的人类似于"人类灵魂的工程师"，但不限于老师。

2.《论语·为政》："子曰：'道之以政，齐之以刑，民免而无耻。道之以德，齐之以礼，有耻且格。'"

孔子指出"为道"的两种方式："道之以政，齐之以刑"和"道之以德，齐之以礼"。这也是不同的统治者对"为道"的认识。

君主即是把"为道"等同于"为政"和"为教"的统一。从下文可知，君主的"为道"是以刑罚为保障，巩固孝慈教育。

古之善为道：古代善于"塑造"并治理人心的人。

按：这里暗含了君主作为国家领导人的天然的合法性。

② **治大国，若烹小鲜：**治理大国，就好像烹小鱼一样简单容易。

按：1.《韩非子·解老篇》："事大众而数摇之，则少成功；藏大器而数徙之，则多败伤；烹小鲜而数挠之，则贼其泽；治大国而数变法，则民苦之。是以有道之君贵静，不重变法。故曰：'治大国者若烹小鲜。'"

有史以来，对这句话都是如此诠释，大同小异，不再赘述。如果"若烹小鲜"解释为"不要随便搅动"，这只能说明注者不懂烹饪技术。至于如何是"随便搅动"确实难以捉摸。没有技术的娴熟，怎么搅？怎么掌握火候？如何放佐料？如果取其"静"意，那么几乎做所有的工作都需要静下心来，何止"烹小鲜"！非但烹小鱼不能随便搅动，即便是大鲤鱼也不可以。

2.《孟子·梁惠王上》："孟子曰：'老吾老，以及人之老；幼吾幼，以及人之幼。天下可运于掌。'"

"治大国，若烹小鲜"和孟子所谓"天下可运于掌"异曲同工。但是，君主的依据和孟子不同。孟子从人君爱护老人、儿童的基本态度出发，得出"天下可运于掌"的豪迈之语。从下面可以看出，君主从做事的方法论出发得出"治大国，若烹小鲜"的自信之言，并且从下文可以看出，君主完全反对孟子的政治主张。

③ **其**：并非单纯的语气助词，也代指"庶民""国""家"。

兆：灼龟坼（chè）也。——《说文》

按：这里引申为征兆。

未兆：没有征兆。

谋：虑难曰谋。——《说文》

其木兆易谋：祸事还没有征兆时易于图谋。

按：君主反对"以智治国"。"谋"显然属于"用心"。这里用"谋"是因为"谋"是指对事，而"智"完全是对人。

脆：[奭（ruǎn）：稍前大也。（稍：出物有渐也。）] 易破也。——《说文》

按："稍前大"，一般可指草木刚萌芽的芽端部位，这个部位有成长优势。可引申为"小孩子的心理刚刚萌动"。

泮：诸侯飨射之宫。西南为水，东北为墙。——《说文》。段注："飨者，谓乡饮酒也。……泮水皆言诸侯乡饮酒之礼，见《郑笺》。古者养老之礼即乡饮酒之礼也。公刘先射而后养老，故曰飨射。"

按：由于下面失者有"绝学无忧"。"学"和"泮"有关联。下文老子说："我好静而民自化。"当推之，"泮"，在这里有开化的意思。"泮"既然和养老、诸侯有关，那么在这里当然就和诸侯的"孝"的教育有关。

其脆易泮：才萌发的心理容易教化。

按：君主的意思是，在远古时期、幼儿时期，人心比较单纯，既可以像亚当那样被蛇引诱，也容易被教化成孝子贤孙。

其未兆易谋，其脆易泮：相当于"为之于未有"的理论基础。

④ **安**：稳定、安定、心安。

持：维持，掌握。

微：隐行也。——《说文》。《广韵》："妙也。"

按：这里"隐行""妙"的含义均有。

散：布也。——《博雅》

其微易散：精妙的事物易于传播。

按：这就是下文君主所说的"可欲"易于传播。比如，优美的音乐易于传诵，动听的话易于流传；但是以性、音乐等各种"可欲"为载体，背后隐藏的罪恶同样易于传播。

其安易持，其微易散：相当于"治之于未乱"的理论基础。

⑤ **未有**：祸患未发生的时候。

为之于未有：在灾祸之前做足预防工作。

按：小孩子的心灵是一张白纸，在上面画什么就是什么，所以，"为之于未有"的精髓在于：教育从娃娃抓起。

乱（亂）：治也。——《说文》。段注："（乱）不治也。"

按：先哲造"乱"字乃是深刻领略到什么是"治乱同源"，可惜段玉裁未能领悟。国家的混乱往往由治国者造成，而不是被治理的民众。

治之于未乱：在混乱开始前就已经把乱的因素都治理了。

按：这是说治官。

为之于未有，治之于未乱，则无不治：

按：根据下文"故以智治国，国之贼；不以智治国，国之福"，说明很多智者有"精妙"言论，最易于蛊惑人心。君主所谓"治之于未乱"就是不要"以智治国"，这与"为之于未有"一脉相承。

译文：

（君主）听说在远古时期，那些善于塑造并治理人心的人，治理大的国家，就像醋烧瓦片儿鱼一样（简单容易）。谁知道其中的缘故呢？在灾祸有征兆之前易于图谋，才萌发的心理容易教化，人员安定易于管理，精妙的事物易于流传散布。在灾祸之前做足预防工作，在混乱开始前就把乱的因素都治理了。这样就没什么不能治理的了。

（君主）"鱼不可脱于渊，国之利器不可以示人。"人之所畏，不可不畏。① 天下大事必作于细。天下难事必作于易。② 罪莫大于可欲。小国寡民，不见可欲。③ 民不畏威，则大威至。④ 邻国相望，鸡犬之声相闻，民至老死不相往来。乐与饵，过客止，吾得而杀之。⑤ 大道废，有仁义；⑥ 智慧出，有大伪；⑦ 六亲不和，有孝慈；⑧ 国家昏乱，有忠臣。⑨ 信不足焉，有不信焉！⑩ 民之难治，以其智多。⑪ 绝巧弃利，民利百倍。⑫ 绝仁弃义，民复孝慈。⑬ 绝圣弃智，盗贼无有。⑭ 故以智治国，国之贼；不以智治国，国之福。⑮ 勇于敢则杀，勇于不敢则活，孰敢？⑯ 是以大丈夫之治，常使民无知无欲；使夫智者不敢为也。⑰

吾言甚易知，甚易行。言有宗，事有君。天下莫不知，莫能行。吾何以知其然哉？以此：⑱

注释及解析：

① **鱼：**水虫也。象形。鱼尾与燕尾相似。——《说文》

按：鰲：鱼也。——《说文》。段注："（鰲）鱼也。见《齐风》。《毛传》曰：

'大鱼也。'谓鳏与鲂皆大鱼之名也。"

《书·尧典》："有鳏在下，曰虞舜。"《孟子·梁惠王》："老而无妻曰鳏。"

"鳏"到后来和男人有关。由此可推知，"鱼"也具有象征意义。"鳏"既然是大鱼，引申为成年男子，"鱼"就可象征为小男孩，或未成年男子，尤其是青春期的少年男子。更进一步，象征男人之精。精液在哪儿呢？是精囊，还是在别的地方？古人把这比作深渊恰如其分。

脱： 消肉臞（qú）也。——《说文》。段注："（脱）消肉臞也。消肉之臞，臞之甚者也。今俗语谓瘦太甚者曰脱形。言其形象如解蜕也。此义少有用者。今俗用为分散，遗失之义分散之义当用挩。"

按："脱"，月（肉）字旁，和人的身体有关。能够消瘦到脱形，肯定是病得很重，这种病往往和纵欲过度有关系。鱼离开水，或许未必就用"脱"字，也可以用"离""出"等（得看当时的文字含义）。这里用"脱"字，应该是有意与人身联系在一起。"鱼脱于渊"可象征"精液脱离身体"。

国之利器： 1.国家级的贵重工艺品、武器。2.仁义、孝慈、忠臣等学说。

鱼不可脱于渊，国之利器不可以示人： 鱼不能脱离深渊，国家的利器不能被人看到。

按：1.这是君主所引用的一句话。

2.鱼未必非得在深渊里，在江河湖泊均可生存。另外，"国之利器不可以示人"与"鱼不可脱于渊"没有必然相关性。

人之所畏，不可不畏： 别人害怕的，咱也不能不怕。

② **必：** 必定。

作： 起也。从人，从乍。——《说文》

按：这里引申为做事。

细： 微也。从糸囟声。[囟：头会，匘（nǎo 同脑）盖也。]——《说文》。段注："（细）散也。散者，眇也。眇，今之妙字。"

按：囟门，俗称"囟脑门儿"。这里用"细"而不用"小"，说明这细微之处和人心有关。

天下大事必作于细。天下难事必作于易：

按：这样的见识，两千多年来深入人心，似乎也非常容易理解。比如折筷子：一捆筷子很难折断，如果一根一根地折，就很容易了。反过来说，我们要团结起来，就会很强大。

但是，如何能够让人民团结起来，是真正的大事。诚信乃立国之本，也是国家能够团结的根本。认识到什么是大事才是根本，然后才可以谈细节。

③ **罪（䍤）**：捕鱼竹网。从网、非。秦以罪为辠字。——《说文》

可：肎（kěn）也。（肎：骨间肉肎肎箸也。）——《说文》

欲：贪欲也。——《说文》段注："（欲）贪欲也。欲者衍字。贝部贪下云：欲也。二篆为转注。"

可欲：女人生殖器的代称。

按：下文老子有"是谓玄牝。玄牝之门，众妙之门"。由此可推知，"可欲"指女人的生殖器。可以进一步引申为"一切可以引起高度愉悦的事物，包括美色珍玩、花言巧语、感人的政策等"。从下文可知，君主所有弃绝之事物均为可欲。

罪莫大于可欲：没有再比可欲（引发）的罪过大了。

［注：此句通行本无，河上公本、傅奕本、景龙碑本、吴澄本等第四十六章皆有。《韩非子·喻老》引同。《韩诗外传》引"罪莫大于多欲"。郭店本作"辠莫厚乎甚欲"。整理后，或不可缺。但是，通行本如果有这句话，有可能是"罪"而不是"辠"。辠：犯法也。从辛从自，言辠人蹙鼻苦辛之忧。秦以辠似皇字，改为罪。——《说文》。生殖器本身毕竟没有犯法，所以不能用"辠"。（仁义等学说如果不示人也不犯法）］

按：君主把"可欲"比作最大的网，男人见了可欲，就会自投罗网。

寡：《小尔雅·广义》："凡无妻无夫通谓之寡。"

小国寡民：1.国家小，人民稀少。2.使国家小，人民稀少。3.小国的少男少女。

不见可欲：不见到、不彰显可欲。

按："见"有两种解读。见：读 jiàn，表示"主动去看"。读 xiàn，表示"表现""展示"等。这里两种含义均有。君主指出，色欲是社会不安定的一个重要因素。未婚的、独身的男人、女人统统不看、不显示生殖器。通过集中力量禁止男女淫乱就可以避免很多衍生的欲望。

进而，令人垂涎欲滴的工艺品，让人热切向往的仁义学说等，都不可见，也不可彰显。

④ **威**：姑也。（姑：夫母也。）——《说文》。段注："威，姑也。引申为有威可畏。"

按：由婆婆引申出有威可畏，可推测"威"字的产生背景是女权社会。这和下文道者所谓的"众甫"形成对比。

至：鸟飞从高下至地也。——《说文》

按："至"，表明快速，完全没有什么仪式感。

民不畏威，则大威至：庶民不害怕丈夫的母亲的威慑，大的威慑就降临。

第一个威：婆婆（之威）；第二个威：威慑。

按：这是一个字取不同的含义。这个用法并非个别，在《道德经》中，一字多义、多字近义的表现方法屡见不鲜。在文字衍变、发展史的层面进行正名，是《道德经》独有的、无比深厚的笔法。（人们最熟知的就是"道可道，非常道，名可名，非常名"。"道"和"名"都不是只取一个含义。）

首先，这句话是说家庭伦理关系的准则。即，在家庭中夫妇必须畏惧丈夫的母亲。

其次，是国家对家庭的干预。夫母之威必须由国家之威作后盾。如果有人违反了家庭的准则，则必将受到国家的惩罚。国家必须让庶民感到畏惧，国家的威权体现在及时、快速、准确。

⑤ **鸡犬之声**：鸡的叫声。（没有音乐）

邻国相望，鸡犬之声相闻：相邻的国家能够互相看得见，能听到对方鸡犬的叫声。

按：1.这是强调属地、边界的作用。

2.两国之间人民的来往，就不会是简单的走街串门，更可能和贸易有关。而贸易，则往往会使人有心机和各种欺骗技巧。

民：庶民。

按：因为在《道德经》中，"百姓"乃是"百官"之义，所以，"民"训为"庶民"，而不再训为"老百姓""百姓"，以免混淆。

民全老死不相往来：庶民至死都不互相来往。

按：这也是效法于"鱼不可脱于渊"。

在君主看来，庶民去别的国家就相当于鱼脱离了深渊，必定是死路一条。可以想象，当时的国与国之间大多是以邻为壑。从《明孔德·下士》"犹兮若畏四邻，豫兮若冬涉川"可以看出，当时邻里关系也不咋地。

乐：五声八音总名。——《说文》

《礼记·乐记》："感于物而动，故形于声。声相应，故生变，变成方，谓之音；比音而乐之，及干戚羽旄，谓之乐。……声成文谓之音。……凡音者，生于人心者也；乐者，通于伦理者也。是故知声而不知音者，禽兽是也；知音而不知乐者，众庶是也。唯君子为能知乐。是故审声以知音，审音以知乐，审乐以知政，而治道备矣。"

按：简单理解，"声""音""乐"三者的关系如下：声，宫商角徵羽。音，独奏、独唱。乐，合唱、合奏。

饵：香饵。《庄子·外物篇》："五十犗（jiè）以为饵。"

按："饵"字呼应"鱼不可脱于渊"。

乐与饵，过客止：音乐和香饵使过路的行人停住不走。

按：有的音乐可以净化心灵，有的音乐也可以使人堕落。音乐和饵摆在一起，就有失庄重，乃至不伦不类；再强调音乐和香饵与过路的客人产生关联，可知，这音乐也不是正统教育。所谓事有反常必有妖。

吾得而杀之：我得到就会杀了他。

按：在君主看来，圣人以音乐和诱饵，引诱过路人，实乃不赦之罪。

（注："吾得而杀之"通行本第七十四章作"吾得执而杀之"，帛书甲本作

"吾将得而杀之",乙本作"吾得而杀之"。陈鼓应《老子注译及评介》:"今本'得'上衍'执'字。"参考第五十章"入军不被甲兵"。此句不通。综上,调整为"入军不被甲执兵"和"吾得而杀之"。)

⑥ 大:天大,地大,人亦大。故大象人形。古文亣(dà)也。凡大之属皆从大。——《说文》

按:《说文》依《道德经》的一句话来训"大"字,不妥。

大:从一从人,可训为"人能一心一意为大""人能得一为大"。

大道:国家统一、思想统一之道。

有:不宜有也。《春秋传》曰:"日月有食之。"——《说文》

按:这个"有"字,表明君主并不希望发生的事发生了。

仁:亲也。从人从二。——《说文》。臣铉等曰:"仁者兼爱,故从二。"

义:己之威仪也。——《说文》。《礼记·中庸》:"仁者,人也,亲亲为大;义者,宜也,尊贤为大。亲亲之杀,尊贤之等,礼所生也。"

大道废:大道废弃。

按:下文道者说"道常无名,吾将镇之以无名之朴",是说国家既不姓商也不姓周。

君主认为,你哪有资格"镇之以无名之朴"?

下文德者说:"是以天下乐推而不厌。"

君主认为,一切由天下人说了算,还不乱套?

所以,"大道废"就是社会政权的本质发生了变化。

有仁义:有仁义流行(或威仪彰显仁行)。

大道废,有仁义:大道废弃可以彰显仁义,仁义流行使大道废弃。

按:二者的关系互为因果。

⑦ 智:词也。从口从矢。——《说文》

(知:词也。——《说文》。段注:"知,识词也。……识敏,故出于口者,疾如矢也。")

按:1.《道德经》里分别有"智慧""智""知""识""心""志",当是有意展现而非无心通用之。另，"声""音""乐"，也是有意区分。而"独""狁""狂"［包括厌（厭），其本义应该也和狗有关］的应用则是统一于狗，而差异于狗的不同习性以及病态。"德""善人者""善者""善""贤""上德""上仁""上义""上礼"等，都不是故弄玄虚。所以，必定要寻本溯源才能对这些易于混淆的概念有清晰的认识。

2.依《说文》注释，"知""智"同义。这肯定不符合《道德经》本义。因为下文道者说："知人者智。"可见，"知"与"智"不同义。

如何是"知人"？

知人的第一层次就是能听懂别人说话，即"识词"。

知人的第二层次就是能明白别人说话的动机。

知人的第三层次就是能判断人的善、恶等等品德以及人际关系的远近亲疏。

"善""恶"之判断，又是更深一层次的"识词"。

对一个人善恶的判断，可以说出来，也可以不说出来，总归是以语言的形式存在人的心中。

3.智的造字本义：

智（𣉻）：从白，从亏，从知。——《康熙字典》。［（白 zì）：此亦自字也。省字者，词言之气，从鼻出，与口相助也。亏：於也，象气之舒。从丂从一，一者，其气平也。丂，气欲舒出。］——《说文》。

由此可以看出，"智"的本义是"能够理解别人说话，并且能语气舒缓地表达，按现在的说法就是温文尔雅"。

从日常经验可知，如果听不懂别人说话，就会觉得人家说话快，比如，听不懂外语，就觉得人家说话叽里咕噜的。

在另一方面，一个人如果说话能语气平缓，往往是胸有成竹的表现，所谓"贵人语迟""大辩若讷"。

4."知人者智"而非"知天者智"。说明"智"仅限于人与人之间的关系，是与人相处的一种能力，而没有与自然相处的能力。

慧：《说文》："儇（xuān）也。从心彗声。"《徐曰》："儇，敏也。"《广韵》："解也。"《增韵》："性解也。妍黠（yán xiá）也。"——《康熙字典》

按：以上对"慧"的注释都不合乎造字本义。

"慧"，从心从彗。彗：埽竹也。——《说文》。《广韵》：妖星。

彗，即彗星，因其形状像扫把，故称之为扫把星。又因为彗星不像其他星辰那样有规律可循，所以，古人认为彗星是反常的、不吉利的，故称之为妖星。

所以，"慧"是指人心像彗星一样远离。下文可证：

下文道者说"大曰逝、逝曰远"，即是呼应彗星之象。但是"远曰反"则表明与彗星的差异。

下文德者说"善复为妖"，与"慧"（妖星）相呼应。

下文老子说"周行而不殆"，同样说的是星象。

下文老子说"其精有真"。"真"：仙人变形而登天也。——《说文》。"真"也有"一去不返"的意思。

智慧：因了解他人而脱离自然、失去本心。

按："智"与"慧"连用，表示二者互为因果关系。

出（𢆶）：进也。象艹木益滋，上出达也。——《说文》

按：1."出"的本义或是"把"花草栽入花盆。2."出"不但有"生"之义，而且还不断滋长。

智慧出：可理解为"智出，慧出"。

智慧出，有大伪：了解他人日渐深入而日渐脱离自然、失去本心，就有大的伪诈。

按：1."智出"，意味着人不再关注自然，只是学习如何与人打交道，乃至以琢磨人、算计人为立足之本，所以这就是大伪。

2."慧出"，意味着失去本心，从个体说是日益失去；从群体说是日益蔓延，愈演愈甚，这就是大伪。从下文"绝仁弃义，民复孝慈"可知，君主认为孝慈是人的本性。

⑧ **六亲**：父、子、兄、弟、夫、妇。

有：彰显。

有孝慈：彰显孝慈。

按："六亲不和，有孝慈"的"孝慈"是贬义，而"绝仁弃义，民复孝慈"的"孝慈"是褒义。这是为什么？

1. 以父、子、孙来说，这里的孝慈是"孙子和儿子之间的孝慈"。

2. 这里的"孝慈"也可理解为表演，以获得名声。当孝慈被社会推崇时，一个人表现出孝慈就会给他带来切实的利益。尤其是大户人家，乃至王公贵族、帝王将相，这些都是大家庭，在这样的大家庭里，有数不清的利益瓜葛。毫无疑问，继承权很重要，为了获得继承权，当然就得"孝敬"老人家了。至于兄弟姐妹三姑六姨孩儿他姥姥，哪管得了这么多？于是在宫廷的发展史中，手足相残屡见不鲜。

⑨ **国**：邦也。——《说文》

家：居也。——《说文》

按：此处的"家"主要指（公）卿大夫之家。

《孔子家语·卷一》："孔子言于定公曰：'家不藏甲。'"这里的"家"就是指卿大夫之家。

国家昏乱：国与家的关系搞不清楚、世道混乱。

按：国与家的关系具有永恒的意义。是先有家还是先有国？当国与家产生矛盾时，应该谁优先？"国天下"为什么会变成"家天下"？天下如何变成皇帝的天下？又如何成为大臣的天下？

有：显现。

忠：敬也。——《说文》

臣：牵也。事君也。象屈服之形。——《说文》。《左传·僖公十七年》："男为人臣，女为人妾。""臣"就是奴仆之义。《韩非子·五蠹》："虽臣虏之劳不苦于此矣。""臣虏"连用，是因为在战争中，胜利一方不再把俘虏杀掉，而把他们变成奴隶。《广韵》："臣，伏也。仕于公曰臣，任于家曰仆。"

按：由奴仆引申为官吏之义，是对"君"而言。在两千年后的清朝，"奴才"一词流行于朝廷。由此可见，清朝使君臣关系一下子倒退了两千多年，而回到奴隶时代。

有忠臣：只知道效忠现任君王的臣子。

按：当君王有权时，全力效忠；当君王失权时，又全力效忠新的君王。

"六亲不和，有孝慈。""孝""慈"并举。"孝"是子女对父母；"慈"是父母对子女。

"国家昏乱，有忠臣。"这就只有忠臣的不是，而没有君王什么事，这是君主在摆脱责任。

⑩ **信不足焉，有不信焉**：信用不足，所以就有人不相信。

第一个信：诚信。第二个信：相信。

按："大道废""智慧出""六亲不和""国家昏乱"，这是国家变坏的四个层次。

"有仁义""有大伪""有孝慈""有忠臣"则是四个阶段的应对方案。但是，这些教化或是头痛医头，脚痛医脚，或是从中渔利，所以不足以让人信服。

⑪ **其**：指上面这些为官的伪君子。

智多：了解的人多，并且"心眼儿"太多。没有任何原则性，完全唯利是图，见风使舵，欺软怕硬、投机钻营……

民之难治，以其智多：庶民难以治理，是因为为官者算计人的点子太多。

按：1.庶民难以治理，不是因为庶民的心眼儿太多，而是因为治国者心眼儿多。下文老子说："民之难治，以其上有为，是以难治。"同样说的是治国者。

2.一些冒牌"圣人"，唱着各种圣人的仁义学说收买人心，然后谋取私利，不但给庶民造成灾害，同时也造成圣人的名誉受损，使庶民不再相信圣人，到最后一帮斗筲之人串行于各个官场，更加肆无忌惮地剥削庶民。

⑫ **巧**：技也。——《说文》

利：功利心。

绝巧弃利，民利百倍：弃绝取巧和功利心，庶民就有百倍的利益。

1.这是在经济层面解决问题，也就是"作于易"。

2.头脑中"利"字当头，"巧"字为用。"利"字当头，必然导致人们急功近利的思想，结果欲速则不达；"巧"字为用，就会使人总想走捷径，乃至步入歧途。

3."绝巧弃利"并非仅仅弃绝生产上的生产工具的技巧，更是侧重于弃绝达官贵族对庶民的巧取豪夺，也包括人与人之间、国与国之间的利益之交甚至势利之交，庶民自然会更好。庶民得到实惠了，下面的政策就好实施了。只不过后面的政策就走样了。

⑬ **孝**：媳妇畏惧婆婆。

慈：让孩子不见可欲。

绝仁弃义，民复孝慈：放弃政府和社会养老育小，庶民才会恢复到孝慈的本位。

按：1.这是在家庭层面解决问题。以父、子、孙来说，这里的孝慈是"父子之间的孝慈"。

2."绝仁"表明赡养老人、哺育孩子，不再由政府或者社会负责，而是父母和子女各自的义务。

《礼记·礼运》："大道之行也，天下为公，选贤与能，讲信修睦。故人不独亲其亲，不独子其子，使老有所终，壮有所用，幼有所长，矜寡孤独废疾者皆有所养。……今大道既隐，天下为家，各亲其亲，各子其子……"

《礼记·礼运》总结了历史的发展轨迹，而君主的这句话则阐明了历史发展的主观动因。当然，君主和《礼记》的态度截然不同。

君主认为，因为庶民觉得政府包办一切，就不需要孝了。要想让庶民恢复到孝慈，不但政府社会不负责养老抚幼，连这声音都不要有，让庶民断了这个念想，只能靠自己。并且政府还要用武力保证媳妇畏惧婆婆，即"民不畏威，则大威至"。

3."弃义"意味着，只有抛弃（现在所谓的）哥们儿义气，才会真的回到孝慈的本性上来。

"不孝敬父母的人不可交""一个人连自己的父母都不爱，他还会爱别人？"在社会上我们经常可以看到这样的事实，好多人呼朋唤友，义结金兰，但是自家亲兄弟往往和仇人一样；网上一族犄角旮旯聊得火热，唯独和家人没话说。

⑭圣（聖）：通也。——《说文》。段注："……凡一事精通，亦得谓之圣。……从耳，聖从耳者谓其耳顺。《风俗通》曰：'聖者，声也，言闻声而知情。'"

按：1.聖：从耳从呈。（呈：平也）——《说文》。段注："（呈）平也。今义云示也，见也。"能够听懂人言，并能够开口（向公众）说出来，这就是通。

2.根据下文德者所说"常有司杀者杀，是谓配天。夫代司杀者杀，是谓代大匠斫"可知，大匠，是有专业水准的工作者。由此也可推知，"圣"是属于精通某项业务的精英人士。

能够把器物制作成"可欲"，能把音乐唱成"可欲"，能把语言说成"可欲"，能把理论论述成"可欲"的人就称之为"圣"。这是意义有所拓广的"圣"。

绝圣弃智，盗贼无有：弃绝在人际交往中八面玲珑的圣人，就不会有盗贼。

按：1.这是在政治层面解决问题，也是君主所谓的"难事"。

2.这里把"圣"和"智"捆绑在一起。由此可见，这里的"圣"相当于精于上层人际关系的老油条。

君主认为这些圣人都是沽名钓誉的盗贼，弃绝这类圣人，就不会有盗贼。

（注："绝巧弃利，民利百倍；绝仁弃义，民复孝慈；绝圣弃智，盗贼无有"通行本第十九章作"绝圣弃智，民利百倍；绝仁弃义，民复孝慈；绝巧弃利，盗贼无有"。因为前面提出"民利百倍"，后面又提出"绝巧弃利"，这属于不可调和的矛盾。"绝巧弃利，民利百倍"则属于相反相成。）

⑮**以智治国**：以琢磨他人为本来治国。

国之贼：《周礼·秋官司寇·士师·朝士》："士师掌士之八成，一曰邦汋、二曰邦贼……"

郑玄曰："邦汋者，斟酌盗取国家密事。邦贼，为逆乱。"

故以智治国，国之贼；不以智治国，国之福：所以，一切以琢磨他人为本的治国者就是国家的贼，不以琢磨他人为本来治理国家就是国家的福。

按：君主前面列举了一大堆"罪状"。叮是现在仅仅说"智"的严重性，这是为何？

因为"智"使人远离自然，失掉本心，所以就是贼。

这句话就点明，无论是仁义、教养、孝慈还是忠诚，越是纯粹就越好。一旦掺入心机，就一文不值。所以，剔除心机是"绝仁弃义""绝巧弃利""绝圣弃智"的内在主线。

⑯**勇**：气也。从力甬声。〔（勈）勇或从戈从用。恿，古文勇从心。〕——《说文》。段注："（勇）气也，气，云气也。引申为人充体之气之称。力者，筋也。勇者，气也。气之所至，力亦至焉。心之所至，气亦至焉。故古文勇从心。"

按：人因为有"戈"才"勈"，或者有"力"才"勇"，或者有"心"才"恿"。这也反映了古人对"勇"的认识历程。《明孔德·君主》："慈故能勇。"这说明君主认为，"勇"的根本来源于"慈"。

于：来自。

敢：进取也。（进：登也。登：上车也。取：捕取也。）——《说文》

《仪礼·士虞礼》："敢用絜（jié）牲刚鬣（liè）。"郑玄注："敢，昧冒之辞。"贾公彦疏："敢，昧冒之辞者。凡言敢者，皆是以卑触尊不自明之意。"

按：《说文》所谓的"进取"是"登上车拿东西"，并且带有暴力色彩，这和我们现代意义上"进取"是不一样的。

勇于敢则杀，勇于不敢则活，孰敢：勇气来源于窃取功名利禄、窃取国家的就杀掉，勇气不来源于窃取功名利禄、窃取国家的就活着。

按："敢"，意味着以卑犯上。同样是"以卑犯上"，会有不同的形式。庶民以卑犯上，可能就是揭竿起义。但是窃国者、窃取功名利禄者以卑犯上可能会表现为：对上卑躬屈膝，摇尾承欢。对下飞扬跋扈，勇如虎。一旦国君失势，第一个落井下石的必定是他。君主认为，那些致力于窃取国家、窃取功名利禄的臣子是有勇的，但是有这样勇气的臣子必须杀掉。

不窃取功名利禄者，往往会犯颜直谏。但这不是以卑犯上，因为这样的臣子正是尊崇最高的道义。

⑰ **大丈夫**：《孟子·滕文公下》："孟子曰：'是焉得为大丈夫乎？子未学礼乎？丈夫之冠也，父命之；女子之嫁也，母命之，往送之门。戒之曰："往之女家，必敬必戒，无违夫子！"以顺为正者，妾妇之道也。居天下之广居，立天下之正位，行天下之大道；得志，与民由之；不得志，独行其道。富贵不能淫，贫贱不能移，威武不能屈，此之谓大丈夫。'"

按：此为"大丈夫"的可查资料。

（注："是以大丈夫之治"通行本第三章作"是以圣人之治"。因为君主要"绝圣弃智"，所以这个矛盾不可调和。参考第三十八章"是以大丈夫处其厚，不居其薄"。这段文章单独看没什么问题；改为"是以圣人处其厚，不居其薄"也没问题。但是调整为"是以大丈夫之治"就解决了不可调和的矛盾。）

君主不喜欢"圣人"这个概念，于是用"大丈夫"代替。

夫：语气助词。

⑱ **知**：识词也。

言有宗，事有君：

王弼注：宗，万物之宗也。君，万物之主也。

天下莫不知，莫能行：天下没有不知道的，却没有能执行的。

按：说明仅从概念上理解而不执行是没有益处的。

吾何以知其然哉？

按：这说明通过语言可以了解思想的本然。

吾言甚易知，甚易行。言有宗，事有君。天下莫不知，莫能行。吾何以知其然哉？以此：

按：君主的言论不能说没有根据，但这所有的"根据"都是牵强附会。

译文：

（君主）"鱼不能脱离深渊而活，国家的利器不能给别人看到。"别人都害怕这个，咱也不能不怕。天下的大事必须从细节做起，天下的难事必须从容易的地方做起。最大的罪莫过于可欲。对于小国寡民来说，不能让他们看到可欲。如果媳妇不畏惧婆婆，那么大的威慑就必定会来。相邻的国家即使能够互相望见，能够互相听到鸡鸣犬吠，庶民到死都不互相来往；有人用音乐和美好的食物作诱饵，使过路的客人都为之停下脚步，我得到就杀了他。大道废弃了，就有威仪彰显仁行。了解社会日渐深入，与自然日渐远离、人的本心日渐失去，就有大的伪诈。六亲不和时，就彰显出孝慈。国与家的关系混乱、世道混乱时就显出忠臣。这都不足以取信于人，人们便不相信这些。庶民之所以难治理，是因为这些为官者算计人的点子太多。弃绝取巧和功利心，庶民会有百倍的利益。弃绝仁义政策和学说，庶民才恢复到孝慈。弃绝上层社会里的"老油条"，抛弃"琢磨人"的思维，就不会有盗贼。所以，一切以琢磨他人为本的治国者就是国家的贼，不以琢磨他人为本来治理国家就是国家的福。勇气来源于窃取功名利禄、窃取国家的就杀掉，勇气来源于不敢窃取功名利禄、窃取国家的就活着。谁还敢？！所以，大丈夫的治国方式就是使庶民无知无欲，使琢磨人的人不敢窃取国家的功名利禄。

我的言论非常容易理解，非常容易做，言论有根据，做事有规矩，天下人没有不知道的，但是都做不到。我是怎么样知道其中缘由的呢？理由如下：

（道者）"道可道，非常道。名可名，非常名。"① 天下有始，以为天下母。既得其母，以知其子，既知其子，复守其母。② 始制有名，可名为大。③ 大曰逝，逝曰远，远曰反。此三者，不可致诘。④ 是谓无状之状，无物之象，是谓惚恍。信不足焉，有不信焉。⑤ 俗人察察，我独闷闷。俗人昭昭，我独昏昏。⑥ 知人者智，自知者明。⑦ 用其光，复归其明，以阅众甫。吾何以知众甫之状哉？⑧ 以此：其政察察，其民缺缺；其政闷闷，其民淳淳。⑨ 道常无名，吾将镇之以无名之朴。⑩ 无名之朴，可名于小。⑪ 能知古始，⑫ 执古之道，以御今之有。⑬ 朴虽小，天下莫能臣也，故大制不割。⑭ 是以圣人终不为大，故能成其大。⑮

注释及解析：

① "道可道，非常道。名可名，非常名"是道者引用的当时流行的认识。

道可道，非常道：治理天下的方法可以继承，但不是僵化地继承。

第一个"道"：勉强可理解为"治理天下的方法"。

第二个"道"和第三个"道"：继承。

非常道：不是僵化地继承。

名可名，非常名：概念可以用概念来解释、替换，但不是永远可以解释、替换。

第一个名：概念。

第二个名和第三个名：用概念解释、替换概念。

名：自命也。从口从夕。夕者，冥也。冥不相见，故以口自名。——《说文》。段注："（名）自命也。《祭统》曰：'夫鼎有铭。铭者、自名也。'此许所本也。"

按："名"有"互相咬合"之义。概念要准确地体现客观事物和自身对事物的态度。有些概念具有共性，比如"昏乱""昏昏""滋昏"，其共性都有"昏"，但是体现叙述者的态度完全不同，所以，偷换概念的人屡见不鲜，甚至不乏指鹿为马者。所以，孔子要正名。

常名：一成不变的解释。

按：比如，"细""小""微""察察"就经常互相解释，意义相近，但在具体运用中就有无尽的变化。再如"散""镇""弥""恢恢"，都有"广大"的意思，但在运用中也有不尽的变化。同时，每一个字随着时代的发展，也都被赋予不同的意义。注意是"赋予"，意味着这些含义是人意志的延伸。

进一步而言，古圣先贤的著作是可以诠释的，但在诠释的过程中就会有很多个人理解、引申、发挥乃至歪曲。

②**天下**：指中国的政权。《论语·泰伯》："泰伯，其可谓至德也已矣！三以天下让，民无得而称焉。"

按：1.此处的"天下"带有政权的性质，可称之为"狭义的天下"。但是这种政权超越了当时的"国界"。比如，虽然不同的国家有不同的国情，但是毫无例外，都有税收。这是不同邦国都具备的共性。

2.下文老子说："圣人在天下歙歙，以辅万物之自然而敢为。"其中的"天下"可泛指人世间，包含万事万物，为"广义的天下"。

始：女之初也。——《说文》

天下有始，以为天下母：政权有了初始，这个天然制度被当作天下万物之母。

其：助词。

守：守官也。从宀从寸。寺府之事者。从寸。寸，法度也。——《说文》

按：众甫眼里的忠，不是忠于君主，而是要忠于制度。

母：名称、天然的法律制度。

按：所谓约定俗成的制度。

子：万物、臣民。

既得其母，以知其子，既知其子，复守其母：

按：根据下文"以阅众甫"可推知，"复守其母"是指：法律本身是否是合理、公平正义的？法律本身是否就是恶法？有没有众多的徇私枉法者？

《论语·尧曰》："朕躬有罪，无以万方；万方有罪，罪在朕躬。"说的正是这个意思。

非常遗憾的是，随着历史的发展，"忠于君主本人"就被写进制度。法律建设也常常走向下文失者所谓的"揣而盈之"，就是不断地了解臣民，进而不断地丰富法律条文。

③ **始**：天然的、约定俗成的制度、风俗。

制：法律制度。

名：互相咬合，引申为事物的名称、名分。

始制有名：天然风俗和法律制度相互咬合。

按：1. 法律制度有了名目。

2. 法律制度在通常的认识里是稳定不变的，如果法律制度变化往往意味着社会的大动荡。

3. 道者并不把法律制度看作"常道"。（道者所谓的常道是"无名之朴"。）

4. 中国的省份交界呈犬牙交错，互相咬合。可为佐证。

可名为大：读为"可名'为大'"，意思是"可称得上'干大事'"。

按：法律保护臣民，臣民维护法律，理论和实际统一，思想统一。

④ **曰**：被说成。

按：这三个"曰"就是用概念解释概念。

逝：往也。——《说文》

按：制定任何法律（包括税法）绝不是朝夕之事，法律的建设甚至贯彻人类的文明史，时至今日，法律制度仍在不断地建设之中。历史典籍浩如烟海，这就是"大"。

远：辽也。——《说文》

按：制定法律法规，脱离现实，在办公室跷着二郎腿瞎琢磨是完全不可以的，天下幅员辽阔。这就需要远行，当然，这个工作量也很大。

反：覆也。——《说文》

按：1. 这里不是"相反"的意思。"覆"即是全覆盖，法律要普及全天下。

2. 尽管"反"不是"相反"的意思，但是最终确实走向了大的反面：或明察秋毫，或吹毛求疵。时至今日，我们仍然会说"钻法律的空子"，进而要"完善"法律条文。所以，随着时间的流逝，法律的建设会走向细微。这就是大的反面。

此三者：指"大曰逝，逝曰远，远曰反"。

致：极也。——《康熙字典》

诘：问也。——《说文》

⑤ **状**：《说文》："犬形也。"段注："（状）犬形也，引申为形状。"《玉篇》："形也。"《韵会》："形容之也，陈也。"

按：1.这里虽然没有"犬形"之义，但是这篇文章中有很多和犬相关的概念："鸡犬之声""独""犰""狂"。

2.这里的"状"也指人的情状，如喜、怒、忧、思、悲、恐、惊等七情的情状。

无状之状：因回忆、想象而产生的各种情状。

按：人因为回忆而产生的各种苦恼，均不是现实的苦恼，所以称之为"无状之状"。

无物之象：人记忆中的象，想象（臆想）出来的象，没有实物与之对应。

按：1.治国者脱离民众、理论脱离实践劳动，文章空洞无物、政策华而不实。

2.下文"甫"，本义为奇花异草，后来指男子美称，奇花异草之美，即为有物之象。下文"朴（樸）"引申为"朴实"的精神之后，这个"朴（樸）"就不再有物质属性，就是无物之象。

3.《荀子·正论》："治古无肉刑而有象刑，墨黥（qíng）……是不然。"（注：黥：古代一种刑罚，把字刺在犯人脸上。墨黥，就是在脸上涂墨代替刺字。）

"无物之象"，包括没有物质意义上的肉刑。

惚：《说文》未录入。"忄"为汉字部首，由"心"演变而来。古人认为心脏主宰人的思想，所以"忄"旁的字多与心理活动有关。

恍：《说文》未录入。

惚恍：描述不清。

信不足焉，有不信焉：（因为禁不起盘问）所以，这里面可信度不够，就有人不相信他。

按：1. "逝"的不可信。因为各个时代都有各个时代的特征，周朝和商朝肯定不一样，所以执行一成不变的法律就不可信。

2. "远"的不可信。因为天下幅员辽阔，各个地方的情况就有所不同，所以执行统一的法律就难以执行，所以不可信。

中央大一统的国家建立，面临着许多地方政权以及地方的法律法规、风土人情。哪些法律由中央定，哪些法律还由地方建立？制定法律的人不要以自己为大，认为别人的风俗都是陋俗。关于这一点，《礼记·王制篇》有明确的说明。

《礼记·王制篇》："凡居民材，必因天地寒暖燥湿，广谷大川异制。民生其间者异俗：刚柔轻重迟速异齐，五味异和，器械异制，衣服异宜。修其教，不易其俗；齐其政，不易其宜。"

3. "反"的不可信。税务官员征税时斤斤计较，苛捐杂税日益繁多。

⑥ **俗**：习也。（习：数飞也）——《说文》。段注："（俗）习也，以双声为训。习者，数飞也。引申之凡相效谓之习。《周礼·大宰》：'礼俗以驭其民。'注云：'礼俗，婚姻丧级，旧所行也。'《大司徒》：'以俗教安。'注：'俗谓土地所生习也。'《曲礼》：'入国而问俗。'注：'俗谓常所行与所恶也。'《汉地理志》曰：'凡民函五常之性，其刚柔缓急，音声不同，系水土之风气，故谓之风。好恶取舍，动静无常，随君上之情欲，谓之俗。'"

《正韵》："上所化曰风，下所习曰俗。"

按：1. "俗"，习也，取法于鸟，是谓"取法自然"。

2. "俗"是生活之常，不是"常道"。

俗人：偏重于底层社会生活经验丰富的"老油条"。

按：1.《荀子·儒效》："故有俗人者，有俗儒者，有雅儒者，有大儒者。不学问，无正义，以富利为隆，是俗人者也。"

2. 根据下文失者说的"绝学无忧"可知，《道德经》对"学"和"习"进行了区分论述。所以，俗人当指没有觉悟的，只是凭借以往经验生活的人。

3. 从下文可以看出，道者首先为"常道""镇之以无名之朴"，然后把考察的对象定在俗人，这与《周礼·大宰》的治国策略有所类似。但是，《道德经》所探讨的境界远远超越了《周礼·大宰》。

察： 覆也。从宀、祭。——《说文》。臣铉等曰："祭祀必天质明。明，察也。故从祭。"段注："察，覆审也。……从宀者，取覆而审之。从祭为声，亦取祭必详察之意。"

察察： 翻来覆去地察。

按：1.根据下文"知人者智，自知者明"可以推知，"察察"是既要察人也要察己。

2.根据下文"俗人昭昭"可以推知，"察察"的目的在于互相攀比、争强好胜、斤斤计较、吹毛求疵，内心根本没有大的志向，也没有更高的追求。这和道者所谓的"于小"完全是两码事。

独（獨）： 犬相得而斗（鬬）也。——《说文》

按："独"的造字或许与"狗和虫子之间的属性"有关。虫子往往众多，但是和狗没有关系，所以狗是"孤独"的。就好比世界上的人很多，但是很多人都感到孤独，这是因为人再多也和你没有关系。

闷： 懑（mèn）也。——《说文》

按：《说文》把"闷"训为"懑"，有待商榷。

下文"阅"，《说文》："具数于门中也。"道者用"闷"和"阅"，二者应该具有关联性，当非偶然。因为心不外驰，所以能安下心来"阅读"。

君主说："智慧出，有大伪。"

人的智慧和心有关。"闷"，心在门中，如此则智慧不出矣。

综上，"闷"乃是关上心扉之义，至于有没有"懑"的感觉，当因人而异。

下文德者说："其日固久。"固：四塞也。——《说文》。所以"固"比"闷"更甚。

下文失者说："驰骋畋猎使人心狂。"则是走入另一个极端。

闷闷： 对俗人所察之事无动于心。既无动于心，则不与之辩论，乃至交谈。

昭： 日明也。——《说文》

昭昭： 王弼注："耀其光也。"

按： 俗人看到钱就眼睛发亮，也谓之"昭昭"。

昏： 日冥也。——《说文》

按： 目光黯淡，是因为对俗人感兴趣的事物没有兴趣。

俗人察察，我独闷闷。俗人昭昭，我独昏昏：

按： 1."察察"，关注点在事物。"昭昭"，关注点在于擦亮眼睛。

2.君主说："民不畏威，则大威至。"是亲自处理人民内部矛盾。道者虽然看到了俗人的种种缺点，但是认为君主不能与俗人直接对话。

⑦ **知：** 词也。——《说文》。段注："知，识词也。"

按： 段注合理。

知人： 通过别人说话了解别人。

智：《说文》："识词也。"——《康熙字典》

按： 此处的"智"是通过别人说话了解其能力。

自知： 自己认识事物、认识自我、组织语言。

按： 这里并非指"认识到自性"。

《论语·学而》："曾子曰：'吾日三省吾身——为人谋而不忠乎？与朋友交而不信乎？传不习乎？'"

曾子三省的内容大概就是道者所谓的"自知"。（这三点也为君主所反对。）

明（朙）： 照也。从月从囧。凡朙之属皆从朙。明，古文朙从日。——《说文》。段注："（朙）照也。火部曰：'照，明也。小徐作昭。昭，明也。'《大雅·皇矣传》曰：'照临四方曰明。'凡明之至则曰明明。明明犹昭昭也。《大雅·大明》《常武传》皆云：'明明，察也。'……从月囧。从月者，以日为光也。从囧，取窗牖丽廔（lóu）闿（kǎi）明之意也……"

按： 下文老子说："凿户牖以为室，当其无有，室之用。"户牖与囧相呼应。

⑧ **光：** 明也。——《说文》

按： 这里指眼睛发出的光。

明：照也。——《说文》

按：这里指内心世界一览无余。

阅：具数于门中也。——《说文》

按：1.这里引申为"阅览"。

2."阅"字，显出精深的《道德经》笔法。为什么这样说呢？道者对具体的工作是非常超然的，也就是说，看别人生产劳作就像看书一样。这就表明，道者彻彻底底地不参与任何具体工作，包括法律建设，也包括农业劳动。

道者所阐明的正是社会性大分工：脑力劳动和体力劳动的大分工。

众（眾）：多也。——《说文》

甫：《集韵》："种菜曰圃，或省作甫。"《说文》："男子美称也。"《笺》："甫之言丈夫也。明乎彼太古之时，以丈夫税田也。"——《康熙字典》

按：1."甫"，本义是田里的苗，后来演变成贵族的奇花异草，再后来演变成贵族男子的美称。由此可推知，由母系向父系社会转变与农业密切相关。

2."甫"，说明只有丈夫才可以从事税收工作，这与君主所谓"大丈夫之治"相呼应。须注意的是，"甫"是美称，而非尊称。

众甫：众多成年且具有美誉的男官员。

按：由众甫制定赋税制度说明：

1.赋税制度的制定者不再是女性，而是男性，社会转变为父系社会。

2.制定赋税制度不是一个人的事，也不是小孩子过家家，并且参与赋税制度建设的人应该有良好的社会美誉度。这大概就是所谓的"精英团体政治"。

3."众甫"，既表明立法工作要听取多人的意见，同时也表明执行税收的官员有点多了。

4.官员虽多，但是和民众相比也少得多。君主管理官员，官员管理民众，即是所谓管理之道。

用其光，复归其明，以阅众甫：

按：1.道者认为君主不能直接治理俗人，但是通过俗人可以进一步了解众甫。"用其光",就是通过俗人的眼睛知道他们对什么事物感兴趣。"复归其明",就是要知道俗人的内心是什么样的,是善还是恶,关键是都学习了什么,跟谁学习的。

2.在(下文)德者看来,这就是"不善人者,善人之资"。但是道者只是"用",而不会"爱"。

3.在万象纷纭的社会中,道者认为税收制度是国家的根本纲领,监督、管理税收官员是治理国家的抓手。

吾何以知众甫之状哉:我怎么能够(通过俗人)来知道众甫的状态呢?

按:这里的"知"就不仅仅是"识词",其内涵有了进一步拓广。

⑨ **其**:众甫。

政:《集韵》《韵会》:"政,音征,赋也,通作征。"《周礼·地官·均人》:"均人掌均地政。"郑玄注:"政,读为征,地政谓地守地职之税也。"

按:1.道者把"政"和"道"区分出来。

2.《明孔德·老子》:"正善治。"这个"正"就是指我们现在所谓的"政事"。众甫之政就是赋税之事。

察察:在收税的时候无所不察,唯恐有偷税漏税之行为。

缺缺:从生活来说,日见贫困;从心态来说,胆小怕事、懦弱猥琐,人格不健全。

闷闷:税收以庶民意愿为准。

淳淳:淳厚。

其政察察,其民缺缺;其政闷闷,其民淳淳:

按:1.道者认为,不要直接考察官员,只要看到庶民的状态就可以知道官员是什么样的。

2.在考察官员的政绩之前,道者不是有"罪"推定,而是先称之为"甫",然后根据考察的结果评出不同的官员。各个地方长官乃至各样的君王,虽然都有"甫"的美誉,但是执政的风格以及执政的效果却截然不同。道者考察众甫的标准是民风是否淳厚。

3.《孟子·梁惠王下》："以万乘之国伐万乘之国，箪食壶浆以迎王师，岂有他哉，避水火也。"

孟子说庶民"箪食壶浆以迎王师"是为了避水火。道者认为，庶民自愿纳税是因为心性淳厚。

⑩ **道**：治国的方法。

道常："常道"的倒装，指恒常的道。

按：无论是君主、道者、德者、失者都想寻找放之四海而皆准的普遍真理。

君主说："天下大事必作于细，天下难事必作于易。"君主给出的是做事的普遍方法、策略。

道者说："道常无名，吾将镇之以无名之朴。"道者给出的是与人相处的基本原则，即无论什么事，都以朴实的精神为基准。

下文德者说："大小多少，抱怨以德。"德者给出的是以教育应对怨言的人际关系法则。

下文失者说："是以圣人为腹不为目……"失者给出的是基本的需求导向。

无名：没有名字，没有归属。

道常无名：常道没有名字。

按：此句为"常道无名"的倒装。

镇：博压也。（博：大通也。）——《说文》

按："镇"，具有"使之稳定"的意义。

朴（樸）：木素也。——《说文》。段注："（朴）木素也，以木为质，未雕饰。……又引申为不奢之称。"

按："朴"的造字本义可能和嫁接技术有关，是"接穗和砧木的结合"。一种结合方式是榫卯结构（不易成活），另一种方式是接触面尽可能平滑（易成活）。平滑的接触面意味着无需太多技巧，引申为"朴实无华"。

无名之朴：不互相咬合的"朴"。

按：从下文"朴虽小，天下莫能臣也"这一句话来看，唯有国家玺印的象征，才能够号令天下。所以，"无名之朴"的意思也很简单，就是一块未经雕琢的木头被用来当作国家政权的象征。并且，这块木头上面并没有名字，这意味着天下不属于某个人。只有一个人的内心和"无名之朴"融为一体，这个人才是真实的王者。

君主认为，"为之于未有，治之于未乱"是永恒不变的法则。道者却指出，国家的开始并不是君主他们家的。

吾将镇之以无名之朴：

按：道者认为"朴"不属于人的自性。

⑪ **可名于小：**可以从小处结合。

按：这是分子、原子尺度下的结合。

⑫ **知：**词也。——《说文》。段注："知，识词也。"

古：十口所传是前言也。——《说文》

按：这里引申为众人口中的历史，也指众人工作经验总结，发表意见的人就不仅仅是众甫。

始：这里指无名之朴。

按：因为道者给"常道"定名为"无名之朴"，所以，"无名之朴"就是"常道"的起始，按现代的说法就是"常道的新纪元"。

能知古始：能够理解"古"和"始"这两个概念。

按：这里指圣人能够通晓众人的治国之道和无名之朴。

⑬ **执：**捕罪人也。——《说文》

按：这里引申为"执掌"，但是仍旧包含有"罪"推定。道者不轻信"众人"的立法工作，所以是有"罪"推定。

古之道：众人制定的法律。

有：不宜有也。——《说文》。段注："谓本是不当有而有之称。"

执古之道，以御今之有：执掌众人制定的法律，来驾驭不如意的现实。

按：1.这句话透出的意思简单来说就是民主集中制。

2.在道者看来，听取大臣汇报工作是必需的，但不能轻信大臣汇报工作，要以朴实的精神来执掌众人所述的经验、方法，并以此经验、方法驾驭不如意的现实。

3.这里不是"古""今"相对，而是"始（无名之朴）"与"古"、"今"相对。

⑭ 臣：牵也。事君也。象屈服之形。——《说文》

朴虽小，天下莫能臣也：朴虽然小，但是天下没有谁能够使他称臣。

按："朴"虽然谦卑，虽然不如"甫"听起来美妙，但是精神唯有质朴才不会被人驱使。

制：裁也。从刀从未。未，物成有滋味，可裁断。一曰止也。（未，味也。六月，滋味也。五行，木老于未。象木重枝叶也。）——《说文》

按：小篆"制"字，是取法于采摘果蔬。六月份，瓜果都成熟了，所谓瓜熟蒂落，这时候采摘是自然而然顺应天道。

割：就相当于在果子并未成熟时，生硬地割下来，或者为了得到千禧娃娃，进行剖官产。对应于法律建设就相当于独断专行。

故大制不割：所以大的制度不被割裂。

按：1.众甫说税制是最重要的制度，建立税法乃至税收的工作是最伟大的工作，这是唯我独尊的表现。事实上，税制也只是众多法律制度中的一部分，税制必须和其他法律制度相适宜，只有这样国家才会稳定。如果税务官员唯我独尊、交通官员也唯我独尊，乃至各个行业的官员都认为自己的工作是最重要、不可替代的，那么就会造成部门林立，长久以后大的制度就割裂了。

2.在建立法律法规的过程中一定要慎之又慎，要听取八方的意见。直至意见、形势等成熟以后，大的制度才能得以确立。这是"大制不割"在建立法律时应遵守的原则。

3.道者希望天下这种普遍适用又能因地制宜的法律制度，不要被破坏，不要造成国家林立、诸侯割据的局面，这是"大制不割"在守护法律时应遵守的原则。

4.在治理天下方面，教育——普遍适用的淳朴精神，立法——通过以朴实为基础的民主集中建立因地制宜的且互相协调的法律体系，执政——以庶民的淳朴作为考核政绩的唯一标准。道者认为，这三要素是一体的，不可分割。

⑮ **终**：始终。

为大：做大事。

按：机械教条地维护天下统一。

是以圣人终不为大，故能成其大：所以圣人永远不做大事，因而成就他的伟大。

按：这句话与下文老子说的"以其终不自为大，故能成其大"可谓差之毫厘，失之千里。

译文：

（道者）"道是可以继承的，但不是僵化地继承。概念也可以用概念来解释、替换，但不是永远都可解释、替换。"天下有了初始的制度，被当作天下人的母亲，既然有了母亲，便可以进而了解她的子女，了解了她的子女，又反过来保护他的母亲，这样，国家制度就开始有了名分，这就叫作干大事。"大"就叫作"逝"，"逝"就是"远"，"远"就是"反"。这三样不能严加盘问（因为禁不起盘问）。被称作没有物质形态的象，没有情欲的情状，这就叫作惚恍。所以，这里面可信度不够，就有人不相信。俗人各方面都要审查，唯独我喜怒不形于色；俗人光辉自炫，唯独我闷不作声。了解别人的人有智慧，了解自己的人内心光明。透过他们眼中的光芒，反观他们内心光明的来源，这样就可以观察"众甫"的状态。我又是凭什么知道各种"甫"的实际状态呢？依据如下：在收税的时候无所不察，唯恐有偷税漏税之行为。庶民从生活来说，就日见贫困；从心态来说，懦弱猥琐，人格不健全。如果税收以庶民意愿为准则，庶民就变得淳厚。"常道"是没有名的，我给它配之以无名的"朴"。"无名的朴"可以从小处结合。能够理解"古"和"始"这两个概念，并执掌众人制定的法律，来驾驭不如意的现实。"朴"虽然小，但是天下没有谁能让他臣服。所以，大的制度才不会被割裂。圣人永远不做大事，因而能成就伟大。

（德者）"天地不仁，以万物为刍狗；圣人不仁，以百姓为刍狗。"① 道常无为，而无不为。② 若使民常畏死，而为奇者，天之所恶。③ 常有司杀者杀，是谓配天。④ 夫代司杀者杀，是谓代大匠斫。夫代大匠斫者，希有不伤其手矣。⑤ 故善人者，不善人之师；不善人者，善人之资；⑥ 不贵其师，不爱其资，虽智大迷。⑦ 人之迷，其日固久。⑧ 正复为奇，善复为妖。⑨ 大小多少，报怨以德。⑩ 善者吾善之，不善者吾亦善之，德善。⑪ 信者吾信之，不信者，吾亦信之，德信。⑫ 人之不善，何弃之有？⑬ 不尚贤，使民不争。⑭ 无狎其所居，⑮ 无厌其所生。⑯ 是以天下乐推而不厌。夫唯不厌，是以不厌。⑰ 夫唯不争，故天下莫能与之争。⑱

注释及解析：

① **刍狗**：用草扎成的狗，用来祭祀，用过之后就被抛弃了。

姓：人之所生也。古之神圣母感天而生子，故称天子。从女从生，生亦声。《春秋传》曰："天子因生而赐姓。"《左传·隐公八年》："天子建德，因生以赐姓。胙（zuò）之土而命之氏。诸侯以字为谥，因以为族。官有世功，则有官族。邑亦如之。"——《说文》

百姓：百官。《诗·小雅·鹿鸣之什·天保》："群黎百姓，遍为尔德。"《毛传》："百姓，百官族姓也。"

按：1.这里不是指我们现代意义上的"老百姓"。"民"才是指现代意义上的"百姓"。

《道德经》对概念的区分极为严谨。《道德经》中有明确的"民"的各种用法，比如"小国寡民""民之难治，以其上有为"。

2.《礼记·郊特牲》："献命库门之内，戒百官也。"郑玄注："百官，公卿以下也。"

德者这里用"百姓"而不用"百官"，也说明这里的"百官"都是贵族、大官员，有别于贱官、小官。所谓贱官，就是最基层的卒吏。

君主说："国家昏乱，有忠臣。""家"就是指大家族。

下文失者说："不贵难得之货。"这是把"难得之货"和"普通之货"区分开来。

天地不仁，以万物为刍狗；圣人不仁，以百姓为刍狗：天地没有仁爱之心，只是把万物当作刍狗一样。圣人也没有仁爱之心，他们只会把百官当作刍狗。

按：1. 下文"抱怨以德"，就是针对这句话而言。这是当时社会上百官对天地、圣人的抱怨。对"天地"的抱怨，实质上就是对"天子"的抱怨。

从这一篇的内容来看，无论是君主、道者、德者、失者，其治国纲领有一重要举措就是治官，并且是治理高层官员。这样的治国纲领难免会引起百官的抱怨。

2. "百官"，在这里也有"统一战线"的意味。或许只是杀了一个有罪的官员，其余官员就唯恐殃及其类，然后就号召："所有的官员要团结起来！"也许，"刑不上大夫"就是官员斗争的结果。在另一方面，君主所谓"绝巧弃利""绝仁弃义""绝圣弃智"等，也确实是打击面太宽，乃至群情激愤。

《论语·微子》：（隐士桀溺）"滔滔者天下皆是也，而谁以易之？"表明，这种声音已经泛滥成灾。表明权贵阶层和天子、圣人也形同水火。导致圣人在朝廷无立足之地，导致天子徒有其名，最后也导致"礼崩乐坏"，春秋战国杀伐不断。

3. "天地不仁，以万物为刍狗"也是断章取义。天地有很多"属性"，远非"仁"与"不仁"这样简单。天地虽然有"不仁"的"表现"，但是你在主观上认为并强调"天地不仁"就是"断章取义"。同时，"刍狗"，其本质也不过是"草芥"之意，这个比喻是不恰当的。历史上，"草菅人命"就是这段思想的别样阐述。

② **道**：法律。

常：经常。

道常无为，而无不为：法律不经常发挥作用，但是却保障社会能良好地运转。

按：1.法律只在有人触犯的时候才会发生作用。如果法律时时刻刻都在发生作用，就表明法是恶法，或者社会乱套了。反过来看，如果法律总是不显示威力，国家无须组建武装来维护治安，而社会安定，就没有"天地不仁"这一说法。

2.圣人不是和所有的官员"过不去"，只是针对那些"违法乱纪"的官员。

③**若使民常畏死**：如果让庶民在日常生活中就害怕被杀死。

按：《国语·周语上》："国人莫敢言，道路以目。"在周厉王的统治下，庶民都害怕被杀死而不敢说话，这就是"常畏死"。

奇：异也。——《说文》。《康熙字典》："诡异也。"

按：这说明德者对"异端"、对"害群之马"的"重视"。在德者看来，所谓异端，就是指那些独断专行的人。道者所谓"我独昏昏"，稍有不慎就会独断专行。

为奇者：与庶民为敌并且独断专行、搞阴谋诡计的人。

按：君臣之间、大臣之间矛盾重重，各方无不用尽心机，进而造成内乱，国家用武力镇压内乱，久而久之，就成用兵妄作之状，这就变成"以奇治国"，治国者也就成了"为奇者"。

恶：过也。——《说文》。段注："人有过曰恶。"

天之所恶：上天所厌恶的。

按：这是在回答百官所谓的"天地不仁"。德者指出，天地并不是"以万物为刍狗"，只是厌恶那些残害、压迫庶民的人。

④**司杀者**：专职判决、执行死刑的官员。

按：德者主张专业分工，且分工界限分明，不得混淆。罪犯应该由专门执掌刑狱的人来处理，这个机构是常设的。

配：酒色也。——《说文》。段注："（配）酒色也。本义如是。后人借为妃字，而本义废矣。妃者，匹也。"

按："配"，"酒色"的本义废。德者用"配"字，或许充分考虑了其内在含义的变迁，呼应君主所谓"大道废"。

配天：配合天的意旨。

按：《庄子·田子方》："夫子德配天地，而犹假至言以修心。"

德者把专业执法的意义提升到"配天"的高度，"配天"，就不是为了配合君王；"配天"即是"德"。

斫（zhuó）：击也。——《说文》。段注："斫，击也。……凡斫木、斫地、斫人皆曰斫矣。"

匠：木工也。从匚从斤。斤，所以作器也。——《说文》

大匠：专业且水平高超的木匠。

按：1.德者不但不主张"绝巧"，还推崇专业化的"大匠"。君主说"大丈夫之治"，这里有溢美之词；"大匠"，同样有赞美的成分。

2.把专业的司法者和专业的"木匠"放在一起做比较并不简单。在《红楼梦》中，史湘云说一个戏子和林黛玉长得像就曾招致一场风波。德者这个比喻说明，社会分工虽有不同，但是人格平等。

代大匠斫者：代替大匠伐木的。

按：替代大匠伐木的有可能是学徒工，当然也有可能是门外汉。

君主说："吾得而杀之。"德者警告君主：你不是专业执法者，不能服众，也是有危险的。

综上，德者澄清了百官所谓"天地不仁，以万物为刍狗"是怎么一回事。

⑤**善人**：技能精湛的专业人士叫作善人。

按：《论语·子张》："子夏曰：'仕而优则学，学而优则仕。'""善人"相当于优秀分子，所以就做官，所以，"善人"可以指技能精湛的治国者、各级官员。

不善人：小跟班，学徒工；也指庶民。

师：王弼注：举善以师不善，故谓之师矣。

按："善人"和"不善人"之间的关系大概可以比作师徒关系。

资：货也。——《说文》。段注："（资）货也。货者、化也。资者、积也。旱则资舟。水则资车。夏则资皮。冬则资缔绤（chī xì 葛布衣服）。皆居积之谓。资者，人之所藉也。"

按："资"虽然也是"货"的意思，但是和"难得之货"不同。首先，这是"必需之货"。其次，"资"为己所用，只具有自然属性。而"货"具有商品属性，用来交换。

故善人者，不善人之师；不善人者，善人之资：所以，官员是庶民的老师，庶民是官员的资本。

按：1. 庶民是官员生活的资本，无法用来交易，政府官员不能买卖人口。

2. 这里提出政府的基本职能就是办教育。

⑥ **贵**：把……看得尊贵，是下对上。

爱：爱惜……，是上对下。

智：道者说："知人者智，自知者明。"

迷：惑也。（惑：乱也。）——《说文》

不贵其师，不爱其资，虽智大迷：庶民不以政府官员为贵，政府官员不爱惜庶民这个资本，虽然天天揣摩别人心思，但是也必将走入迷乱。

按：1. 此两者互为因果，冤冤相报，无止无休。

2. 须注意的是，"师"并不是对应"弟子"。德者主张，政府官员只是把庶民看作自己可以利用的资源加以爱护，这就有一定的功利性。做一个不恰当的比喻，农民养牲畜，也是爱护有加。但是这种爱和爱子女的爱有本质的区别。

3. "教学相长"是古代先哲非常高远的认识。作为老师，专业技能很重要，育人的技能同样重要。在德者看来，如果徒弟不尊重师傅，师傅不能在传道授业的过程中发现困难进而改进教学方法，双方都自以为是，一直发展下去，正义就变得狡诈，善良也就会变成邪恶了。

4.《墨子·兼爱》："若使天下兼相爱，爱人若爱其身，又有不孝者乎？视父、兄与君若其身，恶施不孝？犹有不慈者乎？……"

德者大概认为"视人若己"很困难。别人和自己毕竟不一样。但是，庶民却实实在在是官员乃至君主的"资源"。这一点和官员对待土地的态度没什么区别。如果政府官员不爱庶民，庶民就会敌视官员。政府官员如果不爱土地，土地也会妖孽丛生。

另外，强者与强者之间相对容易维系平衡；强者能否爱护弱者，则是维系社会平衡的重中之重。

⑦ **固**：四塞也。——《说文》

其日固久：他四周闭塞的时间越来越久。

按：1. "其日固久"为"其固日久"的倒装用法。

2. 富贵厌恶庶民粗野，看见庶民就会躲得远远的（"我独闷闷"），而庶民憎恨富贵骄奢，这就是人心迷惑，这样的日子越来越久，进而阶层固化，互不往来。最终的结果就是人心大乱，而人心乱乃是社会乱的前兆。

⑧ **妖**：地反物为妖。——《说文》。《左传·宣公十五年》："天反时为灾，地反物为妖，民反德为乱。"

正复为奇：以正治国变成以奇治国。

按："以奇治国"就是君王和官员尔虞我诈、官员和庶民巧取豪夺，到最后兵戎相见。

善复为妖：地产变成反常之物。

按：1. 安分守己的官员、庶民不再安分，农业生产走向歧途。

德者指明，思想上的疾病会直接反映到物质世界。

道者说："以阅众甫。""甫"的造字本义是贵族种的奇花异草。由此可以窥知，在广大庶民还食不果腹的情况下，贵族为了赏心悦目而种植奇花异草，为"地反物"也。

下文失者说："驰骋畋猎令人心狂。"这表明，田地本来是种庄稼的，现在却被用来驰骋畋猎，同样也是"地反物"，只是更恶劣。

2. 战争之后一片狼藉。

《明常德·兵法家甲》："师之所处，荆棘生焉。"此为"地反物"。

曹操《蒿里行》："白骨露于野，千里无鸡鸣。"这是"地反物"的终极。

⑨ **报**：当罪人也。——《说文》

按：这里引申为报答。

德：升也。——《说文》。段注："升当作登。"［升：十龠也。——《说文》。段注："（升）十合也。十合各本作十龠。误，今正。《律历志》曰：'合龠为合，十合为升，十升为斗，十斗为斛（hú）。'"］

《礼记·月令》："孟春之月，命相布德，和令，行庆，施惠。"《注》："德谓善教。"——《康熙字典》

按：1."德"字的一种甲骨文写法：𢒰（徐中舒《甲骨文字典·168》）。"德"，从彳从直。"直"就是"心直"，所以，"德"的本义是"直心可通行"。《论语·泰伯》："直而无礼则绞。"所以，要同时满足"直心""可通行"则必定是因教育而社会协同的结果。"德"字的一种金文法：𢛳（容庚《金文编·110》）。金文加心更直观地表示"因教育而直心可通行"。

2."德"，从彳从悳。历史上也有人认为"悳"是"德"的本字。

悳：《说文》："外得于人，内得于己也。从直从心。"《六书精蕴》："直心为悳，生理本直，人行道而有得于心为悳。小篆加彳，取行有所复之义。"《长笺》：《论语》："以直报怨，以悳报惠。"则知直即是悳，通溷（hùn"混"的异体字）用德，非是。时尚茂密，故悳字几废。——《康熙字典》

3."直心"很抽象，所以，《说文》训"德"为"升"，当是对"直心可通行"的具象且升华后的认识。

"升"作为量具，被视作减少税负的象征。但对于整个国家来说，因为减少税负，国家却更富足，这就是上升了。

"升"有"量具"和"上升"两种含义，包含了中国先民认识上的巨大飞跃。而"德"训为"升"，同样是认识上的升华。因为减少税负，却使国家更加富饶。

大小多少：这里指君主、道者所说的"大小"，失者所说的"多少"。

报怨以德：用良好的教育来回报别人的怨气。

按：1."怨"，指百官的抱怨："天地不仁，以万物为刍狗；圣人不仁，以百姓为刍狗"。

2.所谓教育，是指国家办教育，这种教育按现在的说法就是以德育为本。

3.下文老子说："有德司契，无德司彻。""德"与税收且"薄税"有关。（详见下文老子的论述。）

⑩ **善者**：安分守己的官员和庶民。

按：因为"地反物为妖"，所以德者以物产为评价"善"与"恶"的标准，并且认为以农业为本的官员和庶民是"善者"。反之，种植奇花异草等被视为"不善"。

善之：给予鼓励支持。

不善者：不安分守己的官员和庶民。

吾亦善之：使之安分守己。

德善：通过德育使之安分守己。

善者吾善之，不善者吾亦善之，德善：

按：1.假定农民种植粮食是安分守己的，种植奇花异草不是安分守己。可是，当上层社会喜欢奇花异草时，种植奇花异草的人就会发财致富。这样就会导致贫富拉开差距，而且是"老实人吃亏"。甚至，到最后没人种地，都种郁金香了。

2.从下文来看，"德善"，大概相当于让上层社会不崇尚郁金香，不崇尚财富，不厌恶、不制造贫穷和仇恨。

⑪ **信者**：诚信的人。

不信者：不诚信的人。

信之：使之坚定诚信。

不信者，吾亦信之，德信：

按：1.德者在第一时间就把别人定位为不诚实的人，还提什么相信他？这是不是陷入悖论？

所以，德者用这样的悖论是在说明，对于不诚信者的信任是有条件的，就是通过德育使之变得诚信。当然，这种教育不是一蹴而就的事。

2."善者""信者"和"善人者"的关系。

"善""信"都是包括身体和心理的具体的行为；"善人"表示有一定境界

的人，因为能够安分守己，且诚实守信，在自己的业务上不断精进所以能够成为大匠。

⑫ **人之不善，何弃之有**：不善的人又有什么可厌弃的道理？

按：此为"不善之人，何弃之有"的倒装用法。

⑬ **尚**：曾也。（曾：词之舒也。）——《说文》

按：从卜文"无狎其所居"可知，这里的"尚"不过是吹捧罢了。

贤（賢）：多才也。从贝臤声。——《说文》段注："多财也。财各本作才。今正。贤本多财之称。引申之凡多皆曰贤。人称贤能、因习其引申之义而废其本义矣。"

按：《说文》训"贤"为"多才"，"贝"字则没能显现其意义。而段玉裁训为"多财"，"臣"字又没显示意义。

臤（qiān）：坚也。从又臣声。……古文以为贤字。（臣：牵也，事君也，象屈服之形。）——《说文》"又"代表手，表示能干。所以，"臤"的本义大概是能干且顺从的大臣。后来加了"贝"字，大概是能干且又顺从的大臣就有厚禄。最后，"贤"成为美德，则是名利双收也。

君主说："民之难治，以其智多。""智多"与"多才"相呼应。

下文失者说："金玉满堂，莫之能守。""金玉满堂"又与"多财"相呼应。

不尚贤：不吹捧当官发财的人。

按：1.君主主张"绝圣弃智"。"圣"，通也。

德者指出，钱是"硬通货"，这已成了社会的共识。有钱者通吃，更是成功人士的座右铭，甚至于有钱人就直接与"贤能"画为等号。当官就发财并且扬名。所以很多人就去抢着当官了。这样，做官既不是为了辅佐君主，也不是为了黎民，只是为了名利双收。

2.德者在这里不仅反对"贤"，同样也反对"吹捧"。

不尚贤，使民不争：不吹捧当官发财的人，使庶民不争斗。

按：1.德者主张分工。所以，对于一个人来说就没必要多才多艺，专心做好一件事就好，这样就可以分工协作。如果大家都多才多艺，就难免无序竞争。

2.因为崇尚钱财，人与人之间的互助精神就会被雇佣关系所取代，这里面就只有利益而没有友爱。这样一来，庶民难免为了钱财争斗。

⑭**狎**：犬可习也——《说文》。《礼记·曲礼》："贤者，狎而敬之。"《注》：狎，近也，习也。谓附而近之，习其所行也。——《康熙字典》

按：狗有双面性，对主人很忠诚，不论主人是否善良；可是对别人就可能穷凶极恶。德者说"无狎"，就是不能为了拉选票像狗一样摇尾乞宠。

（注："狎"，河上公本，景龙本，顾欢本，敦煌庚，壬本及多种古本"狎"作"狭"。"狎"往往被看作"狭"的通假字。）

其：指"贤人"。

居：蹲也。——《说文》。段注："（居）蹲也。足部曰蹲，居也。二字为转注。今足部改居为踞。……说文有尻，有居。尻，处也。从尸得几而止。凡今人居处字古只作尻处。居，蹲也。凡今人蹲踞字古只作居。……但古人有坐，有跪，有蹲，有箕踞。……箕踞为大不敬。……居篆正谓蹲也。今字用蹲，居字为尻处字。而尻字废矣。又别制踞字为蹲居字。而居之本义废矣。……"

按："尸"的本义是蹲；"蹲"，在那个年代是无礼的姿势。

"居"的本义是"蹲在历史上"，表示对历史的不敬。

其所居：他们蹲的地方。

按："居"，说明这个生活环境都是无礼的，也说明所谓的"贤人"是不敢让人恭维的。

无狎其所居：不在"贤人"所蹲的地方表现狎昵。

按：1.《礼记·曲礼》："贤者，狎而敬之。"其重点在于"敬"。

"狎其所居"意味着亲近而无礼。这是当时"尚贤"的表现形式，也道出了"尚贤"的本质："尚"也不是"尚"，"贤"也不是"贤"。这就是富贵阶层沆瀣一气，互相利用，互相吹捧。

2.富贵人物来往过于密切，即意味着和穷人杜绝来往，对穷人就只有侵犯。

⑮ **厌（厭）**：筶（zé）也。（筶，迫也。在瓦之下。）——《说文》

按："筶"，包含了使房子狭窄之义。所以上面没必要用"狭"字。"厌"，可理解为"压榨"。

其：指官员。

生：进也。——《说文》

所生：进步的道路。

无厌其所生：不要在官员选拔升迁的过程中压榨勒索。

按：1．"无厌其所生"，历来的解读都是"不要压榨庶民的生活"。可是，这里为什么没有庶民的事？

德者阐述的是高层领导的行为。作为君主或者高层官员，直接压榨庶民的可能性不大，如果有压榨，一般都是压榨下层官员。然后，下层官员一层一层把这压力转嫁到庶民身上。

2．这充分说明，当时的富贵阶层虽然表面上来往亲密，但心里的斗争也很着呢。这就是君主所谓的"大伪"。

⑯ **是以天下乐推而不厌。夫唯不厌，是以不厌**：所以天下人就乐于推举他而不是厌恶。只有不压榨天下人，天下人才不会厌恶。

推：推举。

厌：第二个"厌"取本义：压榨。第一个、第三个"厌"取引申义"厌恶"。

按：德者指出，钱财不足以评判一个官员的品德。只有天下人（比俗人、庶民的范围更广）才有资格判断一个官员的品德。并且，官员的任免由天下人决定。从制度设计来看，这是一个鲜明的民主思想，也是充满天才意义的火花！

非常遗憾，作为君主仅做到"不尚贤，使民不争。无狎其所居，无厌其所生"是远远不够的。并且，民主思想不知道何时被扼杀在摇篮里，以至于在漫长的两千年时间内，天子的地位除了改朝换代，从未遭到质疑。

⑰ **夫唯不争，故天下莫能与之争**：只有不是为了自己的私利，所以才不

会有人和他竞争。

争：引也。——《说文》。段注："争，引也。凡言争者，皆谓引之使归于己。"

按：1.前一个"争"训为"引"，即为了自己的私利。后一个"争"，即现代意义上的争斗、竞争。

2.从制度的设计来看，德者的制度设计主要是如何治理和选拔官员，乃至如何限制君主的权力，并赋予庶民选举权。

译文：

（德者）"天地没有仁爱之心，他只会把天下万物看作刍狗一样；圣人没有仁爱之心，会把百官看作刍狗。"道，什么都不做，但是没有做不成的事。如果为了使庶民在日常生活中就害怕被杀死，而使尽手段的人，是上天所厌恶的。常有专门负责判决死刑的人来执行死刑，这是配合上天的意旨。如果代替司杀者杀人，就像代替大工匠割木一样，代替大匠人割木的，很少有不被割手的。所以政府官员可以做庶民的老师，庶民可以做政府官员的资本。庶民不以政府官员为贵，政府官员不爱惜庶民这个资本，虽然天天揣摩别人的心思，但是也必将走入迷乱。每个人迷乱且四周闭塞的时间越来越久，本来应该是以正治国，也变成以奇治国。本来是养人的土地也会妖物滋生。不管大小多少，都用德育消除怨气。安分守己的人，我给予鼓励扶持；不安分守己的人，我使之安分守己，这是通过德育让他安分守己。诚信的人，我相信他；不诚信的人，我也相信他（会变好），这是通过德育让他诚信。庶民又有什么可厌弃的？不吹捧当官发财，使庶民不争斗。不在"贤人"所蹲的地方表现狎昵，不在官员升迁的过程中压榨勒索。这样，天下人都乐于推举他而没有丝毫厌恶。只是因为不厌恶、不压榨百官的生活，所以才不会被百官厌恶。只有不为了自己的私利，所以天下人才没人能和他竞争。

（失者）"天网恢恢，疏而不失。①天下多忌讳，而民弥贫。"②法令滋彰，人多伎巧，揣而盈之，不可长保。③ 国家滋昏，民多利器，夺而梲之，不如其已。④ 奇物滋起，盗贼多有，金玉满堂，莫之能守。富贵而骄，自遗其咎。⑤ 是以圣人犹难之。⑥ 五音令人耳聋，五味令人口爽，五色令人目盲，驰骋畋猎令人心狂，难得之货令人行妨。是故甚爱必大费，多藏必厚亡。⑦ 是以圣人为腹不为目，不贵难得之货。⑧ 使有什伯之器而不用，使民重死而不远徙。虽有甲兵，无所陈之；虽有舟舆，无所乘之。⑨ 道之出口，淡乎其无味。非以愚民，将以明之。⑩ 为无为，味无味，事无事。⑪ 少私寡欲，见素抱朴，绝学无忧。⑫

注释及解析：

① **恢**：大也。——《说文》

疏：通也。——《说文》

按：圣，通也。——《说文》。众所周知，货币是硬通货。那么这两个"通"，和"疏"有什么不同吗？

前两个"通"，大抵是游刃有余之义。是"有"能"通"，属于形而上。而"疏"虽然也是"通"的意思，却是"无"，在这里也用于形而上。

失：纵也。从手乙声。——《说文》。段注："失，纵也。纵者，缓也，一曰捨（shě）也。在手而逸去曰失。"

天网恢恢，疏而不失：天网广大无边，虽然稀疏却不会有失漏。

按：1.君主说："罪莫大于可欲。""罪"的本义是捕鱼的网，失者在这里用"天网"呼应。

2.君主所谓"慧"是指"本心像彗星一样失去"。

从下文可知，失者认为，人的奢靡生活是不健康的生活方式，可直接造成各种疾病和灾祸，这就是对"天网恢恢，疏而不失"的"科学解释"。

② **忌**：憎恶也。——《说文》

讳：忌也。——《说文》

按："忌""讳"为转注，就是纯粹用概念解释概念。

民：庶民。（注：景龙本、唐玄宗本、强思齐本、王纯甫本及多种古本写作"人"。）

弥：久长也。——《说文》。段注："（彌）久长也。……彌之本义为久长。其引申之义曰大也、远也、益也、深也、满也、偏也、合也、缝也、竟也。……弥，终也。"

天下多忌讳，而民弥贫：天下政令繁苛且没有法理，庶民就会弥漫且长久贫困。

按：1."天下多忌讳"并不是简单的"政令繁苛"，而是指为了一己之私的政令繁苛，包括君主的"绝圣弃智"等思想及政策。

2.君主唯恐人失去本心，所以要"绝圣弃智"，但是打击面太宽。

彰显法律是为了民众不犯法，是为了维护社会安定乃至公平和正义。而"忌讳"，完全是为了维护君主乃至上层社会的安危乃至面子，无论是从物质方面还是从精神方面，莫不如此。在后来的历史发展中，忌讳有增多的迹象，比如众所周知的文字狱等。

［注："天下多忌讳，而民弥贫"《郭店简本》作"天（下）多忌讳，而民弥畔（叛）"。彭浩说："'畔'借作'叛'，这两句意为：人主的禁忌越多，而人民多背叛。与下文的'邦滋昏'为对文。"《郭店楚简老子校读》］

天网恢恢，疏而不失。天下多忌讳，而民弥贫：

按：这是当时流行的一种认识。

1.或许是当时庶民的总结，是带有神秘色彩的写法。根据下文可知"法令滋彰"和"天下多忌讳"有关联。把"法令"说成"忌讳"，就是庶民对当时法令的认识。从某种意义上说，庶民认为当时法令的"本质"就是忌讳，表明庶民不再对法令有所敬畏。

2.也可能是百官拿庶民当挡箭牌。

比如说，你不让我玩郁金香，你看种郁金香的那些庶民就"失业"了。不崇尚钱财也说成"忌讳"钱财。这样，庶民就会越发变得贫穷。

《论语·卫灵公》："子曰：'君子固穷，小人穷斯滥矣。'"我们平常理解这句话，同样没在大的政治背景下，只是简单地把它作为一种君子和小人的对比：君子虽然穷，但是也能坚守正道；小人穷困就有可能偷鸡摸狗，甚至杀人越货。但是，如果放在大的社会背景下，社会的普遍贫穷，会使"小人"无限增多，遍布贫困的社会是不安定的。所以，百官的言外之意就是，管得太多了，庶民就穷了，庶民穷了国家就不安定了。

③ **法**：《尔雅·释诂》："法，常也。"

按：制度、礼法、刑法等，一经确立，就具有标准的意义，并且相对稳定。

令：发号也。——《说文》

法令：法律和号令。

按：河上公本、郭店本作"法物"。据河上公本和郭店本可知，"法""令"不是天然连在一起的，不见得时时统一。法律本身具有相对的稳定性，而号令具有灵活性。但是，很多时候法律在执政者眼里不过是个摆设。行政命令往往会和法律条文相左，甚至冲突。言大于法且朝令夕改的现象层出不穷，民心不乱，反倒怪了。

彰：文彰也。——《说文》

按：这里引申为"彰显"。

伎：與也。（與：党與也）——《说文》

伎巧：结党营私之巧。

按：德者所谓"百姓"这个概念就有结党营私之嫌。

法令滋彰，人多伎巧：法令告示越来越多，人们就愈发有技巧，庶民乃至官员琢磨着如何对抗法律，上有政策，下有对策。

按：君主有一系列的高压政策，在失者看来就是"法令滋彰"。

无论是官员还是庶民都可能打法律的擦边球，同样都是危险的。尤其是官员，可能会无视法律，或者把法律当作对付庶民的工具。比如说"刑不上大夫"，我们会觉得不解气。但是"刑上大夫"又怎样呢？这些为官者也一定绞尽脑汁逃避法律的制裁。

揣（chuǎi）：量也。——《说文》

按：此处意为揣摩。

揣而盈之： 揣摩人的心理而丰富法律条文致使条文愈加繁密。

（注："揣而盈之"通行本第九章作"持而盈之"。在物质意义上而言，"持而盈之"与"金玉满堂"意思有重复。参考通行本第三十六章"将欲夺之，必固与之"。今调整为"揣而盈之""将欲持之，必固与之"。）

不可长保： 不能长久维护法律。

按：1.这是从反面论证"天网恢恢"。

2.道者说："大制不割。"这是说法律不被破坏。

君主说："绝巧弃利。""巧"是指"巧取豪夺"。

失者所谓的"伎巧"是游戏法律的技巧。在失者看来，即便"绝圣弃智"，智者照样会打法律的擦边球，甚至把司法者、执法者全部拉下水。所以，国家揣摩人的心理来充盈法律也无济于事。

④**滋：** 益也。——《说文》

国家滋昏，民多利器： 国家越来越昏暗，民间就会有更多的利器。

按：1."法令滋彰"和"国家滋昏"正好相对。可推知，失者认为法令越来越多最终导致法律被彻底破坏，进而导致国家滋昏。

上面说"人多伎巧"，这里说"民多利器"。失者欲说明，只有庶民手里多武器才是危险的，这并非说官员有武器就没有危险，只不过不必强调。

2.道者说"其政闷闷""我独闷闷"。后人认为"闷闷"有宽宏敦厚之意。失者提出了与"闷闷""昏昏"相近的概念"滋昏"。但是给人的感觉却是截然相反，"闷闷"或许让人觉得还有"可爱"之义，但是"滋昏"给人的感觉绝不会有一点快感。政治不是可爱，更不是卖萌。失者指明了"其政闷闷"的结果并不是"其民淳淳"，而是"国家滋昏"。同样，"国家滋昏"导致的结果既不是"其民淳淳"，也不是君主所说"国家昏乱，有忠臣"，而是"民多利器"。

3.君主所谓"利器"偏重于思想层面，失者所谓"利器"偏重于物质层面。

夺（奪）：手持佳（zhuī）失之也。——《说文》

按："夺"的本义是"拔下佳的羽毛"。

梲：木杖也。——《说文》。《荀子·礼论篇》："凡礼始乎梲，成乎文，终乎悦。"

夺而梲之：国家通过强力手段收缴庶民的武器，并使之成为仪杖。

l（注："夺而梲之"通行本第九章作"揣（zhuī）而梲之"。梲，河上公本作"锐"，王弼注："锐之令利。""揣"，训为"锤打"。"梲"训为"锐利"。但是，一件兵器，使之锐利，有多种方式，如"捶"、"打"、"磨"、"炼"等等，没有必要限定为"揣"。若"梲"训为"木杖"，"捶打"就更无从谈起。参考第三十六章"将欲夺之，必固与之"。这段文章于理不通。调整为"将欲持之，必固与之"。（见《明孔德·中士》）综上，调整为"夺而梲之"和"将欲持之"。]

其：这里指庶民。

不如其已：不如让庶民自己这样做。

按：当民间有太多利器时，已经过了"为之于未有"的时机。也不存在"瓜熟蒂落"的可能性。国家欲缴灭民间利器可能也已经宣告失败。"不如其已"是配合"天网恢恢"。失者认为，"民多利器"的责任不在庶民。庶民无须承担责任。

⑤**起**：能立也。——《说文》

守：守护。

奇物滋起，盗贼多有；金玉满堂，莫之能守：

按：道者说："吾将镇之以无名之朴。""镇"，博压也。失者在这里以"奇物滋起"与之"叫板"。

德者说："若使民常畏死，而为奇者……"这是在说由内而发的主观意志。

君主说："绝圣弃智，盗贼无有。"君主强调的是主观心态，是被社会污染后的内在心态；君主所谓的盗贼是窃国、窃官之徒。

君主说："小国寡民，不见可欲。""可欲"指色欲以及对美好生活的渴求。

失者说："奇物滋起，盗贼多有。"说的是物质方面的"奇异"，强调的是物质诱惑。盗贼是看得见的犯罪，而不是抽象的"奇"。

骄：马高六尺为骄。——《说文》

咎：灾也。——《说文》

富贵而骄：富贵而又骄横。

按：仅仅富贵并不能骄横，必须有所恃才会骄横。如果没有国家的保护，贵族必定是胆战心惊，哪里还会骄横？

自遗其咎：自己埋下了祸根。

按：1."自遗其咎"是在说明"疏而不失"。

2.引来盗贼，激起庶民的反抗，这是自己造的苦果，不能由国家来承担。

法令滋彰，人多伎巧，揣而盈之，不可长保。国家滋昏，民多利器，夺而梲之，不如其已。奇物滋起，盗贼多有，金玉满堂，莫之能守。富贵而骄，自遗其咎：

按：这段文章从"科学"的角度说明了"天网恢恢，疏而不失"是怎样的。失者认为不断地充实法律条文是无意义的、夺取庶民的武器是无意义的，不做这些无意义的事就是"疏"。

因为"富贵而骄"导致"金玉满堂，莫之能守"，这是富贵人自造的恶果。

失者认为治理国家的重中之重是治理"富贵而骄"。

⑥**犹**：尚且。

难：困难。

是以圣人犹难之：所以就是圣人也觉得困难。

⑦**五**：杂，多。

音：声也。生于心，有节于外，谓之音。宫商角徵羽，声；丝竹金石匏土革木，音也。——《说文》。段注："声生于心有节于外谓之音。十一字一句，各本'声'下衍'也'字。《乐记》：'声成文谓之音。……'"《乐记》曰："知声而不知音者，禽兽是也。"

按："声""音""乐"三者的关系如下：声，宫商角徵羽。音，独奏、独唱。乐，合唱、合奏。

驰骋：意在畅通、痛快也。

畋猎：须注意的是，畋（tián）猎，而非狩猎，即意味着是在田里打猎，而田是种庄稼的。（注：至于后来的畋猎究竟是怎样与此无关。）

狂：狾（zhì）犬也。——《说文》

按：狾犬即是疯狗。

驰骋畋猎令人心狂：

按：君主说："鸡犬之声相闻。"虽然人没有主动向狗学习，但是因为没有"丝竹之音"，这在客观上就是"人熏陶在鸡犬之声中"。失者表明，你虽然没有向狗学习的动机，但是由于你有驰骋畋猎的行为，自然就会堕落成狗的属性，并且还是疯狗。

（注："驰骋畋猎令人心狂"通行本第十二章为"驰骋畋猎令人心发狂"。高亨认为"发"字为衍文。《老子正诂》："'发'字疑衍，《说文》：'狂，狾犬也。'重文作恇。狂本心疾，故字亦从心。……'心狂'二字，其意已足，增一发字，则反赘矣。此文'令人耳聋，令人口爽，令人目盲，令人心狂，令人行妨'。句法一律，增一'发'字，则失其句矣。"高亨此言甚是。只不过"发"字另有所用。参考第二十章"众人皆有以"。调整为"众人皆有以发"和"驰骋畋猎令人心狂"。）

妨：害也。——《说文》

货：商品。

五音令人耳聋，五味令人口爽，五色令人目盲，驰骋畋猎令人心狂，难得之货令人行妨。是故甚爱必大费，多藏必厚亡：

按：1.在失者看来，这是"天网恢恢，疏而不失"在自然规律上的反映，也是富贵而骄的后果。

2.下面就是失者提出的治国纲领，相当于治理"富贵而骄"的纲领。

⑧**圣人：**作为高级官员乃至君王的代表。

为腹：为了填饱肚子。

不为目： 不是为了声色之娱。

贵： 以……贵。

圣人为腹不为目，不贵难得之货： 所以圣人是为了填饱肚子而不是为了声色之娱，不推崇难得的货物。

按：1.上面说了一大堆享乐的项目，现在为何只说"不为目"？

"不为目"，就代表不是为了一切感官之娱，"通"也。这个道理和上面君主的笔法一样。（弃绝很多，最后只是说"以智治国，国之贼"。）所有的贪欲，以色欲为最。（色欲，不仅仅是女色。）这也是"天网恢恢，疏而不失"的精髓。

2."不为目"本身也是要杜绝很多事情，但这在失者看来不是"多忌讳"。这是强调高级官员乃至君王的行为、消费准则。圣人以身作则，从上至下不崇尚"难得之货"，当然更为可行，这就是上行下效。

3.道者和德者分别对税收问题作了论述。道者主张税收以庶民自愿为原则，德者主张税收以薄税和公平为原则。失者在事实上指明了税收的去向——是为了满足达官贵人的骄奢淫逸。失者认为，如果上层社会没有这么多病态的需求，也就自然而然不需要那么多税收。

4.无论是"为腹"或是"为目"，这两者都属于"物欲"的层次。由此看出，失者对于抽象的"道""德""无名之朴"等不以为然，失者正视也夸大了物欲以及各种低级趣味的强大力量。此处说"正视"，是因为物欲的力量确实强大，不可不正视。说"夸大"，是因为失者认为抵制物欲及各种低级趣味成了万能法宝。

5.失者用"货"而不是用"物""资"，说明这和经济活动有关。

君主说："小国寡民，不见可欲。"这大概有"只许州官放火，不许庶民点灯"之嫌。

德者说："不尚贤。"不崇尚钱财、不崇尚多才好像还可以，不过，如果进而忌讳多才、多财，就的的确确会导致贫穷。

失者扒开了当时所谓"贤人"的外衣：不过是以"难得之货"来彰显罢了。"难得之货"往往是"贤"的标配，直至现在，依然如此。不过，现在称之为

"雅""风雅""文人雅士"。失者首先要求圣人从自身做起，不推崇难得之货。然后上行下效。

推崇"难得之货"的危害性可以用触目惊心来形容。为什么这样说？对于有钱一族，推崇"难得之货"，互相攀比无所不用其极。看看拍卖场上的天价艺术品，动辄几个亿，这能解决多少贫困人口的温饱问题？这种风气传染到底层，也并不逊色。想一想，有的人竟然为了一部电子产品而卖身、卖肾。

⑨ 使（ ）有：这里省略一个字。

什伯：古时军队中的基层编制单位，十人为什，百人为伯。《淮南子·兵略训》："正行伍，连什伯，明鼓旗，此尉之官也。"

什伯之器：军队是国家重器，"什伯之器"相对于国家军队来说是国家的"小武器"。

按：上面说"国家滋昏，民多利器，夺而梲之，不如其已"。能够夺取民间利器，必定是要靠武装。并且，往往是基层武装。

使有什伯之器而不用：让国家保有十人、百人的军队但是不必动用。

按：1. 失者认为，国家必须保有基本的武装力量，但是不要动用这些力量。

君主说："民不畏威，则大威至⋯⋯吾得而杀之。"这是一级警告无效，就有二级警告，直至杀头（后来还有灭绝九族）等等是无限的。君主说："大道废，有仁义。"这里军队存在的意义就是展示威仪。失者认为，可以保留初级的震慑（威仪），但是只靠震慑乃至杀头这样的强制路线是行不通的，还要有思想阵线的辅助，这就是启迪民智。

下文老子说："上礼为之而莫之应，则攘臂而扔之。"则保留有限度的强制性措施。

2. 掌握军队的是国家各级的官员。这里用"使有"，而不是用"令有"，说明是靠思想教育。指明"什伯之器"，是着重对基层执法人员的监督管理。

失者认为，国家武装不能为贵族的骄横跋扈保驾护航。如果武装部队仅仅维护贵族的"合法财产",可能还不至于激起民愤。如果无论贵族有什么样的行为都全程保护,这就使得贵族有恃无恐、肆无忌惮,最终激起民愤。

使民重死: 让庶民重视死亡。

按:不是"常畏死"。

不远徙: 不到远方去。

使民重死而不远徙: 让庶民重视死亡而不去远方。

按:1.在古代,人为什么会远徙呢?一个原因是家乡的治安不好,或者有天灾,待不下去了。另一个原因是经商。"难得之货"往往和地域遥远有关。失者把死亡和远徙视为一体,说明天下并不太平。圣人觉得达官贵人自觉抵制难得之货的意志不够,所以希望庶民不要为了难得之货而卖命,这是双管齐下杜绝难得之货。

2.让庶民重视死亡,这是一个基本方针。一旦庶民重视死亡,就不仅仅是远徙了。其余诸如打架斗殴等同样不在话下,这是不言之言。

甲兵:《国语·鲁语上》:"大刑用甲兵,其次用斧钺;中刑用刀锯,其次用钻笮(zé)。"甲兵在此乃"大刑的工具"。所谓的大刑,应该是天子对诸侯的刑罚,即用兵讨之。

虽有甲兵,无所陈之;虽有舟舆,无所乘之:(国家)即便有大刑甲兵也没有用的机会了。(庶民)即便有船和车,也没地方可去了。

按:1.这是在国与国之间的层面,甲兵是为了大刑,即是为了征讨。对于大刑武装、远程贸易,失者的态度是任其自生自灭。这段文章的思想和"使有什伯之器而不用"不同。失者认为,保留基本武装是必需的,但是不要动用武装来镇压,再加上威仪化训练、展示、思想引导,可以起到震慑犯罪并"净化心灵"的作用,而不至于发展到恶性的战争,所以大刑武装没有用武之地,最终自己消失。

2.舟舆是为了交通方便、贸易的方便。失者认为,"难得之货"与远程贸易有关。因为"不贵难得之货",所以远程贸易就不必要了,因此车船也就没地方可去,进而,保留车船也不必要了。

⑩ **道：** 勉强理解为治国策略。

道之出口，淡乎其无味： 给人讲解道，要使之听起来平淡易懂。

按：君主认为，圣人的学说都是"可欲"，并且希望庶民"不见可欲"。

失者认为，讲道理要平淡，只讲"实用"，讲明白即可，不浮夸，不神采飞扬，不摆龙门阵。

非以愚民，将以明之： 不是为了使庶民愚昧，而是为了启发庶民的心智。

按：1.失者从"科学"的角度解释了"天网恢恢，疏而不失，天下多忌讳，而民弥贫"。

2.失者认为，迷信使庶民愚昧，而庶民愚昧会导致"国家滋昏"。

（注："非以愚民，将以明之"通行本第六十五章作"非以明民，将以愚之"。整理后逻辑不通，今调整为"非以愚民，将以明之"。）

⑩ **无为：** 不动用行政命令乃至武力。

按：1.做思想工作是为了启迪民智，便于治理。

2.失者认为，即便保留基本武装且引而不发，也要靠思想工作而非强制命令。

味： 体验、感受。

无味： 平淡的道。

味无味： 体验平淡的道。

按：1.这是在生活消费环节的指导方针，不提倡消费妖孽之物。进而影响生产，从而不再生产妖孽之物。如果没有妖孽之物，就可以避免盗贼蜂起，进而可以避免各种刑罚的滥用，进而可以避免庶民、官员游戏法律。

2.君主说："罪莫大于可欲，……乐与饵，过客止，吾得而杀之。"这是把抽象的"道"和让人喜好的事物联系起来，并称之为"罪"。

失者先说"五味令人口爽"，这是承认不良嗜好会对人造成伤害，在这一点上与君主有共同之处。然后又说"道之出口，淡乎其无味"。这是在寻找物质世界与形而上世界的交汇点。

3."天网恢恢，疏而不失"是很有"味道"的迷信的说法，庶民喜闻乐见。

失者说"五音使人耳聋"等这些"科学"的道理，就显得枯燥无味。失者希望人们信仰科学而非迷信。

事：职也。从史，之省声。——《说文》

无事：不限于具体专业。

事无事：从事工作但不职业化。

按：下文老子说："从事于道者"，即是"以'道'为职业"。

⑫ **少私寡欲：**减少私心、减少欲望。

按：这是"为无为"的基本原则，即制定法律的原则。

见：1.读 jiàn，看；2.读 xiàn，显现、显露。

素：没有杂色的丝。

抱：（捊）引取也。从手孚声。抱，捊或从包。——《说文》

朴：未经雕刻的木材，引申为质朴的生活物资。

按：1.这是"味无味"的基本原则，即消费的原则。

2.道者说："吾将镇之以无名之朴。"这是指精神质朴，比如与人交往诚恳，语言朴实无华、不算计人，等等。这是"向外"质朴。

失者用"抱朴"表明人的生活资料应该是质朴的。人看到的、听到的、吃到的等都是质朴的。这是"向内"质朴。

3.这是学习的基本原则，即学习要面对第一手资料，要深入实际生活，不要迷信书本知识。正如孟子所谓"尽信书不如无书"。

学：《说文》："觉悟也。"本作斅，篆作斈。

按："学"的本义和占卜有关。

又学校，庠序总名。《礼·王制》："天子命之教，然后为学。小学在公宫南之左，大学在郊，天子曰辟雍，诸侯曰泮宫。"——《康熙字典》

（斅：觉悟也。从教从冂。冂，尚蒙也。臼声。学，篆文斅省。——《说文》）

绝学：停止统一通行的官办教育以及诸如天命观之类的迷信教育、空洞抽象的理论教育。

按：1.《道德经》有三处涉及"学"，分别是"绝学无忧""学不学，不复众人之所过""为学日益"。

"学不学"的"学"包括今天所谓的"学习""教"。

"绝学无忧"和"为学日益"的"学"是今天所谓的"教育"。

2.失者主张以身示范，反对理论说教。

3.《礼记·学记》："古之教者，家有塾，党有庠（xiáng），术有序，国有学。"

"学在官府"，是西周教育的特征。当时的官办教育大概是唯一的教育模式。但是，这种教育可能越来越流于形式，乃至越来越奢华，最终走向堕落。失者认为，国家不必对教育大包大揽，放手让民间去做，这样反倒不会有那么多忧虑。（这是因为有了前面的铺垫。）孔子办私学，就是顺应时代潮流。

译文：

（失者）"天网广大无边，虽然稀疏却不会有失漏。天下的禁忌太多，庶民却愈加贫困。"法令告示越来越多，人就有太多技巧对抗法律和政令，揣摩人的心思而增补法律条文，也不能保护法律。国家昏暗了，民间就多私藏利器。把利器夺过来使之成为仪杖，不如让庶民自觉这样做。稀奇古怪的东西多了，盗贼就多了，金玉满堂，也不能守得住。这就是因富贵便骄奢淫逸而给自己埋下的祸根。所以圣人也会觉得困难。缤纷的色彩使人眼睛昏花，变幻的音响使人耳朵发聋，丰腴的美食使人口味败坏，在田里驰骋打猎令人心意狂乱，难得的货物令人行为不轨，互相伤害。所以说，有了过分的爱好就必定要付出太大的代价；过于积敛财富，必定会招致更为惨重的损失。所以圣人是为了肚子而不是为了声色之娱，不以难得的商品为贵，让国家有关部门保有十人、百人的军队，但是不必动用武力；让庶民重视死亡而不要远徙；（国家）虽然有武器装备却无机会陈列；（庶民）即便有车、船等便利的交通工具，也觉得没什么地方可去。道，说出口来，要淡淡的没有怪味儿。这不是让庶民愚昧，而是让庶民明白事理。要做思想工作而非动用命令、武装；体验以平淡的道为准则；从事工作劳动但不要职业化。只看到素净、干净的东西，汲取质朴的生活资料，少些私心欲望，停止统一的官办教育，杜绝诸如天命之类的迷信学说及教育就没有忧患了。

（君主）和大怨，必有余怨，安可以为善？① 道者同于道，德者同于德，失者同于失。② 上德不德，是以有德；下德不失德，是以无德。上德无为而无以为；下德为之而有以为。③ "善者不辩，辩者不善。此两者或利或害，夫唯不争，故无尤。"④

注释及解析：

① **和**：调和。

安：助词，怎么。

和大怨，必有余怨，安可以为善：调和大的怨气，必定还会留有怨气，如何再做善事？

按：这样的思想在生活中也比比皆是，在恶劣的社会环境中，做好事总会引起别人的怀疑，"好人难做"不绝于耳。然而，当一个人放弃了为善的念头就堕落了。

② **道者**：其主张恒常以"朴"为本，建立并维护稳定的制度，君主称之为"道者"。

德者：其主张恒常以德育为本，以避免法律经常"产生"作用，君主称之为"德者"。

失者：其主张用"科学"去除迷信。君主称之为失者。

道者同于道，德者同于德，失者同于失：道者、德者、失者这三类人调和大怨的主张，却互相不能调和。

按：这一段的基本思想就是"物以类聚"。《周易·系辞上》："方以类聚，物以群分，吉凶生矣。"这指明了一个非常普遍的事实，是一种自然的趋向，也可以成为一种主观的意识。

③ **上德**：上等的德。

不德：不追求表面的公平。

是以有德：所以结果会公平。

上德不德，是以有德；下德不失德，是以无德：上德的人不说自己有德所以才有德；下德的人整天德不离口，所以没有德。

按：君主的评价标准完全没有道理。"满嘴的仁义道德，一肚子男盗女娼"被人称作虚伪。可是，撕下虚伪的面具就好了吗？

答案是更残忍。换句话说，这不是面具的问题，不是"赤裸裸地谈金钱"就反倒显得"真实"；只要心底变坏，这两样并无分别。

无为：没做善事（调和大怨）。

无以为：心里没有"把……当作……"的思维。

为之：调和大怨。

有以为：心里有"把……当作……"的思维。河上公注：言以为己取名号也。

上德无为而无以为；下德为之而有以为：上德的人没做调和大怨的事，心里也没有"比作……"的思维。下德的人虽然做调和大怨的事，但是心里有"把……当作……"的思维。

按：道者说："天下有始，以为天下母。"

德者说："故善人者，不善人之师；不善人者，善人之资。"

上述这些都被君主认为是"有以为"。子曰："君子喻于义，小人喻于利。"（《论语·里仁》）君主认为下德之人调和大怨是因为他们认为对自己有好处。

④ **善者**：善良的人。

辩：治也。从言在辡之间。——《说文》。段注："辩，治也。治者、理也。俗多与辨不别。辩者、判也。从言在辡之间。谓治狱也。"

不善者：不善良的人。

善者不辩，辩者不善： 善良的人不治狱，治狱的人不善良。

按：这一思想可谓是礼乐治国和刑罚治国的分水岭。

此两者： 指"治狱"和"不治狱"。

或： 邦也。从口从戈，以守一。一，地也。域，或又从土，于逼切。——《说文》。段注："（或）邦也，邑部曰，邦者，国也。盖或国在周时为古今字，古文只有或字，既乃复制国字。以凡人各有所守。皆得谓之或。各守其守，不能不相疑。……"

按："或"，此处训为"可能"，但本义或许保留。比如，同样一种方法，在一个邦就起好作用，在另一个邦就起坏作用。

争： 引也。——《说文》。段注："（争）引也。凡言争者，皆为引之使归于己。"

按：这里表示为了私利而引起争斗。

尤： 异也。——《说文》。《广韵》：怨也。

按："尤"和"奇"，均有"异"的含义。

此两者或利或害，夫唯不争，故无尤： 无论是治狱，还是不治狱，都有利有弊。只有不为了自己的私利才不会引发争斗，因而就没有必要责备。

按：事实上，君主默认了治狱的必要性。

译文：

（君主）即使调和了大的怨恨，还是会有余恨不会消失，又怎么能够为善呢？修道的人认同修道的人，修德的人认同修德的人，主张缓和矛盾的人认同主张缓和矛盾的人。上德的人不说自己有道德，所以才有道德，下德的人天天夸耀自己有道德，所以就没有道德。上德的人没有做调和大怨的事也没有自己的个人动机，下德的人做调和大怨的事却有自己的个人动机。善良的人不治狱，治狱的人不善良。这两者可能有利或有害，只有不引发争斗，才没有必要责备。

第二节　老子的论述

前识者，道之华，而愚之始。^① 是以圣人处其厚，不居其薄；处其实，不居其华。^② 故去彼取此：

有物混成，先天地生。其上不皦，其下不昧。独立不改，周行而不殆，吾不知其名，字之曰道。^③ 道之为物，惟恍惟惚。^④ 惚兮恍兮，其中有象；恍兮惚兮，其中有物。^⑤ 窈兮冥兮，其中有精；寂兮寥兮，其精有真，是谓玄牝。^⑥ 玄牝之门，众妙之门，其中有信，是谓玄德。玄德深矣，远矣，与物反矣。^⑦ 故常无欲，以观其妙，常有欲，以观其徼：^⑧ 有德司契，无德司彻。^⑨ 此两者同出而异名，同谓之玄，玄之又玄，可以为天下母。^⑩ 有国之母，可以有国，强为之名曰大。^⑪ 故道大，天大，地大，王亦大，域中有四大，而王居其一焉。^⑫ 物法地，地法天，天法道，道法自然，^⑬ 以其终不自为大，故能成其大。^⑭ 夫轻诺必寡信，多易必多难，图难于其易，为大于其细，故终无难矣。^⑮

注释及解析：

① **识**：常也。一曰知也。——《说文》。段注："识，常也。常当为意字之误也。草书'常''意'相似。六朝以草写书，迫草变真。讹误往往如此。意者，志也。志者，心所之也。意与志，志与识古皆通用。心之所存谓之意。所谓知识者此也。《大学》：'诚其意。'即实其识也。一曰知也。矢部曰：'知，识词也。'按凡知识，记识，标识，今人分入去二声。古无入去分别。三者实一义也。"

按：段玉裁认为"志"与"识"古皆通用，此大不然。先哲造字以示差别，无奈被后世混为一谈，或者在世俗流传中各有其解，"其日固久"则真伪难辨矣。

前识者：指"君主及前面诸人阐述的认识"。

华：表面文章。

② **是以圣人处其厚，不居其薄；处其实，不居其华：**

按：根植于经济的、变化无穷的"道""名"是为"厚"；与经济无关的、僵化的"道""名"是为"薄"。

（注："是以圣人处其厚"通行本第三十八章作"是以大丈夫处其厚"。参考第三章"是以圣人之治"，调整为"是以圣人处其厚"和"是以大丈夫之治"。）

③ **物**：这个物即是人心。

有物混成，先天地生：有一个物浑然而成，在天地生出之前就存在了。

按：人心既然是先于天地的，那么就必定先于君主帝王。这就是在根本上来论述帝王自身的合法性。

皦（jiǎo）：玉石之白也。——《说文》

按：玉石，难得之货也。

昧：爽，旦明也。——《说文》

按：老子取的象乃是"黎明的曙光"。这和"国家昏乱""我独昏昏""国家滋昏"完全不同。

字：《礼·曲礼》："男子二十冠而字。"《仪礼·士冠礼》："冠而字之，敬其名也。君父之前称名，他人则称字也。又女子许嫁笄（jī）而字。"《注》："亦成人之道也。"——《康熙字典》

字之曰道：可尊称为道。

按："字"，表明了老子的态度：要对"道"这个概念有所尊重、敬畏。

④ **物**：《玉篇》："事也。"

道之为物："道"做事即是"心"做事，可理解为"人用心做事"。这里之所以不用"做事"，而用"为物"，表明物质生产和生活乃是一切事物的基础。

惟恍惟惚：只是物我两忘。

按：1. 物我两忘和无心做事、心不在焉以及现在所谓的"精神恍惚（恍忽）"完全是两码事。

2.可参考量子力学的相关理论：测不准定律、波粒二象性。

⑤ **象**：相当于心里"作规划"。

物：对应之物。

惚兮恍兮，其中有象；恍兮惚兮，其中有物：

按：1.这一句话充分表明，所谓"物我两忘"绝不是做事而吊儿郎当，心里什么都没有，而是相当于胸有成竹，这是"其中有象"的根本。这个"象"不是凭空想象、臆造，而是确有其物。

2.下文"有德司契，无德司彻"，说明"德"不是抽象的超然物外的。

3.老子反对象征意义的刑罚，认为身体的惩罚不可在法律中取消，但是老子也反对酷刑，并且认为刑罚是以不刑罚为根本。

⑥ **窈**：深远也。——《说文》

按："窈"字的本义是"子宫里的受精卵"。

冥：幽也。——《说文》。段注："（冥）窈也。窈各本作幽。"

按："冥"是"免"和"娩"的本字，本义是：卵子受精后免除其余精子。

精：择也。——《说文》

按："精"，"万里挑一"，留下的都是精华。从现代科学来看，孕育之初，会有大量的精子"进攻"卵子，到最后只选择一个。人用心做事，必定会有非常多的"腹稿"，最后择取最好的方案。

寂：无人声也。——《说文》

按：叔：拾也。从又未声。（未：豆也。）——《说文》。可推知，"寂"字的本义是"在房间里拾豆子"，象征"汲取生命的营养元"。

寥：空虚也。——《说文》

按："寥"字的本义是"生命体的成长"。

真：仙人变形而登天也。——《说文》

按：1."真"字的本义是"新生命的诞生"。

2.心中经过反复提炼的规划、方案由物象转化成语言，并且唯有这样的语言才是真实可信的。

（注："其精有真"通行本第二十一章作"其精甚真"。而"真"即"真"也，用"甚"来形容并不恰当。参考第五十三章"田甚芜，朝甚除，服文彩，带利剑；仓甚虚，财货有馀，厌饮食……"。"财货有馀"并非恶劣，甚至还不错。综上，调整为"其精有真"和"田甚芜，朝甚除，服文彩，带利剑；仓甚虚，财货甚馀，厌饮食……"）

玄：幽远也。黑而有赤色者为玄。象幽而入覆之也。——《说文》

按："玄"字的本义是"不可思议的可遗传变异的生命基元的分裂与融合"。

牝：畜母也。——《说文》

⑦ **信**：诚也。从人从言。——《说文》。段注："人言则无不信者。訫：古文信，言必由衷之义。"

按：从人言即"信"，到言必由衷方"訫"，这就说明了在历史的发展过程中，有人说谎了，或者言不由衷了，这就是君主所谓的"智慧出，有大伪"。老子用"信"而不用"訫"，说明老子希望回到"人言即'信'"的时代。人说话不仅不能罔顾事实，还必须经过深思熟虑，才能取信于人。人在说话之前，提出方案之前，心中已经经过了反反复复的提炼，这样，说出的话不仅能指明事实，而且是最佳的方案，怎么不让人信服？

在老子看来，"信"是一切道德核心的核心。老子下面说财政制度是国之母，在这里是说，根本的诚信、精诚的信仰就是国之父。这就是创立国家的前提条件，也是立国之本。

玄德：不可思议的可无限推广且深入人心的德，比上德要高且深。

玄牝之门，众妙之门，其中有信，是谓玄德：幽深的母性之门，是所有奇妙事物的门户，这里有可信的道理，这个可信的道理被称为"玄德"。

按：奇妙的事物有的可信，有的不可信，可信的被称为"玄德"。

玄德深矣，远矣，与物反矣：玄德是深远的，并且和万物遵从的法则相反。

按：德者说"善复为妖"。《说文》："地反物为妖。"

"玄德"与物反，这是为什么呢？

1. 道者："道常无名，吾将镇之以无名之朴。"

德者："道常无为，而无不为。"

失者："天网恢恢，疏而不失。"

老子："以其终不自为大，故能成其大。"

这些都是"与物反"。

2. "与物反"，绝不是说什么物质世界向东，人就向西，而是首先谙熟、敬畏自然法则，在自然法则的基础上，完成超越。一方面，占小便宜吃大亏。另一方面，国家减少税赋，却使国家更加富足，这就是"与物反"。

3. 面对问题，要追本溯源，这也是"与物反"。

达尔文提出进化论，晚清末年，严复翻译了英国生物学家赫胥黎的《天演论》，提出"物竞天择，适者生存"。自此深入国心。于是丛林法则在社会中大行其道。殊不知，在两千年前，老子就完全超越了"丛林法则"。

治理国家就如医生治病，要找到疾病产生的根源。找到问题的根源以后，对症下药就是顺势而为了。如何是顺势而为呢？就是药物和身体的致病因素相互作用，这个作用是完全自然的，并不是由人的意志来控制的，并不是说，你吃完药以后，还命令药如何运动。

⑧ **常无欲**：没有私欲。

以：以便。

观：谛视也。——《说文》。段注："（观）谛视也，审谛之视也。《榖梁传》曰：'常事曰视，非常曰观。'……"

按：此处用观，表明与所观之事拉开距离，并且要正视、审视事实。

常无欲，以观其妙：没有贪欲（在这里更多的是虚荣心），所以才能观察"以其终不自为大，故能成其大"等的奇妙。

按：君主说："罪莫大于可欲。"

老子指明，"可欲"的本质是因为"奇妙"。所以"常无欲"，并且审视"奇妙"之事物（可欲），方能避免沉溺于"可欲"不能自拔。

常有欲：有"明辨是非"的欲望。

按：此欲望和口腹之欲不同，是更高层次的欲望。

微：循也。——《说文》

按：1.《广韵》："抄也。"《论语》："恶微以为知者。"《注》：微，抄也，抄人之意，以为己有。——《康熙字典》

2.这里也表示"从微观到宏观的轨迹"，从微观到宏观，必然会有无数的复制，有的复制是"学习"，有一些复制会被人称作抄袭。

观其微：审视天下人是如何抄袭的。

按：1."天下大事必作于细，天下难事必作于易"与"图难于其易，为大于其细……"这两句话很相像，但前者很武断，而后者只表明这样做有什么好处。(见下文)

2.君主说："智慧出，有大伪。……以智治国，国之贼。"老子认为，抄袭并且歪曲圣人的思想，才是大伪，这样的治国者才是贼。

《论语·阳货》："曰：'赐也有恶乎？''恶微以为知者。'"

老子在这里杜绝了情感上的厌恶，只保留绝对理性。

⑨ **德**：公平、减负且益于国家。

司：臣司事于外者。——《说文》

契：大约也。——《说文》

司契：专职制定具体适宜的契约。

彻：通也——《说文》。段注："(彻)通也。……郑注《论语》曰：'彻，通也，为天下通法也。'"

按：1.彻也是西周时期的一种税法。

2.制定天下通行的税法就避免不了照搬、抄袭。

司彻：专职制定天下通行的税法。

有德司契，无德司彻：有德君主(真正的公平)是建立契约，无德君主(不公平的)是天下都执行一刀切的税法。

按：1.老子在这里明确了"德"的物质属性，并且与赋税建立密不可分的关联。赋税是国家的经济命脉，由此可见"德"的根本意义是与赋税融为一体，而不是作为独立于物质世界的精神存在。

2. 不凭感觉而用量具（升）收税，看起来是公平的。但这还是远远不够的。对于赋税而言，什么是公平？简单地按人头征税公平吗？简单地按亩产征税公平吗？

因为郁金香和玉米的"产出效益"是完全不同的。所以，作为人头税、或者按土地面积收税表面上公平，但结果造成社会的贫富差距拉大了。而赋税公平的最终目的难道不是社会的公平安定吗？所以，老子还要进一步追寻公平安定的本质，也是进一步探寻德的内涵。

所有人都缴纳等同的税赋，看似公平，却不公平，这就是"与物反"。事实上这里有根本的不公平——君主和庶民之间是不平等的。因为这里只强调庶民的义务，而没有强调君主的责任。

《书·吕刑》："刑罚世轻世重，惟齐非齐。"意思是说，刑罚有的时代轻，有的时代重。唯有不一刀切才会有平等。

老子在这里指明，过程的公平和结果的公平是可能发生冲突的。如果二者兼顾，就必须认识到，税收不仅仅是庶民的义务。国家和庶民要建立契约关系。建立契约，就要本着平等自愿且互相尊重的原则。既然是建立契约，那么国家就有义务把收上来的钱用于何处做必要说明。

建立契约，可能有的人会付出多一些，有的人会付出少一些，这在表面上是个公平的，但这是自愿的，最后也是公平的，所以是"与物反"。

⑩ **此两者同出而异名：**同样是用庶民的钱，有的君主将其看作（以为）税收（庶民的义务），有的则看作（以为）契约关系（不是借贷关系），这就是"同出而异名"。

同谓之玄，玄之又玄，可以为天下母：都被称作不可思议，不可思议不可思议，可以看作天下母。

按：1. 君主说："下德为之而有以为。"老子在这里说明，不能以是否"有以为"来判断是否有德。

2.君主提出"罪莫大于可欲"。老子在这里来了个惊天大逆转，把国家的财政收入比作生生不息的、不可思议的母性！同样是"有以为"，精妙的笔法难以形容。

3."众妙之门"也是"众善之门"和"众恶之门"。一切善，一切恶，均从此门流出。

当君主"司契"时，"众善之门"就会打开，这就是所谓敞开心扉。君主施仁政，庶民安居乐业，流出来的是一派祥和。

当君主"司彻"时，"众善之门"将关闭，"众恶之门"将打开，这就是君主所谓"智慧出，有大伪"。事实是由君主之暴政引发。君主和庶民互不信任，互相抵制，一切罪恶、灾荒乃至瘟疫都自此流出。

4.老子并不认同"天下无不是的父母"。

⑪ **国**：邦也。——《说文》

强：勉强。

有国之母，可以有国：有了制度就可以有国。

按：老子先说"可以为天下母"，接下来就说"国之母"。这是为什么呢？

"天下母"是说天下都需要有契约制度；"国之母"是说，每个国都要有自己的契约制度。

强为之名曰大：老子把国家、君王勉强称作大，就是要告诉君王不要自以为大。

按：老子先说"可以有国，强为之名曰大"，接下来说"故道大，天大，地大，王亦大"。这是在表明，有了国家，就必定有国王。只有建立了"税收"或者"国债"的制度，才会有国家、国王这样的概念和事实。建立制度的人一开始虽然没有"国王"的名称，但是事实上就已经是国王了。

⑫ **域**：邦也。区域也，界局也。——《康熙字典》。

域中有四大：在特定的界域内有四大。

按：所有的"大"都是相对于一个特定界域的。包括"道""天""地"，离开了具体的领域，都谈不上什么作用。比如黑龙江的天气就不可能对海南的椰子产生影响。一个人在某个领域可以当"老大"，在其他领域内可能一无所知。

⑬ **法**：受……制约且效法于此。《易经·系辞》："崇效天，卑法地。"

物法地：万物受大地的制约且效法于大地。

按：要根据自然地理条件来从事生产和生活。一方水土养一方人，简单说米就是"靠山吃山，靠水吃水"。

（注："物法地"通行本第二十五章作"人法地"，傅奕本作"王法地"。参考第二十九章"故物或行或随"、第五十三章"大道甚夷，而民好径"，调整为"物法地""故民或行或随""大道甚夷，而人好径"。三个字互相移位以后，全部通顺。"江南为橘，江北为枳"就是"物法地"。换句话说，无论是"人法地"还是"王法地"，从本质上来说，还是"物法地"。）

地法天：大地受天的制约且效法于天。

按：农业种植除了因地制宜（物法地）还必须配合天时，这就是"地法天"。

道：指天地之心。

《易经·复卦》："复，其见天地之心乎？"

天法道：天受心的制约且效法于心。

自然：心的本性、自性。

按：此"自然"不是我们现代意义上的"自然界"，而是指心的自性。我们所谓的社会科学，就是探讨心的自性的"科学"。万物、天地皆有心，皆有其自性。

道法自然：心受自性的制约且效法于自性。

按：1."道法自然"里的"道"和"天法道"里的"道"不完全是一码事。"天法道"的"道"是指狭义的"天的心"，是成熟的、完全智慧的心。完全智慧的心可以"治理"天地，可使天地呈现壮观、多彩的"规律"。

"道法自然"的"道"是人与万物之心，不完全智慧的心。不完全智慧的心可以表现为治理国家、治理事物、乃至雕虫小技，等等。道法自然，就是要受到万物自性的制约。

2.人与万物之心受到天地的制约，这是在"物法地，地法天"的范畴中，是指事物受到外在条件的制约。但是，除了外在制约，还有事物的自性制约，比如，尽管"江南为橘，江北为枳"，但绝不会在江北变成香蕉。

3.在满足基本的生命条件后，人心不受天地的制约。比如，有的人心情并不因为外在环境的变化而变化。所谓"不以物喜，不以己悲"。但是，人心智的成长，则受到自性的绝对制约。心的成长和生理成长不完全一致，乃至相差甚远。

4."道法自然"就是要追溯事物的初始，找到问题产生的根源。《中庸》："率性之谓道。"这里的"道"是升华后炉火纯青的技法、方法。比如，驯化狗，必须充分了解狗的习性，然后加以引导。对于人自身也是如此。

《论语·季氏》："孔子曰：'少之时，血气未定，戒之在色。及其壮也，血气方刚，戒之在斗。及其老也，血气既衰，戒之在得。'"

如上所论，皆为"道法自然"。

现在所谓"顺其自然"，不过是对"浑浑噩噩"的粉饰。如果是这样，就谈不上对任何动物的驯化，人的教育也毫无意义。

⑭ **以其终不自为大，故能成其大：**（因为君王做了很多贡献），并且始终不自以为大，所以成就伟大。

按：1.这句话同样呼应君主所谓"下德为之而有以为"。

2."是以圣人终不为大，故能成其大"与这句话差之毫厘，失之千里。

一方面，国君对于国家来说非常重要，这应该成为所有人的共识。

另一方面，国君本人明白自己很重要，但不能因此而骄傲、自以为大，而是要明白自己发挥好的作用不可思议，发挥坏的作用同样不可思议，因而要自我警醒、警钟长鸣。

政府与庶民的个体相比，无疑是强大的。但是如果像丛林那样恃强凌弱，那迟早会灭亡。所以，政府虽然强大，但不自恃强大，才能够成就伟大。对于世界而言，依旧适用。

⑮ **夫轻诺必寡信，多易必多难，图难于其易，为大于其细，故终无难矣：**

前一个"易"：轻视，把困难看得容易。后一个"易"：容易的地方。

图：画计难也。——《说文》

按：老子用"图"这个字，就已经表明了对困难的态度：要慎重，同时要有所谋划。

大：大事。

按：老子说的大事是建立执政为民的制度、治理国家。

图难于其易，为大于其细：谋划困难的事从容易之处做起，做大事从细节做起。

按：君主说："天下大事必作于细，天下难事必作于易。"

老子不说"作大于其细"。这就表明，人的行为、做法要有根据、有章法。

译文：

以上的见识，是道的表面文章，却也是愚昧的根源！所以圣人是要处在厚重坚实的位置，而不是处在薄弱的位置，要的是果实，而不是花朵。所以要去掉前面的见识，采用下面的理念：

心浑然而成，在天地生出之前就存在了。它的上面既不光明耀眼，下面也不阴暗晦涩，既没有声音也没有形体，不依靠任何外力而永不停息，循环运行而永不衰竭，我不知道它的名字，就把它尊称为"道"。"道"做事，唯有物我两忘。忘我忘物啊，其中有所规划；忘物忘我啊，其中有对应的实物；深远幽暗啊，其中有反复的提炼，寂静而空虚啊，物、象完成转化，这可以称作不可思议的母性。幽深的母性之门，是所有奇妙事物的门户，这里有真实可信的存在，就是不可思议的可无限推广且深入人心的德，这样的德很深、很远，和一般的事物正相反。所以，摒弃欲望以便审视奇妙的事物，有所欲望以便观察抄袭者的特征：有德的标准是努力建立契约，无德的标准是以统一的税收为是。其实这两种财富来源都是一样的，都取自庶民，只不过是名字不同罢了，都可以称作很玄，玄之又玄，可以作为天下之母。有了国母，才可以有国王，这可以勉强称为大。所以说，道是大的，天是大的，地是大的，君王也是大的。域中有四大，君王就占据了一个。万物效法大地、大地效法上天、上天效法天之心，心要效法自性。因为它自始至终都不把自己看得大，所以能成就他的伟大。轻易许诺必然导致失信，把事情看得太容易就必然有更多的困难，做困难的事从容易的地方开始，做大事从细节做起，所以最终就没有困难了。

圣人在天下歙歙，为天下浑其心，以辅万物之自然而敢为，是谓玄德。① 三十辐共一毂，当其无有，车之用。凿户牖以为室，当其无有，室之用。埏埴以为器，当其无有，器之用。② 朴散则为夸，使人复结绳而用之，③ 虚其心，实其腹，弱其志，强其骨。甘其食，美其服，安其居，乐其俗。子孙祭祀不辍，复归于朴。执大象，天下往。往而不害，安平泰。④ 故有之以为利，无之以为用。⑤ 是以圣人方而不割，光而不耀，真而不肆，廉而不刿。⑥ 是以圣人常善救人，故无弃人；常善救物，故无弃物。⑦ 知此两者亦稽式，是以圣人犹难之。常知稽式，常无欲，为无为，然后乃至大顺。⑧ 故从事于道者，同于道，道者亦乐得之；同于德，德者亦乐得之；同于失，失者亦乐得之，是谓玄同。⑨

注释及解析：

① **歙歙**（xī）：敛其心神，再敛其心神。

按："歙歙"有内敛心神的意思，也包含警醒之意，比"忧患之心"意义更为殊胜。同样，也比君主"人之所畏，不可不畏"更殊胜。河上公本作"怵怵"，意思就苍白了。

浑其心：心和自然浑然一体，不能脱离自然，无视自然。

以辅万物之自然而敢为：为了辅助万物的自然本性而敢于作为。

按：在充分自省、完全以道法自然为准则的前提下，要放开手去做。

（注：通行本第六十四章"……学不学，复众人之所过。以辅万物之自然

而不敢为"。初步整理后，前面说"圣人在天下歙歙"就有警醒和内敛之意，又说"以辅万物之自然"，这又是一重限制，事实上已经包含了不能胡作非为的意思，所以再说"而不敢为"，就显得过于拘谨，畏首畏脚。所以调整为："以辅万物之自然而敢为""学不学，不复众人之所过"。）

玄德：不可思议的德。

② **辐**：车轮中连接轴心和轮圈的木条。

按：古时代的车轮由三十根辐条所构成。此数取法于每月三十日的历法，也是"物法地，地法天"的体现。

毂（gǔ）：车轮中心的木制圆圈，中有圆孔，即插轴的地方。

当：田相值也。——《说文》

按：德者说："若使民常畏死，而为奇者，天之所恶。常有司杀者杀，是谓配天。"

这里的"当"字和"配"相呼应。下面的三个"当"均指"有"与"无"和谐相当。

无：指毂中间空的地方。

当其无有：使圆孔和轴相配。

车之用：才让车所用。

户：门。

牖：窗。

当其无有，室之用：实体配以合适的空，才有室的作用。

按：此为窗、门的空和墙体的比例和谐，才有室的作用。

埏埴：和土。

以为器：以便做成供人饮食使用的器皿。

当其无有，器之用：弄成合适的大小（空间），才有器的作用。

三十辐共一毂，当其无有，车之用。凿户牖以为室，当其无有，室之用。埏埴以为器，当其无有，器之用：

按：这里面有三个"当其无有"，都是要求"无"和"有"相匹配才有用。

并且，这三个"当其无有"的约束条件是不一样的。

1. 眼儿必须和轴严格相配，才能够使用，这里面有个硬性约束。

2. 门窗的大小没有像螺丝螺母那样的硬性约束，但是，门要适宜人出入。窗的大小比例要和居室相协调。至于怎样才是协调，或许就仁者见仁，智者见智了，这里就有一个主观的裁量。

3. 用黏土制作陶器，外在的约束就更弱，从大小来看，既可以做成品茶用的小酒盅，也可以做成饮驴用的大茶海，这里面的可裁量空间就更大。

③ **朴**：淳朴的精神。

夸：奢也。——《说文》。《正韵》："大也"。《谥法》："华言无实曰夸。"

按：夸，从大从亏。可训为"自己有亏欠，却要办大事"。不自量力，有强烈的虚荣心。

朴散则为夸：因为朴实的精神散失了，人就会华而不实。

按：1."朴散"大致相当于君主所说的"智慧出"。

2.《庄子·天下》："道术将为天下裂。"朴散，相当于精细的专业分工，且不同的行业不相往来，也相当于诸侯割据，等等。

3."则为夸"呼应君主所谓的"忠臣"。翻译成现代语言就是，有些人为了做官不择手段，做官之后，唯领导是从，领导说的话不管对错，一律赞歌高扬。

4. 道者说："……始制有名，可名为大。""夸"与"大"相呼应。

5. 德者说："不尚贤。""夸"与"尚"相呼应。德者说："善复为妖。""为夸"与"为妖"相呼应，但比"为妖"轻得多。（这就又与君主所谓的"为之于未有，治之于未乱"相呼应。）

6. 失者说："……富贵而骄，自遗其咎。……多藏必厚亡。""夸"与失者描述的奢侈生活相呼应。

（注："朴散则为夸"通行本第二十八章作"朴散则为器"。这与"埏埴以为器，当其无有，器之用"相矛盾。并且，制造器物需要聚精会神，跟"散"没有任何关系。没有任何技术指导，就说"朴散则为器"根本就是不

知所云。换个角度来讲，即便是朴实的精神散了，也可能处处搞破坏，未必成为"器"。参考第五十三章"是谓盗夸"。《韩非子·解老》："大奸作则小盗随，大奸唱则小盗和。竽也者，五音之长。故竽先则钟瑟皆随，竽唱则诸乐皆和。今大奸做则俗之民唱，俗之民唱则小盗必和。故曰：服文彩，带利剑，厌饮食，而资货有余者，是之谓盗竽矣。"《韩非子·解老》引为"盗竽"。尽管韩非的解释也是不知所云，但至少说明，韩非子没有"盗夸"这个概念。今调整为"朴散则为夸"和"是谓盗器"。《荀子·仲尼》："贵而不为夸"与"朴散则为夸"可互为参考。)

结绳： 不一定意味着"记事"。

按：《易经·系辞下》："上古结绳而治，后世圣人易之以书契，百官以治，万民以察。盖取诸夬。"这段话被看作"结绳记事"的原始资料。许慎《说文解字序》："及神农氏结绳为治，而统其事。"

"结绳"可以记事，但并不意味着"结绳"只能用来记事。《易经·系辞下》："做结绳而未罔罟（wǎng gǔ），以畋以渔。"这就说明，结绳不是专门用来记事的。

使人复结绳而用之： 让人反过来把他用绳子捆起来并让他做事。

按：1."结绳而用之"是把人捆起来并使之劳动，这是对浮夸之人的用法。下文"圣人用之，则为官长"是对贤人的用法。

2.德者面对严重不法分子主张"常有司杀者杀"。

老子认为，人的朴实精神散失了就处于犯罪的边缘，在法律（刑法）审判之前可以有道德（礼法）审判。

3.君主说："吾得而杀之。"这是亲自动手执行死刑；老子不主张圣人亲自动手把人捆起来。

④**虚：** 大丘也。昆仑丘谓之昆仑虚。（丘：土之高也，非人所为也。）——《说文》

心：《礼记·大学疏》："总包万虑谓之心。"

虚其心： 使受管制之人的内心清虚，按现在的说法是使受管制之人的心量广大。

按：1. 受管制之人往往是"智者"，所以要"虚其心"，让他懂得谦卑，懂得敬畏。

2. 因为"心"总包万虑，所以"虚其心"，当指使思虑减少。

君主和道者都提到"信不足焉，有不信焉"。人与人之间如果没有信任，就会多出太多的操劳，思虑必然增多。在社会分工下，你在你的专业领域欺骗很多人，很多人又在各自的专业领域来欺骗你。所以，人就会活得相当辛苦。所以，欲使思虑减少必定要以诚信为本。

再如，如果税赋太重，肯定会产生怨气；在税收的时候，如果没有量具，很容易说不清道不明，这时也会产生很多纠纷和怨气。由此看来，要想"虚其心"，必须在税负（国债）上公平、合理而又能做到因地制宜。唯有如此，才可以以理服人。

志：《说文》无。《诗序》："在心为志。"《广韵》："意慕也。"《仪礼·大射仪》："不以乐志。"《注》："志者，意所拟度也。"《礼记·少仪》问卜筮曰："义欤（疑问语气词），志欤？义则可问，志则否。"《注》："义，正事也，志，私意也。"——《康熙字典》

按：1."心"包含"志"。"志"是对自己乃至对他人的情感、欲望、思维、行动进行控制并且具有目标的一种心理动机。和一般的欲望不同，志向具有长远性以及充分的理性。

2. 这里的"志"也有仇恨的意思，诸如"视君为寇仇"等。

弱其志：使受管制之人的仇恨心、嫉妒心、狂妄心得以弱化。

按：不能望文生义理解这三个字。事实上，"弱其志"并不是件容易的事。

1. 在治国的方法中体现管理者意志的：

君主："民不畏威，则大威至，……吾得而杀之。……绝巧弃利，……绝仁弃义，……绝圣弃智，……"

毫无疑问，君主的做法是针尖对麦芒。后果是必定激起人民的反抗。

2. 试图弱化人意志的（大事化小等）：

道者："俗人察察，我独闷闷。"

德者："报怨以德。"

失者："夺而悦之，不如其已。"

综上几种策略，大都会引起另一后果，就是纵恶。

3. 君主、道者、德者、失者所涉及的人情感的概念：

君主："罪莫大于可欲。""人之所畏，不可不畏。""使夫智者不敢为也。"

道者："我独闷闷。""天下莫能臣也。"

德者："天之所恶。""不尚贤。""是以天下乐推而不厌。"

失者："天下多忌讳。""富贵而骄。""不贵难得之货。"

4. "虚其心"是讲理；"弱其志"则是讲情，所谓通情达理。

国家让受管制之人心中没有仇恨、没有邪念、没有害人之心，因而成为可用之才，而不是让人精神空虚，迷迷瞪瞪，魂不守舍，六神无主，一天到晚无事生非。

强其骨：使受管制之人骨骼强健。

按：1. 怎样让受管制之人的筋骨强健？

有人说，这还不简单，锻炼身体呗。

可是你抬眼看看，现在还有多少人锻炼身体？多少孩子变成胖墩儿或者豆芽菜，多少人大腹便便，骨质疏松、腰椎间盘突出？

失者说："五音令人耳聋，五味令人口爽，五色令人目盲，驰骋畋猎令人心狂……"所以，那些有才无德的人可能体格并不好。在受管制期间，不能搞垮他的身体，而要使之更强健。

2. "强其骨"，必定是一个较为长期的过程。作为"配套"措施来看，"弱其志"也不是一蹴而就的事。同理可推知，其他一切劳教措施都是一个较为漫长的过程，所以，这都需要磨炼受管制人员与管理者的耐心。

3. 综上，"虚其心，实其腹。弱其志，强其骨"应该是最早的劳动改造思想。所以，受管制人员也可称为劳教人员或劳改人员。

甘其食：河上公注：甘其蔬食，不渔食百姓也。

按：1.河上公说得简单，食物甘美，并不是仅仅生活富裕就可以的。试想：如果一个家庭，家庭成员连个会剥鸡蛋的都没有，你让他们的食物如何甘美？

2.一方面，老子认为，劳改人员的伙食也不能太差。另一方面，劳改人员觉得粗茶淡饭也别有一番滋味。

美其服：河上公注：美其恶衣，不贵五色。

按：河上公的注解在理。

老子认为那些浮夸的人审美有很大问题，比如"服文彩，带利剑"，按现代的说法就是奇装异服，甚至以丑为美。老子教导他们要有朴素的审美观。

乐：喜欢。

安其居，乐其俗：河上公注：安其质朴之俗，不好纹饰之屋。

按：1.浮夸的人原有的住宅可能高大奢华，受到管制以后，不能使之流离失所，要使其住所安适。

2.道者所谓的"俗人"完全是贬义。老子认为，如果没有浮夸风，质朴之俗理应被乐见。

综上："虚其心，……乐其俗"都属于国家教育的范畴。

辍：车小缺复合者。——《说文》。段注："小缺而复合，则谓之辍。"

按："辍"的本义是"车有小的毛病，然后修复"，后来引申为"停止""废止"之义。"不辍"，即意味着"不废止"。

车有小毛病，经过修复，可以继续行驶。但是，在修复的时候，车肯定要停下来。如果据此就认为车"报废了"，显然是"断章取义"。后人理解"辍"字，就是只看见车停了，而没有看见修复，也没有看见修复后的车能继续行驶。当然，如果没有会修车的师傅，车也就只能停下来，甚至报废。

德者引用的"天地不仁，以万物为刍狗"就是仅仅取天地属性的微乎其微的一小部分，至于天地的"好生之德"就完全视而不见了。

子孙祭祀不辍：子孙祭祀也不懈怠。

按：老子不说"百姓祭祀不辍"而说"子孙祭祀不辍"，表明以下几层含义：

1.经常听说有用"童男童女"祭祀的现象。老子说"子孙祭祀不辍"，这是提出了当时的"儿童保护法"。父母或长辈失去人身自由，和子女无关，所以，株连九族就更无从谈起。这就不是"绝仁弃义"。

2.因为长辈被劳教会失去自由很长时间，子孙可能由国家和社会抚养，这也是慈的表现。祭祀需要传承。子孙祭祀，就是加强孝道的教育。

（注："子孙祭祀不辍"通行本作"子孙以祭祀不辍"。参考第七十九章"是以圣人执左契，而不责于人"。调整为"子孙祭祀不辍""是以圣人执左契，而不以责于人"。）

复归于朴： 返璞归真。

执： 本义是抓捕罪犯，这里取其色彩。

大象： 天子之礼乐征伐之象与现实世界之象的统一。

《书·舜典》："象以典刑，流宥五刑，鞭作官刑，扑作教刑，金作赎刑……流共工于幽州，放欢兜于崇山，窜三苗于三危，殛（jí）鲧于羽山，四罪而天下咸服。"

"象以典刑"是刻画几种常见的刑罚。这些刑罚并非象征性的，而是真实的肉刑。老子认为刑罚也须刻画成象，必须彰示必要的刑罚。因为庶民的文化水平有限，不能识文断字，所以把刑法绘成图也是必需的，以起警示作用。（商朝时的青铜器就有很多有关惩罚的纹饰和造型。）

执大象： 把握大象。

按：老子用"执"字，表明以下几点：

1.道者说的"古之道"也是"象"，这是经过众人之口的"象"。"今之有"指现实世界。"执古之道"就暗含着对众人说的方案进行审查。

"执大象"意味着对天子的命令、刑罚不能无条件、机械地执行，而应该由人性的良知来判断。《孙子兵法·九变篇》："君命有所不受。"这并非要造反，而是要根据现实，以取得战争胜利。

《论语·季氏》："孔子曰：'天下有道，则礼乐征伐自天子出；天下无道，则礼乐征伐自诸侯出。'"

老子认为，"执大象"并不意味着对抗天子。必须维护天下的统一，所以要执"天子礼乐征伐之象"。这是大前提。

2. 失者所引用的"天网恢恢，疏而不失"的根本前提是：法律本身是合理的、公平正义的，并且必须配以能力高超的执法和司法。能牢牢把握宏观态势，对那些容易受到伤害的环节了如指掌，所谓胸有成竹是也。所谓管控大局，其本质就是对破坏因素、捣蛋分子了然于胸，随时就可以把害群之马抓出来。

与之相反的则是为了抓捕一个小偷而满城戒严。或许有的智者确实比较坏，但是因为个别的坏蛋，而采取极端的"绝圣弃智"，就是惰性执法。如果法律本身就是恶法，再加上惰性执法，"天网恢恢，疏而不失"就无从谈起，"天下多忌讳"则成为必然。

3. 必须维护好安定团结的局面，如果有人破坏，必须绳之以法，以免形成"破窗"局面。

天下往：天下人有来有往。

按：天下人的来往并不是闲得没事走街串门，这必然会带来贸易。

安：静也。——《说文》

安平泰："平安泰"的倒装。

按："平安"一词古已有之。《周礼》："有六梦，一曰正梦，谓无所感动，平安而梦也。"

《韩非子·解老》："人无智愚，莫不有趋舍；恬淡平安，莫不知祸福之所由来。"

泰：滑也。从廾从水，大声。夳，古文泰。——《说文》。段注："滑也。此以叠韵为训。字从水。水在手中。下溜甚利也。……滑则宽裕自如。故引伸为纵泰。……又引伸为泰侈。"

按：泰（𤰇）：从大从双手从水，会意。指人在做双手漏水的游戏。

能够做双手漏水的游戏说明心态安闲。

君主说："……其安易持。……鱼不可脱于渊……"这是不主张人员的流动。

老子认为，即便人员流动，如果管理得力，仍然可以天下太平。

（注："泰"，通行本第三十五章作"太"，傅奕本作"泰"。参考第二十九章"是以圣人去甚，去奢，去泰"。孤立看都可说通，但调整后，含义显示得更准确，与上下文呼应更紧密。）

⑤ **有之**：庶民之生产。（也可指已经发生的惩罚。）

以为：以便。

利：铦（xiān）也。从刀。和然后利，从和省。《易》曰："利者，义之和也。"（和：相应也。）——《说文》（义：宜也，裁制事物，使各宜也。——《释名》。）

按：1."利"，从和从刀，象征工具的有效运用。

2."和然后利"，只有螺丝和螺母相配合才能发挥作用，推而广之，只有和谐相应才会发挥效用。先民造"利"字，没有一点损人利己的意思，是我们今人对"利"的概念认识太狭隘。

无之：因为分工，庶民在某些方面没有生产。（也可指尚未发生的惩罚。）

用：可施行也。从卜从中。——《说文》

按："用"的本义是"废物利用"。

无之以为用：令之有空间以便使用。

按：空间这个"东西"看似无用的"废物"，所以称之为"用"。

故有之以为利，无之以为用：使庶民的生产为社会造福利，庶民不生产也可以拉动内需。

按：1.这句话不能简单理解为："'无'发挥'无'的作用，'有'给人便利。"菜刀可以切菜，也可以伤人，所以，"以为"包含了主观动机，出发点就是为了"有利"和"有用"。国家允许庶民富有，要以有益于社会为根本；而不是养虎为患，成为惠民政策的阻力。

失者说："驰骋畋猎。"明知田里不能打猎还要为之，就是动机恶劣。

失者说："虽有舟舆无所乘之。"这其实是浪费资源。

"无之以为用"肯定是世界上最早的需求经济学理论。因为分工使得每个人都有所不足，而这种需求正可以匹配生产者。

结合上文"当其无有"，我们会发现这就是国家计划经济的雏形。

2.把一些带头浮夸的人"绳之以礼法"，配以适当的惩罚，这是已经发生的惩罚，是为了惩前毖后，也是"有之以为利"。（注：浮夸的人还不是罪人。）

"执大象"是彰显刑罚，但这刑罚尚未发生，是为了维护秩序，这就是"无之以为用"。

⑥**方**：并船也。象两舟省，总头形。——《说文》。段注："方舟为大夫之礼。"

按：《周礼·地官·司救注》："救，犹禁也，以礼防禁人之过者也。"所以，"方"象征以礼禁人非。

割：剥也。——《说文》。段注："割谓残破之。"

按："割"，在这里侧重于形容与法律有关的事宜。

《论语·颜渊》："子曰：'片言可以折狱者，其由也与？'子路无宿诺。"

《庄子·养生主》："良庖岁更刀，割也；族庖月更刀，折也。今臣之刀十九年矣，所解数千牛矣，而刀刃若新发于硎（xíng 磨刀石）。"

从庄子所说可以看到"割""折""解"是三个技术层次。所以，"片言可以折狱"，也可能是批评子路心急气躁。

方而不割：以礼禁人非，而不随便治狱。

按：1."方"与"割"是相对应的两种方法。"方"类似于"方以类聚"，"割"类似于"物以群分"。

《易经·系辞上》："方以类聚，物以群分。吉凶生矣。"志同道合的人喜欢聚会在一起，这是人的本性使然。根据人相同的志向让他们聚在一起，不同的事物各自聚在一起，自然就有了分别。所以，"方以类聚"为"道法自然"是为吉。

分：别也。从八从刀，刀以分别物也。——《说文》

"群"是一个空间性概念而非内涵性概念。除了羊群、狮群等，并不是所有的物种都是群居，都可以"以群分"。原始森林物种丰富，一个"群体"里面可以有不同的种类。人是群居动物，但是，每个个体的差异极大。比如，一个村庄里面就会有各种各样的人。君主所谓"邻国相望，鸡犬之声相闻，民至老死不相往来"就是让这一群人和另一群人永久分别，这就是"物以群分"，是为凶。

道者说："……故大制不割。"这是加强中央的管理。

"方而不割"，就是指圣人占有领地，但并不割据。这种占领只是便于管理，说明地方和中央要有纽带。所以，对于各方诸侯而言，"方而不割"就是要给地方一定的自主权，但是不能和中央隔裂，不能脱离中央管辖。"以礼防禁人之过者"可避免大刑甲兵。

光：精神焕发，有光彩，不萎靡，给人带来光明，属于无意识。

耀：炫耀，属于有意识。

光而不耀：有光彩而不炫耀。

按：君主说："绝圣弃智。"老子在此呼应。圣人神采奕奕，是为了辅助君主，而不是抢君主的光芒。（抢君主的光芒往往两败俱伤。）

方而不割，光而不耀：此为"善救人"。

真：仙人变形而登天也。——《说文》

按：圣人制作器物，原材料会变化，但是这种变化是为了有益于生活，因而圣人是真诚的。

肆：肆意妄为。

真而不肆：圣人虽然能化腐朽为神奇，但不会肆意妄为。

按：1.有时候工匠也会臆造出不伦不类的东西。所以老子指出，圣人要有自觉性和自我约束力。比如做茶杯，不会因为没有约束，就把茶杯做成饮驴用的蠢物。

2.以现在的中国社会而言，非常多的考核都停留在"三十辐共一毂，当其无有，车之用"这一层次上——螺丝和螺母可以相匹配，这就是标准化。考核必须有严格的、无关乎主观意识的考核标准，所以各种计件制度应运而生。比如，评职称要在什么样的期刊上发表多少篇论文。一旦没有硬性考核标准，就会有各种妖孽丛生。

再高一层次的境界，比如审美，约束就没有螺丝螺母那么严格，就完全失掉了标准。所以各种各样的奇装异服、涂抹书画、靡靡之音都如雾霾污水地沟油一般肆虐无情。

（注："真而不肆"通行本第五十八章作"直而不肆"。本篇内容的一个宗旨是"真"，而《明孔德》篇的一个宗旨是探讨道路的曲直。并且，如果仅仅要求圣人"性子直""不放肆"，那未免过低了。参考第四十一章"质真若渝"。"质"无所谓真假，但有曲直。今"直"和"真"互换。调整为"真而不肆"和"质直若渝"。）

廉：庂（zè）也。（兼：并也。从又持秉。）——《说文》

按：《说文》对"廉"的注解有些突兀。"廉"从广从兼，或与保存稻谷有关。可取引申义：廉洁、考察。

刿：利伤也。——《说文》

按："刿"的本义可能是"伤害一岁的收成"。

廉而不刿：妥善保存粮食，以免损害一年的收成。

按："真而不肆，廉而不刿"对应"善救物"。

⑦ **"救人"的"救"**：禁止。

按：把人捆起来并且让他劳作，并非为了侮辱，也不是单纯为了惩罚而惩罚，更不是为了满足自己的私利，其最终的目标是救人。当然，后面还有一系列配套措施，这就是恩威并施。

"救物"的"救"："废物"利用。《博雅》："助也"。

按：如果没有天下人的往来，就必然没有贸易，没有贸易，有些地方的物产就会过剩，而另外一些地方却缺少这种物产。

⑧ **知**：《玉篇》："识也，觉也。"

此两者：指"常善救人，故无弃人；常善救物，故无弃物"。

亦：也是。

稽：《韵会》："考也，计也，议也，合也，治也。"

式：法也。——《说文》

稽式：考察审计式效法。

按：《孟子·公孙丑下》："使诸大夫国人皆有所矜式。""矜式"，汉·赵岐注："矜，敬也；式，法也。""矜式"，可理解为敬重地效法。

知此两者小稽式：认识"常善救人，故无弃人；常善救物，故无弃物"也是考察审计式效法。

按：这里谈的是"知……"的本质，是如何"获得知识、经验、感悟"，这就是教学相长。"常善救人，故无弃人；常善救物，故无弃物"不是仅仅作为书本知识的存在，而是要经过实践，考察性效法，使之成为现实。

比如，在晋惠帝的时候，发生饥荒，有很多庶民饿死。晋惠帝就很惊讶："何不食肉糜？"

晋惠帝并没有认识到，肉糜对庶民来说，可能都没听说过。

（注：《龙兴观碑》无"知"字。高亨《老子正诂》："王本'知'字涉下文衍。"）

是以圣人犹难之：所以圣人也会觉得困难。

按：1.从经济学角度来看，面对经济危机，就有生产过剩和需求不足的两种基本理论。现代人都觉得很困难，这种困难是客观存在的，必须足够重视。

2.无论救人还是救物都充满困难。

常知稽式：平常加深认识、理解"考察审计式效法"。

按：这是说平时要对"稽式"加强认识、理解。这是更高层次的认识。古人谓之"教学相长"。效法的过程也是学习的过程，要体悟如何学习，要知其然，更要知其所以然，没有质疑就没有信任。

常无欲：平常没有私欲、贪欲。

按：这是说如何认识"稽式"：考察审计式效法不能有私欲。

为无为：分工协作。

按："朴散"是只有分工而无协作，各自为政；个体效益以牺牲社会效益为代价。

乃：曳词之难也，象气之难。——《说文》

顺：和顺。

然后乃至大顺：然后到达非常和顺的境界。

按：这可指圣人的修养，并且达到非常和顺的境界也很难。

《论语·为政》："子曰：'吾十有五而志于学，三十而立，四十而不惑，五十而知天命，六十而耳顺，七十而从心所欲，不逾矩。'"孔子这段话可以作为"大顺"的完美注解。下面就是老子所谓的"大顺"。

⑨ **事**：职也。——《说文》

从事于道者：从事治理国家工作的人。

按：这句话表明治理国家不过是一种职业，与别的行业相比，只是分工不同。

同：和会也。——《说文》

乐得之：欢迎。

玄同：不是完全一样，但是秉持的精神一样——都是为了国家。

故从事于道者，同于道，道者亦乐得之；同于德，德者亦乐得之；同于失，失者亦乐得之，是谓玄同：

按：因为圣人"辅"万物，所以，圣人是配角。"从事于道"是分工，"同于道""同于德""同于失"，是与这三者合作，并且是辅助三者工作。圣人因为达到了"大顺"的境界，所以会从谏如流，所以就会受到欢迎。

道者、德者、失者的"乐"是因为自己的工作得到肯定，自己的不足得到了指正。

译文：

圣人时刻保持警醒的头脑，根据万物的自然条件辅助其生长，而敢于放手去做，这就是不可思议的德。三十根辐条安在一个车毂上，使圆孔和轴相匹配，所以才被车所用。凿了门窗才成为居室，（门窗）配以合适的空档，才被室所用。糅合黏土做成器具，弄成合适的大小（空间），才有器的作用。朴实的精神散了，就会华而不实，让人把他捆起来并使之劳动，（通过教育）让他们内心清虚，让他们腹部充实。减弱他们的争斗心，增强他们的筋骨体魄。让他们感到食物香甜可口，感到衣服很美丽，感到居所也很安适，满足于自己习俗的快乐。他们的子孙祭祀不会懈怠，又回归真朴。着眼于管控大局，天下的人都能够相互来往；来来往往都不会相互妨害，从而达到平安昌泰的境界。所以，人们生产以使社会都有利，人们不生产以便消费他人的产品。所以圣人占有领地却不割据一方；神采奕奕而不炫耀自己；能化腐朽为神奇但不肆意妄为；可以通过妥善保存而免于损害一岁的收成。所以圣人经常善于以礼防禁人有过失，所以就没有人会被放弃；经常善于利用物材，也就没有废弃的东西。认识这两点，也是考察审计地效法（这两者）。所以圣人也会觉得困难。常加深认识、理解"考察审计式效法"；常没有私欲，有分工有协作，然后到达非常和顺的境界。所以从事于道的人，和有道的人合作，有道的人也乐意接受他；同有德的人合作，有德的人也乐意接受他；和"放纵"之人合作，"放纵"之人也乐意接受他，这就叫作高深微妙的玄同。

　　圣人无常心以百姓心为心，百姓皆注其耳目，圣人皆孩之，是谓玄德。[①] 上仁为之而无以为；上义为之而有以为；上礼为之而莫之应，则攘臂而扔之。[②] 夫唯无以生为者，是贤于贵生。其不欲见贤，是谓不争之德，以其不争，故天下莫能与之争。[③] 圣人用之，则为官长。[④] 民之难治，以其上之有为，是以难治。[⑤] 民之饥，以其上食税之多，是以饥。民之轻死，以其上求生之厚，是以轻死。民不畏死奈何以死惧之？[⑥] 是以圣人欲不欲，不贵难得之货，使民不为盗。学不学，不复众人之所过，使民心不乱。[⑦] 为学日益，为道日损，损之又损，以至于无为，无为而无不为。[⑧] 是以圣人执左契，而不以责于人。[⑨] 故圣人云："我好静而民自化，我无为而民自正，我无事而民自富，我无欲而民自朴。"[⑩]

注释及解析：

① **无常心：** 不固执己见。

百姓： 百官。

以百姓心为心： 以百官之心为己心。（百官与圣人一条心。）

按：1. 道者说："其政察察，其民缺缺。"

道者认为，看到俗人的眼睛就可以洞悉心灵及始作俑者——高层官员。并且认为，官员对庶民察之过细，会导致庶民性格猥琐等。老子在这里表明，圣人要想百官之所想，要对百官的思想活动了然于胸。（但并不一定如百官那样想问题，也非欲百官之所欲。）

失者说："揣而盈之。"就是揣摩官员和庶民的心理。老子认为，了解官员不能靠揣摩，也不能靠"察察"，而是要实打实、开诚布公地沟通。如果不和百官诚恳地沟通，怎么能够"以百官之心为心"？

2.《论语·卫灵公》："子曰：'无为而治者其舜也与？夫何为哉？恭己正南面而已矣。'"老子认为治理国家必须和百官沟通。如果仅仅"恭己正南面"，甚至躲在深宫不出来，就想"无为而治"，是根本不可能的。

3.《中庸》："子庶民。"就是把庶民当作孩子。尽管为官者基本上都做不到"爱民如子"，但是自古以来"爱民如子"这个概念还是深入人心。很多注解也都认为，老子希望统治者把庶民看作孩子一样。但是这样一来，就把官员晾到一边去了。如果官员和圣人离心离德，吃苦受难的还是庶民。所谓神仙打架，凡人遭殃。况且，在古代，庶民阶层往往受教育层次很低，如果说圣人以庶民的心为心也是不可能的。

治理天下，首先就需要君王和臣子上下一心，而不是搞对立。可是，如何是君王与臣子一条心呢？难道是官官相护有牵连吗？难道都是想着团结一心盘剥庶民吗？下面老子就提出一条标准。

注： 关注。

皆注其耳目： 都关注自己所听所视。

按：贵族百官都关注自己的视听，比如锦衣豪衾、声色犬马，等等。

孩：小儿笑也。——《说文》

按：小儿闻过而羞而笑而改。

孩之：让他们像孩子那样闻过而羞而笑而改。

玄德：不可思议的德。

圣人无常心以百姓心为心，百姓皆注其耳目，圣人皆孩之，是谓玄德：

按：老子的这段思想非常精深。老子深知，治国就是治官。但是如何治官？

1."皆"字表明，对百官要一视同仁，而不是眼睛里只有一两个宠臣。

2.老子看到了贵族百官的糜烂生活；同时也看到在糜烂的生活中，贵族百官并不快乐。老子希望官员能够像小孩儿那样闻过而羞而笑而改，能够做到这样就是不可思议的德。

②**上仁：**尊崇仁德之人。

为之：和百官沟通，让他们像孩子那样闻过而羞而笑而改。

无以为：没有告诉自己"要把百官当作孩子看（以包容）"。

按：梁漱溟说，"乐"是孔子生活之中最显著之态度。所以，对于仁者而言，快乐就是天性。

《孟子·离娄下》："孟子曰：'大人者，不失其赤子之心者也。'"

在老子看来，上仁之人对待百官就是要让他们恢复赤子之心，而不是"把他们看作小孩子"。并且，不以为这是在做善事，只是出于本性而已。

上义：尊崇威仪之人。

为之：和百官沟通，让他们像孩子那样小儿闻过而羞而笑而改。

有以为：心里告诉自己"要把百官当作孩子看（以包容）"。

尊崇威仪之人会让百官心生畏惧，所以和百官沟通可能会觉得有些障碍。

按：1.当与人发生矛盾时，经常会有人说，你不要跟他一般见识。"难道狗咬你一口，你还咬狗一口吗？"这是把不可理喻的人比作狗。或许只有这样，才能平息人的怒气。

2. 普通人会觉得，百官有各种狡黠、歪心眼儿、坏心眼儿，怎么会和小孩子一样笑呢？

上义之人大概是不苟言笑；或是觉得自己不够幽默，难以让官员发出孩子般的笑声。在这一过程中，或许会"让自己把百官看作孩子"。心里也以为是在做善事，这就是"有以为"。

《墨子·贵义》："万事莫贵于义。"

《墨子·兼爱中》："子墨子曰：'视人之国，若视其国。视人之家，若视其家。视人之身，若视其身。'"墨子的兼爱，就是"有以为"。

上礼：尊崇礼的人。

为之：和百官沟通，让百官发出孩子般的笑声。

莫之应：没有人响应。

攘：推也。——《说文》

扔：因也。——《说文》

攘臂而扔之：因为得不到回应所以伸出胳膊推他加以引导。

按：1. "攘臂而扔之"为"扔之而攘臂"的倒装用法。

2. 可能在老子的时代，称负责祭祀的官员为"上礼"。或许在人们的认识里，"上礼"就得温文尔雅，怎能用强迫的手段呢？根据上文可知，老子首先肯定祭祀的重要，面对重要的事情，就不必过分在乎个人形象。那种为了维护自己"上礼"的形象，而导致祭祀荒废的人，才不可原谅。

③ **生：**进也。——《说文》

按：这里指升迁。

贤于：比……更贤。

按：这里的"贤"，是人流露（注：不是表现）出来的一种情状，具有人格意义。

道者说："大曰逝，逝曰远，远曰反。"

经过历史的洗礼，"贤"的本义不再保留，只是形容美好的品德，最终成为彻底的褒义词。

夫唯无以生为者，是贤于贵生：和百官沟通不是为满足自己升迁的人，比那些以升迁为贵的人更为贤良。

按：1.上仁、上义、上礼，乃是贤良的基本指标。但是仅有这三点还不够，关键是这些人是否以自己的升迁为目的。

2.动机的善和结果的善是西方哲学的两个问题。

老子更强调动机的善。国家制定法律，必须首先出于动机的善。

动机的善本身就包含出发点与现实可行性方法的契合。如果一个人的动机根本就不切实际，怎么能说是善的呢？好的动机会给人努力工作的动力，进而会找到好的解决方案并得到好的结果。

见（xiàn）：表现。

贤：多才；多财。

按：1.这些人不会表现出自己很能干或者很斯文的样子。（很多收税的官员为了完成君主搜刮民财的使命，使出浑身解数，为的就是表示自己很能干，而不顾庶民死活。）

2.这些人当然也不会炫耀财富，或者没有财富可以炫耀。

其不欲见贤，是谓不争之德，以其不争，故天下莫能与之争：

前两个"争"：引也。——《说文》，后一个"争"：竞争。

按：1."扔"的本义是"引"，"争"的本义也是"引"，但是并不妨碍有"不争之德"。

2.能够让官员发出孩子般的笑声，说得容易，做起来可不容易。但是正如东晋卫夫人所说，"取法乎上，仅得其中，取法乎中，仅得其下"。

老子定下一个理想的目标，但是并非要求官员们能够不折不扣地完成，如果用高压手段一定会适得其反。所以，心里有这个目标，而没有私心，即便没能让官员像赤子那样闻过而羞而笑而改，也很好了。

④圣人用之，则为官长：圣人起用这个人作为官长。

按：老子可能并不看重"民主"，反而更看重治国者的自身修养。一方面君主要善于发现并任用贤能；"圣人用之"，首先就要"看"，进而"看到"贤良的本质。在另一方面官员自己却"不欲见贤",不显耀,不争功。这就提出了君主和官员的自觉性,是一种良性的互动。

⑤ **有为:** 诸如"绝圣弃智""其政察察""狎其所居""驰骋畋猎""金玉满堂""富贵而骄",等等。

民之难治,以其上之有为,是以难治: 庶民之所以难以治理,因为统治者胡作非为,所以难以治理。

按:君主说:"民之难治,以其智多。"老子没有正面否定,而是进一步指出治国者"智多"的本质是用尽心机,胡作非为。

比如,考察不是为了考察项目本身,而是为了索贿、炫耀、颐指气使等。官员受了上级的气,会变本加厉地发泄到庶民身上,庶民当然也会有样学样,大鱼吃小鱼,最终难以治理。

⑥ **食税:** 吃掉的税收。

按:税收,其本质是国家和庶民的契约,取之于民,用之于民。"食税",则完全不是这样。统治者收税不是为人民服务,而是把税收全吃掉了,导致民不聊生。

民之饥,以其上食税之多,是以饥: 庶民吃不饱,是因为统治者把税收都吃掉了,并且吃得很多,所以庶民吃不饱。

按:失者引用说:"天下多忌讳,而民弥贫。"此观点很有避重就轻之嫌。

生: 进也。——《说文》

求生: 祈求升官。

求生之厚: 官员追求升迁的花费过于丰厚奢侈。

民之轻死,以其上求生之厚,是以轻死。民不畏死奈何以死惧之:

按:1.虽然没有明确的史料记载在老子的时代就有卖官鬻爵的现象,但是花钱买官确实可能是当时选拔官员的一种"制度"。德者说:"不尚贤。"即是说,选拔官员不崇尚钱财,不能卖官鬻爵。

2.庶民轻视死亡和官员追求升迁花费过于奢侈有什么关系呢?

官员升迁的花费,必定出在庶民身上。如果单纯为了自己生活的奢侈,也许盘剥庶民还没有那么强的动力，但是如果有送礼的需求，盘剥庶民就会底气十足（因为有人撑腰），进而变本加厉，直至民不聊生。

3. 老子认为，庶民所有的问题都是上层社会造成的。因为庶民已经不怕死了，根本就无所谓什么"常畏死"。你以死来威胁他是没有意义的。

⑦ **欲不欲**：有所欲，有所不欲。

贵：以……为贵。

货：商品。

不贵难得之货：不以难得的货物为贵。

按：失者说："圣人为腹不为目，不贵难得之货。"老子这里用"货"，而不用"物"，同样说明和市场活动有关。

使民不为盗：这样可以使庶民不盗窃。

按：1. 这就是有所欲。

2."使民不为盗"真的这么容易吗？

是的。比较困难的是：上层社会不崇尚难得之货。崇尚难得之货，一方面激发人无节制的物欲，另一方面导致谷贱伤农。这两者都是引发偷盗的根源。靠严刑峻法不过是缘木求鱼。

学不学：有所教，有所不教；有所学，有所不学。

按：郭店甲组简文作"教不教"。这里也可以理解为"教不教"。因为教学相长，也可以理解为"学不学"。

复：重复。

过：过错。

按：德者说："……天之所恶。"恶，过也。因为有过错而被人厌恶。

众人：别于道者所谓的"众甫""俗人"。

按："众甫"是美誉式称谓；"俗人"是贬低式称谓；"众人"无关美誉和贬低。

不复众人之所过：不让众人重复过错，自己也不重复众人的过错。

使民心不乱：这样就可以使庶民的心保持不乱。

按：1.众人如果有过错，及时给予纠正，不让人在错误的道路上越走越远，以免"人之谜，其日固久，正复为奇，善复为妖"。

2.众人犯错了或许并不可怕，但是如果圣人也重复众人的过失，众人就会迷惑了，乃至人心就乱了。"你看，连圣人都学着这样做，我又有什么不可以的？"

民心乱乃是社会乱的前兆。

（注："不复众人之所过"通行本第六十四章作"复众人之所过"。参考同一章节"以辅万物之自然而不敢为"。调整为"不复众人之所过"和"以辅万物之自然而敢为"。）

⑧ **为学**：办教育；学习。

日益：越来越增益，即人的觉悟越来越高。

为道：治理人心。

日损：治理人心越来越省力。

按：人心越来越清净。

无为而无不为：在政治上虽然无为，但是没有做不成的。

按：1.只有内心清净才可治学。

2.并不是对教育的投入越来越多，维护治安就越省力。老子指明，办教育增加投入是必需的，但是增加投入也不能仅仅是富了少数人，要真正使社会得到效益。

3.君主绝不可事必躬亲。国家的大事小事都由专人办理，并且很圆满，这才是无为而无不为。

⑨ **执**：捕罪人也。——《说文》

契：大约也。——《说文》

按：《明常德·兵法家乙》："吉事尚左，凶事尚右。"所以，有人就认为，左契为尊。左契为尊是不假，但是左契的背后是付出，没有付出哪里有尊位？

责：求也。——《说文》。段注："责，求也。引申为诛责，责任。《周礼·小宰》：'听称责以傅别。'称责，即今之举债。古无债字，俗作债，则声形皆异矣。"（郑玄注：傅别，谓券书也……傅，傅着约束于文书；别，别为两，两家各得一也。）

是以圣人执左契，而不以责于人：所以圣人只是执有左契，而不会以契约来诛责人为目的。

按：1.这里用"执"而不是用"持"，就表明所有的契约都具有"先小人后君子"的本质。

2.这说明君王和庶民会形成一种契约关系。类似于现代的劳务合同。一方出钱，一方出力。圣人不会求庶民出钱，因为这是公平的，庶民也需要保护。国家用庶民的钱，这些钱财或者用于保家卫国，或者用来兴修水利等大型工程。

老子在这里说明，一些（惩罚性）责任条款是必需的，但是没必要走到惩罚这一步。惩罚性责任条款是为了更好地辅助、督促双方完成任务，而不是为了惩罚。如果惩罚总是发生，这就不是契约的精神，而是打着契约的旗号行抢夺之实。从事实来看，惩罚性条款往往属于庶民，君王违约受惩罚的就很少。

（注："是以圣人执左契，而不以责于人"通行本第七十九章作"是以圣人执左契，而不责于人"。整理后可知，老子并不彻底反对诛责人，但是反对以诛责人为目的。道者说的"能知古始，执古之道，以御今之有"与此句式相同，但是秉持的精神不一样。参考第五十四章"子孙以祭祀不辍"，整理后不通。今调整为"子孙祭祀不辍""是以圣人执左契，而不以责于人"。）

⑩ **静**：审也。——《说文》

按：1."静"，现代人的理解就是安静、寂静，停止的，与动相对……却把最根本的东西给丢掉了。

人心的"静"和大自然的鸦雀无声完全不一样。人心如果没有审度，根本就分不清是非，想要静下来门儿都没有。想眼不见心不烦，也是不可能的事。但是必须认识到，"静"的确又包含安静的意思。因安静能明辨是非，又因能明察秋毫而内心安静，这是完美统一。

2."察""阅""观""辩""稽""廉""静"都有"审"的意味，但是每个字的侧重点均有不同。

化：教行也。——《说文》。段注："（化）教行也。教行于上，则化成于下。"

我好静而民自化：我喜欢清静明辨是非，庶民自然会明辨是非。

按：因为圣人喜欢明辨是非，所以庶民也就会喜欢明辨是非。如果上层领导不能明辨是非，甚至厌恶、杜绝明辨是非，社会就混淆黑白，指鹿为马。《孟子·公孙丑上》："是非之心，智之端也。"所以，"绝圣弃智"就无从谈起。

《孟子·滕文公》："上有好者，下必有甚者焉。"

《礼记·缁衣》："子曰：'下之事上也，不从其所令，从其所行。上好是物，下必有甚者矣。故上之所好恶，不可不慎也。是民之表也。'"

《墨子·兼爱中》："昔者晋文公好士之恶衣，……昔楚灵王好士细腰，……朝有黧（lí）黑之色。……昔越王勾践好士之勇，……"

《论语·子罕》："子曰：'吾未闻好德如好色者也。'"

老子在这里说"圣人好静"。毫无疑问，这是一个更高、更有明确指导意义的方针。同时，老子没说"下必甚焉"等语，而直接说"民自化"，这种教化和安静完美融合为一体。

无为：不暴力执政、不为一己之私充盈法律、制定各种规矩、忌讳。

正：本义是草木向阳生长。

按：这里引申为维护国家、法律。

我无为而民自正：我不为了私心充盈法律，庶民自我就维护国家、法律。

按：德者说："不善人，善人之资。"在生产中，那些小跟班或者学徒工经验不足，导致各种受伤。为了避免受伤，善人就可以制定安全生产手册以示规范。这些规范，当然不可能需要君王亲手制定。推而广之，各行各业在发展中都会建立各种行业规范。

当庶民认识到害人终会害己，进而规范自律。是生产粮食还是生产罂粟？庶民自己就应该知道并自觉种植粮食。反过来，如果政府制定恶法，为虎作伥，致使害人者"得利"，庶民就无所适从，民心大乱。

（注："我好静而民自化，我无为而民自正"通行本第五十七章为"我无为而民自化，我好静而民自正"。）

无事：没有具体工作。

无欲：没有贪欲。

故圣人云："我好静而民自化，我无为而民自正，我无事而民自富，我无欲而民自朴。"：

按：我好静，就是喜欢明辨是非，能够明察秋毫，能发现贤良的光彩，而不是吹毛求疵，总看着别人到处都是毛病。（事实上，总看着下属不顺眼，本身就是不会发现贤能。）至于说什么"不聋不瞎，不配当家"就纯属胡扯。

"我好静而民自化"，一方面有自然而然之意，另一方面是说，庶民要自觉地、自主地进行下一代的教育。只有庶民觉悟了，君主才可以真正无为而治，这是庶民能够自治的缘故。

"化"与"正"是相得益彰的。老子认为，庶民必须开化，至于是政府教育还是自发的民间教育，这两者都很重要。无论哪样的教育，关键是要让庶民保持内心正直，而庶民能够内心正直的关键就在于上层社会的内心是否清静，是否明察是非。

最高领导者选拔出来真正的贤能者作为官长，就不要直接插手庶民的事物，这就是"我无为""我无事"。

同样，老子认为"富"与"朴"也是相得益彰的。所以，老子首先肯定富裕的生活是必需的，同时，朴素的情怀也不可或缺。这两样都和上层社会的取舍有直接关联。

译文：

圣人没有固定的想法，都是想百官之所想。百官都专注于自己的视听。

圣人要让他们像小孩一样闻过而羞而笑而改，这就是不可思议的德。上仁之人和百官沟通不会觉得有任何负担和不愉快；上义之人和百官沟通可能会觉得有些障碍；上礼之人如果去和百官沟通却得不到响应，就因为得不到回应而强制他人行礼。只有不为自己升迁去做事的人，才胜过那些把自己的升迁看得高贵的人。因为他不显耀自己贤能，这就是不争之德。因为他不是为了自己的私利，所以天下也就没人能和他争。圣人也就可以让他来管理官员。庶民难于治理是因为上层官员胡乱作为，庶民饥饿是因为上层社会食税太多。庶民不怕死，是因为上层社会官员追求升迁的花费过于丰厚奢侈，所以他们才会轻视死亡。庶民本来就不怕死，你为何还用死亡来威胁他们呢？所以圣人有欲望或者没欲望，总之不崇尚难得的货物，这样可使庶民不去偷盗，学习或者不学习，总之不重复别人的过失，这样可使庶民的心保持不乱。办教育越来越有益，维护治安就越来越省力。损之又损，最后几乎不做事就可以成功。所以圣人执有左契，却不以契约来诛责人为目的。所以圣人说："我喜好明辨是非，庶民自然就会开化。我不为了私利充盈法律，庶民自然就维护国家、法律。我不参加具体工作，庶民自然就富足；我不贪得无厌，庶民自然就淳朴。"

第二章 明常德

第一节 君主的论述

（君主）古之善为士者，微妙玄通，深不可识。夫唯不可识，故强为之容：① 善建者不拔，善抱者不脱，善数不用筹策；善闭无关楗，而不可开，善结无绳约，而不可解。善行无辙迹，善言无瑕疵；迎之不见其首，随之不见其后。是谓知无行，执无兵，攘无臂，扔无敌。② 夫慈，以战则胜，以守则固，没身不殆。③ 以慈卫之，天将救之，是谓复命。复命曰常，知常曰明，不知常，妄作凶。④ 故奇兵相加，哀者胜矣。⑤ 天下皆谓："我道大，似不肖。"夫唯大，故似不肖。若肖，久矣其细也夫！⑥ 天下神器，不可为也。取天下常以无事，及其有事，不足以取天下。将欲取天下而为之，吾见其不得已。⑦ 故失道而后德，失德而后仁，失仁而后义，失义而后礼。夫礼者，忠信之薄，而乱之首。⑧ 故希言自然，多言数穷，不如守中。⑨

不言之教，无为之益，天下希及之，天下莫能知，莫能行。夫唯无知，是以不我知，知我者希，则我者贵。⑩

注释及解析：

① **士：** 事也。数始于一，终于十。从一从十。孔子曰："推十合一为士。"——《说文》

（注：通行本第十五章作"士"，河上公本、傅奕本作"道"。河上公注：得道之君也。而这一段文章就是谈论士的，所以通行本确凿无疑。）

识：常也。一曰知也。——《说文》。《长笺》："训'常'无意义。"《玉篇》："识，认也。"《增韵》："能别识也。"

按：在《道德经》中，"识""知""智""智慧""明""明白"，其含义应该有明确的区分。

1. 当"识"作为动词时。"识"的对象是有形之物，也包括人，有分辨之义。

2.《明玄德·老子》："前识者，道之华，而愚之始。"

"前识"是指"前面的见解""前面的认识"。可见，"识"具有"名词"的属性。

3. "知"，《明玄德·君主》："常使民无知无欲。"《明玄德·老子》："吾不知其名，字之曰道。"《明常德·兵法家乙》："吾不知谁之子。"这三个"知"都是指简单的感知、印象。

《明玄德·道者》："知人者智，自知者明。"《明玄德·老子》："知此两者亦稽式，常知稽式。"《明常德·君主》："知常明。"《明常德·兵法家乙》："知常容。""知"都包含认识、领悟，这都是面对"抽象"的事物、规律，并懂得这些事物、规律。

4. "智""智慧"在《明玄德》一篇已经做了详细的阐述，这里不再赘述。

5. "明"是一种状态，比如，有的"认识"很"糊涂"，有的"认识"很"明白"。

容：形容、描述。

② **建**：立朝律也。——《说文》

拔：擢（zhuó）也。（擢：引也。）——《说文》

善建者不拔：善于建树的不会主动吸引人。

按：君主认为如果有人善于建立好的朝律，完全没有必要用重金吸纳人才，而人才自动就被吸引过来。

抱：（捊）引取也。从手孚声。抱，捊或从包。——《说文》

脱：脱形，引申为脱离。

善抱者不脱：善于引取的不会消瘦脱形。

按：这句话的本义是"人善于汲取营养而身体健康"。引申义是"人因为善于采纳别人的意见而留住人才，同样也使好的思想不从脑子里溜走，而避免精神萎靡"。

数：计算。

按：下文老子说"绵然而善谋"与之呼应。

筹策：古代计算时所使用的一种工具。

关楗：关锁门户所用的栓销。

约：缠束也。——《说文》

绳约：绳子缠束。

辙：车迹也。——《说文》

迹：步处也。——《说文》

言：直言曰言，论难为语。——《说文》

瑕：玉小赤也。——《说文》

疵：病也。——《说文》

瑕疵：泛指一切缺点。

善行无辙迹，善言无瑕疵：善于行走的不留下痕迹，善于言谈的没有毛病。

（注："善言无瑕疵"通行本第二十七章作"善言无瑕谪"。"辙""迹"分别是车和人留下的痕迹。这两句话又是显见的对文。"瑕""疵"分别指玉的毛病和人的毛病，正好与"辙迹"相对。谪：罚也。——《说文》。"瑕谪"显然与"辙迹"失对。从流传来看，《左传·僖公七年》："予取予求，不女疵瑕也。"由此可见，"瑕""疵"二字在春秋时期就已连用，并且现在也用。参考第十章"涤除玄览，能无疵乎？"今调整为"善言无瑕疵"和"涤除玄览，能无谪乎"。）

知：词也。（词：意内而言外也。）——《说文》

知无行：知道没有行动的事物。

按：这里指知道人的内心活动。下文兵法家丙说："知其白，守其黑。"

其中"守其黑"就是要"守住人内心的阴暗面"。有的人甜言蜜语，卑躬屈膝，鞍前马后屁颠屁颠的，这是行动上表现出来的，但是行动上没有的却可能是内心的仇恨、算计、诅咒，等等。

（注："知无行"通行本第六十九章作"行无行"。这段文章是描述"士"的个人状态，并不是军队的状态。所以，什么行列、阵势之类的解释就不通。参考第十章"爱民治国，能无知乎？明白四达，能无为乎"。"知"在《道德经》中出现57次，可见有多重要。所以"无知"是万万不可的。今调整为"知无行"和"明白四达，能无行乎？爱民治国，能无为乎"。兵法家丙所谓"是以圣人不行而知，不见而名，不为而成"与"知无行"相呼应。）

执无兵：执掌无形之兵。

按：以"道""德""仁""义"等为武器。君主的"武器"是"慈"。苏秦、张仪的三寸之舌可辱百万雄兵。

攘：推也。——《说文》

攘无臂：用无形的手臂推搡。

按：这类似于"看不见的手"，即下面所谓"天将救之"。

扔：因也。——《说文》

扔无敌：依据无形的敌人调整自己。

按：《孙子兵法·虚实篇》："故兵无常势，水无常形。能因敌变化而取胜者，谓之神。"

"扔无敌"不但在有形的层面包含了孙子的作战思想，同时也深刻地指出，真正的敌人不是眼前和你作战的敌军，而是自己民心、军心、将帅乃至天气、地理条件等无形的因素。

③**守**：守官也。——《说文》

按：这里是说守护君臣关系。

固：君主和将领的关系巩固。

夫慈，以战则胜，以守则固：凭借慈可以在战争中取得胜利，也可以维护好君臣、军民的关系。

按：《梁惠王上》："孟子曰：'仁者无敌。'"

君主认为"慈者无敌"，圣人只要抱定"慈爱"这一信念，就会无往而不胜。须注意的是，"慈"在这里被功利化，甚至作为战争的工具。

④ **卫**：御敌。

复命：回复使命。

按：这是靠着神秘的力量来支持。

⑤ **奇**：这里的"奇"有驱神弄鬼之义，有"妄作"的意味。

奇兵：有妖术的军队。

加：马融曰："加，陵也。"袁宏曰："加，不得理之谓也。"——清段玉裁《说文解字注》

（注："奇兵相加"通行本第六十九章作"抗兵相加"，傅奕本、敦煌辛本、帛书作"抗兵相若"。参考第五十七章"以正治国，以奇用兵"。虽然《孙子兵法》也说："兵者，诡道也"，但是《道德经》并不同意这样的观点。今调整为"奇兵相加"和"以正治国，以抗用兵"。）

故奇兵相加，哀者胜矣：所以当有奇兵陵加时，悲哀的一方会取胜。

按：这是为了突出"哀"的重要作用，但是罔顾事实。

⑥ **我道大**：我的道大而不切实际。

肖：模具、模范。

按：意为可操作性，可整齐划一，实际上就是指"礼"。

夫唯大：只有盛大且丰富多彩。

细也夫：琐碎不堪。

按：在君主看来，丰富多彩、灵性是道的本质属性。后来，没有实质内涵的繁文缛节实在是琐碎不堪，人心支离破碎。

⑦ **天下**：包罗万象，大好河山，通常也指人。

神器：神的器物。

不可为：在这里指战争、文化观念的输出，改变别国的风俗习惯、语言、文化、法律制度，等等。

按：大自然是奇妙的，蜘蛛不懂规矩为何物，但是结网有条不紊；蜜蜂不晓得规矩，蜂窝却有异常精美的结构；"蝉噪林逾静，鸟鸣山更幽"。天籁之音又岂有五音为律？

君主认为，大自然是神的器物，人也是神的器物，自然万物和人如果自然成长，必定是丰富多彩的、灵动的；不是人刻意能为的，不能事先做一个模子，让自然万物与人变成模子的模样。如果自然万物与人整齐划一，成了君王意志的延伸，这就是失道了。

如果说法律是"道"的体现，严格执法、公平执法就是"德"的体现。但是，整齐划一地执行，历史上从未有过成功的。君主在这里提出了治国的一个根本策略，就是要尊重民族的差异性。这个策略在《礼记·王制篇》有清晰的论述。

《礼记·王制篇》："凡居民材，必因天地寒暖燥湿，广谷大川异制。民生其间者异俗：刚柔轻重迟速异齐，五味异和，器械异制，衣服异宜。修其教，不易其俗；齐其政，不易其宜。中国戎夷，五方之民，皆有其性也，不可推移。"

取：获得。

取天下：得到天下。

及：如果。

事：服侍。

将欲取天下：河上公注：欲为天下主也。

而为之：下面所谓的"道""德""仁""义""礼"。

不得已：没办法的事。

将欲取天下而为之，吾见其不得已：想取天下而侍人的，我只是看到他们是不得已而为之罢了。

按：这句话的言外之意是"我没看到他们取得了什么天下"，所谓"取天下"不过是自欺欺人罢了。

⑧ **失**：纵也。（纵：缓也，一说舍也）——《说文》

故失道而后德，失德而后仁，失仁而后义，失义而后礼。夫礼者，忠信之薄，而乱之首：

按：什么是道？什么是德？什么是仁？什么是义？什么是礼？这所有的一切有何关联？难道完全是不可调和的冲突？所以，我们有必要弄清楚君主所说的"道""德""仁""义""礼"到底指的是什么。

1."道"有一种内涵是开放进取的精神和能力，建立对社会有益的规则，是要指出一个光明的方向，能够指出这个光明大道的人是领航人。"有道"和"无道"首先是用来评价君主的根本。在国与国之间的交往上，如果用"德"来评价君主会怎样呢？细细体会，"有道之君""有德之君""仁义之君""礼仪之君"，给人的感受确实不一样。

2."德"更多的是一种态度，包含对"道"的态度：是坚定地追随还是见异思迁、见利忘义。对规则的遵守则往往是德的体现。这是评价有德、无德的一个标准，在这个意义上说，"德"更适合评价臣子。

君王指出光明的道路，臣子坚定地追随，这就是"道""德"的完美结合。

如果君主根本就没有光明的道路，臣子还在追随，就是愚忠，甚至是助纣为虐。这在君主看来就是"失道而后德"。

3.如果君主没有光明的道路，臣子指出道路又是什么呢？

子曰："天下有道，则礼乐征伐自天子出；天下无道，则礼乐征伐自诸侯出。"（《论语·季氏》）

在孔子看来，当臣子指出道路时，天下就无道了；这在君主看来就是天子失道，臣子失德了。

4."仁"，更多表现在能够帮人消除灾祸，消除痛苦，更多表现为一种源于恻隐之心的施予。这往往涉及疾病，"仁"所除的恶乃是病魔。

吴起为士兵吸吮毒疮，这是建立在战争的基础上，这就是"失德而后仁"。

下文兵法家甲说："大军之后，必有凶年。"在君主看来战争意味着失道、失德。在凶年中更容易显出恻隐之心，这就是"失德而后仁"。

5."仁"和"义"又是如何走向对立的呢？

君主虽然提出绝仁弃义，但是在君主的眼里"义"比"仁"还要恶劣。

"义"，更多表现为人与人之间建立的一种契约，在这个契约下面互相扶持。

《论语·学而》："子曰：'弟子入则孝，出则悌，谨而信，泛爱众而亲仁。行有余力，则以学文。'"

"泛爱众"是比较难做到的。于是在事实上就画定了一个个圈子，在这个圈子里面互相负责。正面形象如桃园结义，负面形象就如现在所说的哥们儿义气。

得到民心和得到"人才"的辅助是不是统一的？事实上，权贵阶层，包括精英、人才往往都是疏离庶民的。

虽然刘备心系庶民，但很显然，刘备把"义"摆在第一位，以致兵败白帝城。

6."义"和"礼"又如何对立？

"道""德""仁""义"都出自人的内心，属于形而上。而"礼"则完全是后天的教化，属于"身体"的范畴。

7.夫礼者，忠信之薄，而乱之首：

这一句又体现了《道德经》绝妙精深的笔法：不但说明"礼"是乱之首，同时也表明"忠信之薄"是"乱之首"，是社会动乱的首要原因。

那么，君主为何有这样的认识呢？

在君主的眼里，"礼"不仅仅相当于现在所说的"客气"。同时，"礼"还包括礼器，而礼器，也由最初的敬，不断地演化为繁文缛节以及奢靡之风。价值连城的和氏璧充分说明一件玉器在君王心目中的地位轻而易举地超过庶民、超过了江山社稷。并且，挟天子以令诸侯，在春秋时期已经屡见不鲜。所以君主称"礼"是"忠信之薄乱之首"。

在孔子的道德体系中，仁、孝悌是核心，是第一位的。孔子没有把忠信放在第一位。

在《道德经》里，忠信从正反两方面都是被看作第一位的。老子从正的方面论述忠信是立国之本，也是立国的开端。君主则从反的方面论述，忠信哪怕"薄了"都是"乱之首"，更何况没有忠信。

[附释：

当君王放弃了慈爱的心，就是失道了。

当君土希望用牟队不战而屈人之兵而取得天下时，这就是失道而后（有）德。

当君王认为依靠武力讹诈不能取得天下并且认为实施仁政可以取得天下时，就是失德后（有）仁。

当君王做不到真正爱民如子，反而率兽食人，这就是失仁，同时也失信了。

君王为了自身的利益，又不敢失信于人，这时候就表现出义。

义的本义是威仪，虽然后来引申为带有"信""和""利"的色彩，但是本义仍存。威仪的外在表现就是礼、仪仗队之类。但是，人的施礼并不见得是发自内心的恭敬，这时候就失掉了信，也就失掉了义。

由于人的虚荣心日益强烈，所以，礼最终以各种各样的方式延续下来，并且日趋繁密、琐碎，最终导致人心大乱。]

⑨言：直言曰言，论难为语。——《说文》

希言自然：少发表假大空的言论是合乎自然的。

按："道""德""仁""义""礼"都是很难说明白的。但是这里用"言"，可见宣扬"道""德""仁""义""礼"的人都没有经过大脑，这就是所谓假大空的代表。

多言数穷：宣扬多种思想言论，而不断地走向穷途末路。

按：有人一看宣扬"慈"不为大众接受，又宣传"道"，一看行不通，又宣传"德"，一看行不通，又宣传"仁"，一看行不通，又宣传"义"，等等。

这所有的说法都在说明一个事实，春秋时期的诸侯国之间不但在军事上斗争很激烈，同时，在思想层面也展开了激烈的交锋。

中：内也。从口从丨，上下通。——《说文》

按：这里指慈爱之心。

不如守中：不如守住慈爱之心。

按：1.因为这所有的一切都是为了"取天下而为之"，所以不是出自本心，都是"不得已而为之"。君主认为，你们这些宣扬道德仁义的家伙，摸摸自己的良心，你们真的懂得什么是道德仁义吗？

2.这样的论述同样失之笼统。没有原则地少说话也根本不是作为君主、官长所具备的素质，应该是当说之处必说，"诲人不倦"大概相当多的时候都是在说话。至于说话是否精练、是否说在点儿上则是能力的问题。

⑩ **不我知**："不知我"的倒装用法。

则我者贵：君主只说贵，而没有说富。同时，这也是"顺我者昌"的原始版。

天下：天下人。

译文：

（君主）远古时期善于做士的人，都达到了微妙玄通的境界，高深莫测，让人无法认识，正因为无法认识，所以勉强说说他们的样貌：善于建树的，不会主动吸引人；善于引取的不会消瘦脱形；善于计算的，用不着竹码子；善于关闭的，不用栓销而使人不能打开；善于捆缚的，不用绳索而使人不能解开；善于行军的，不会留下车的痕迹；善于言谈的，不会有瑕疵；迎在前面看不见他的头，跟在后面也看不见他的尾。这就是知道没有行动的事物，执掌无形的军队，用无形的手臂推操，因无形的敌人调整自己。这是因为有了慈爱之心，求战就必定会胜利，坚守君臣关系也必定牢固，这是永世可依的法则。用慈爱之心来御敌，上天就会保佑，这就叫回复使命，回复使命就是常道，知道常道就是明智，不知道常道而轻举妄动就会招致凶事。所以即便有使用妖术的军队来侵犯，悲哀的一方也会取胜。天下人都说："我的道太大，似乎没有样子可循。"其实只是因为大，才好像没有具体的形象，若太具体了，时间长了就会细碎不堪。天下是神的器物，非人力可为。取得天下常常是因为不侍奉人才可以做到，如果侍奉别人就得不了天下。如果为了获得天下而侍奉人，我看到他只是不得已而为之。所以，失了道就会有德，失了德就会有仁，失了仁就会有义，失了义就会有礼。礼，就是有很薄的忠信，是祸乱之首。少发表假大空的言论是合乎自然的。多发表假大空的言论就会不断碰壁，还不如守住慈爱之心。

不用说话的教导，天下极少有领会到的，天下人没有人能知道，也没有人能实行。由于人们不理解道，因此才不理解我。能理解我的人很少，那么能取法于我的人就更难得可贵了。

（兵法家甲）人之生也柔弱，其死也坚强；草木之生也柔脆，其死也枯槁。①木强则兵，物壮则老，故坚强者死之徒，柔弱者生之徒。②强大处下，柔弱处上，柔弱胜刚强，是以兵强则不胜。③夫佳兵者，不祥之器，物或恶之，为者败之，执者失之。④师之所处，荆棘生焉。大军之后，必有凶年，故有道者不处。⑤天下之交，⑥大国不过欲兼畜人，小国不过欲入事人。⑦故大国以下小国，则取小国；小国以下大国，则取大国。⑧信言不美，美言不信。美言可以市，尊行可以加人。为者败之，执者失之。⑨故或下以取，或下而取。⑩夫两者各得其所欲，大者宜为下。⑪是以圣人无为故无败；无执故无失。⑫知不知，上。不知知，病。夫唯病病，是以不病。圣人不病，以其病病，是以不病。⑬祸莫大于不知足。⑭知足者富，知足不辱，知止不殆。⑮故知足之足，常足矣。⑯

注释及解析：

①**柔**：木曲直也。——《说文》。段注："凡木曲者可直，直者可曲曰柔。"

弱：（弜）桡也。上象桡曲，彡象毛氅桡弱也。——《说文》。段注："弱物并，不能独立，故从二弓。"

按：弦与弓分离为弱。

坚（堅）：刚也。——《说文》

按："坚"，从臤（qiān）从土。表示奴隶（臣）夯实土壤。这里表示人死了被埋葬。下文老子说"养之覆之""九层之台，起于累土"与此处呼应。

强：虮（qí）也。——《说文》

按：这里指人死后会生蛆。

坚强：被埋葬且生蛆。

脆：耎〔（ruǎn）稍前大也。（稍：出物有渐也。）〕易破也。——《说文》

按：草木种子发芽时，幼芽虽然脆弱，但是有顽强的生命力。

柔脆：脆弱却有顽强的生命力。

枯槁：《说文》为互相转注。实为"槁枯"的倒装用法。"槁"对应"草"，"枯"对应"木"。

枯：槁也。《夏书》曰："唯箘（jùn）辂（lù）枯。"木名也。——《说文》

按：枯是一种树木，茎秆可做箭。这里引申为做兵器，是说"木"死后被用来做兵器。

槁（稾）：木枯也。——《说文》。段注："……今字高在右，非也。凡润其枯稾曰稾，如慰其劳曰劳，以膏润物曰膏。"

按：1. 高：崇也。像台观高之形，从门口。与仓、舍同意。——《说文》。稾，木在高之下，避免雨淋，从而干枯。槁，则寓意木在仓库之外，而雨淋日晒，因而有发芽复活之象。

2. 这里是说草枯死后得到润泽又获得新生。下文兵法家乙说："死而不亡者寿。"就是看到了草可以"死而复生"。下文老子说："夫物芸芸。"《淮南子》说："芸草可以死复生。"

人之生也柔弱，其死也坚强；草木之生也柔脆，其死也枯槁：

按：1. 这一句话影响深远，被看作老子主张柔弱的根据。《说苑·敬慎》记载了一个故事：常枞有疾，老子往问焉……常枞张其口而示老子，曰："吾舌存乎？"老子曰："然。""吾齿在乎？"老子曰："亡。"常枞曰："子知之乎？"老子曰："夫舌之存也，岂非以其刚耶？"常枞曰："嘻！是已，天下事已尽矣，无以复语子哉！"

故事很有意思，但不严谨。"掉牙齿"本身是一个复杂的问题，不是软硬问题。比如，头发也很软，但为什么会脱发呢？从另一方面来说，牙齿也不能变软，骨头也不能变软，可以设想，牙齿、骨头变软了又成了什么？所以，这样阐述道理没有说服力。

2. 这句话阐述了人、草、木生长的共同特征以及"死后"的不同"命运"。

（注："草木之生也柔脆"通行本第七十六章作"万物草木之生也柔脆"。严遵本、傅奕本等无"万物"二字。蒋锡昌《老子校诂》："万物二字当为衍文。"参考第十九章"故令有所属"，调整为"故令万物有所属"和"草木之生也柔脆"。）

② **强**：强硬。

按：弓很强，虫子可以吃掉弓。而虫子又杀不绝，所以就有"力量"。下文老子说："强梁者不得其死。"强梁，就是栋梁里的蛀虫，人不能折断栋梁，而蛀虫可以，所以蛀虫有强大的力量。所以，"强"就引申为"强有力"。应该说，这里面包含了极其深刻的哲理。

木强则兵：有的树木因为坚硬，被砍伐作兵器。

按：1.《淮南子·原道篇》引作"木强则折"，这于理不通。一棵小树谁都可以折断，一棵参天大树就不那么容易折断了吧？但是，"木强则兵"就很现实。树木因为坚硬，被砍伐作兵器，这对树木来说是灭顶之灾。《荀子·劝学》中的"是故质的张，而弓矢至焉；林木茂，而斧斤至焉"与"木强则兵"异曲同工。

2. 一开始用死掉的树木做兵器，后来，只要木质坚硬就被用来做兵器，说明人越来越急不可耐。

壮：大也。——《说文》

物壮则老：生物长大了、强壮了就会老去。

按：也有千年的古树。

坚强：坚硬。

柔弱：柔弱。

按：此处的坚强、柔弱，都是现代意义上的坚强、柔弱。

③ **强大**：比重大。

强大处下，柔弱处上：比重大的处下位，比重小的处上位。

按：此处"柔弱"和"强大"为对文，可训为"比重小"和"比重大"。比如，鹅毛很轻也很柔软，因而上浮，而石头等等则下沉。

刚：强断也。——《说文》

刚强：强大却硬碰硬。

柔弱：柔软且没有武器。

柔弱胜刚强：柔软且没有武器的人能战胜强大却硬碰硬的。

按：貂蝉战胜董卓和吕布。

强：蛀虫，引申为强大。

兵强则不胜：军队如果强大了就不会有胜利。

按：从竞争的角度来说，在自然界，弱肉强食。一个弱小的生命，总会被天敌伤害甚至杀死吃掉，可是强壮的就可避免一死，这就是优胜劣汰。但是人类社会和动物世界不一样。人类社会一旦走向恃强凌弱、以大欺小的逻辑，就必然伴随着军备竞赛。你强，我比你更强。军队越强大，战争也就越惨烈。随着毁灭性武器的产生，战争不会有赢家。另外，这所有的一切都伴随巨大的人力财力的投入。如果因此徭役丛生，就是社会的蛀虫，所谓穷兵黩武，庶民必定深恶痛绝，最终必定失败。这也是"兵强则不胜"的真正内涵。

④ **佳兵**：装备精良的军队。

为者败之：打造精良军队的人就会失败。

执者失之：掌握兵权的人会失掉对军队的控制。

按：打造精良军队的人，未必是最终掌控军队的人。执掌精良军队的人，通常是君主，这就是将帅和国君的差别。当然，执掌精良军队的人也未必是君主，这里就出现了所谓的"权臣"。毫无疑问，拥有兵权的人，对君主的威胁最大。

韩信因为"功高震主"，落得个"狡兔死，走狗烹"。好一点的，宋太祖杯酒释兵权。历史上所有君臣相斗的例子，似乎都在印证"执者失之"这个道理。

⑤ **师之所处，荆棘生焉。大军之后，必有凶年，故有道者不处**：军队所处，到处荒芜。战争过后，尸横遍野、瘟疫流行。所以，有道的人不会将自己置于用兵之地。

按：所谓"凶"，不是神秘的天的意志，而是人祸的必然反映。

⑥ **交（交）**：交胫也。从大，象交形。——《说文》

按：两腿交叠，一上一下。

兵法家甲用"交"这一概念比喻国与国之间的关系。天下诸国本是一体，就像两条腿交叉，必定是一上一下。但左腿把右腿吸收，或右腿把左腿吸收都不可能，这也意味着，不管大国小国都具有一定的独立性。

⑦ **过**：过分。

兼：并也。（并，相从也。）——《说文》

畜：使……顺从。《礼记·祭统》："孝者畜也。顺于道，不逆于伦，是之为畜。"

兼畜人：把人聚拢起来使之顺从。

按：1. 根据下面"知足不辱"，以及兵法家乙所谓"德畜之"来看，这里的使人顺从带有胁迫、侮辱的意味，即，像牲口一样饲养并驯服。

2. "槁"不作"稾"寓意木在仓库之外，受雨淋而获新生。或者按现代的观点来看，不是大棚里的蔬菜更健康。兵法家甲以此比喻大国不要像在大棚里种菜那样畜养小国，这样，小国会生存得更好。

入事人：侍奉别人，指小国侍奉大国。

按：就普遍而言，那个时期的大国国君的想法大抵不过是想"兼并且使人顺从"。小国的外交"理念"不过是想"欲入事人"。除此之外再无其他。大国和小国的见识就是这样"低俗"。不幸的是，有这样认识的人多了，就会形成一种强大的势力。

兵法家甲没有从根本上反对"兼畜人""入事人"这样的认识，只是主张不要过分即可。从另一方面看，这也是"不强行推广自己的主张"。

⑧ **取小国**：获得小国的服侍。

取大国：获得大国的接纳；避免战争。

故大国以下小国，则取小国；小国以下大国，则取大国：大国仅仅是希望兼并小国，完全可以不通过战争，只需谦卑就够。另一方面，小国如果想避免战争，得到大国的接纳，主动示下也是可以的。

按：这种认识很轻率，对应在军事上就是轻敌。

1.这种对国家（心理）的分析太过笼统，甚至不着边际。"国家心理"和君主心理是两个截然不同的概念。所以，得到国家权力和得到民心完全是两码事。

2.国与国之间绝非兼并和服侍这样简单。并且也绝非仅限于大国和小国两个国家之间的事。比如"春秋五霸""战国七雄"，这么多的国家，和谁联盟、和谁敌对等都是非常复杂的。

⑨ **美言**：动听的话。

按：因"过欲"而有溢美之词。

信言不美，美言不信：可信的话不动听，动听的话不可信。

按：《诗经》很美，这就是文字般若，难道不可信吗？从合理的方面讲，兵法家甲讨论的是国家之间兼并的特定时刻，即便如此也不具备绝对意义。

加人：凌驾于人之上、强迫。

市：买卖。

为者败之，执者失之：谁要甜言蜜语就会失败，谁要执着于施礼就会失掉恭敬。

⑩ **故或下以取，或下而取**：所以，小国示下是为了取得大国包容，大国示下自然就会取得小国。

按：兵法家甲认为"下以取"，是小国对大国，是需要付出一定努力的。"下而取"，是大国对小国，是顺理成章的；"下而取"比"下以取"要容易。

⑪ **夫两者各得其所欲，大者宜为下**：大国和小国都满足了自己的欲望，

大国最好卑下。

按：兵法家甲的逻辑是：小国示下，有可能屈于压力只有表面上的谦卑，真实性小。同时，大国则未免会骄横。大国示下，往往是出于内心理念，真实性较大。另一方面，小国也不敢逞能。

不过，这基本是兵法家甲自己的想象。

⑫ **无为**：不发动战争，乃至不装备军队、不训练军队、不甜言蜜语、不卑躬屈膝。

无执：不执有、不掌控军队；不控制人说动听的话、卑躬屈膝。

是以圣人无为故无败；无执故无失：圣人不打造军队、不甜言蜜语、不卑躬屈膝，就不会失败；不执掌军队、不控制别人的行为，就不会失去什么。

按：这句话流传下来给后世的影响是复杂的，并且也被泛化了：事不关己，高高挂起。好多人在工作上消极混事，反倒弄个老好人。相反，做事多的人就难免会出差错，尤其是"得罪人"甚至是得罪达官贵人的差事，更是费力不讨好，长此以往谁还敢做事？

⑬ **知不知**：知道大家所不知道的。

上：被尊为上位。

不知知：不知道别人知道的。

病：疾加也。——《说文》

按：这里的意思是"被认为有病"（未必真的有病）。

病病：认为别人有病的见解是有病。双重否定是为肯定。

知不知，上。不知知，病。夫唯病病，是以不病：知道大家所不知道的，就被置于上位；不知大家知道的，就被认为是有病。只有把别人有病的认识认作有病，才不会真的有病。

按：1.兵法家甲指明了一个强大的世俗力量，按现在的说法就是时尚。谁在引领时尚，谁就掌握了社会的话语权。并且，社会要么是尊崇，把你举得高高在上，要么就是把你踩在泥里，这就是社会上两种极端的认识，所谓"顺我者昌，逆我者亡"。

2.兵法家甲的逻辑是："你认为我有病，而你有病才是真的。真理往往掌握在少数人手中，如果战胜那些庸俗的见识，必将众望所归。"

⑭ **足**：人之足也。——《说文》

按：脚是人身体最下面的部位。

知足：知道注重基础。

按：1.这里也有现代意义上的"知足"。

2.不要简单地把"知足"理解为"知道有脚的存在就可以了"。了解脚，也就意味着了解脚的重要性。中医所谓"百病从寒起，寒从脚下生"就是说明脚的重要性。引申为要脚踏实地、注重实践、注重基础。从国家的层次来看，就是要注重农业、注重农民的生活。

不知足：不了解足（脚）的重要性。

按：很多人长了一双媚上的眼睛。成天想谁家有钱，谁家的女儿漂亮；谁家吃肉，谁家喝汤；谁家祖坟冒青烟，谁家屋顶上落凤凰。哪有工夫想想自己的脚？更别提了解了。

祸莫大于不知足：最大的灾祸在于不知道脚踏实地，不注重农业、农民。

⑮ **止**：下基也。像草木出有址，故以止为足。——《说文》。段注："止，足也。古文之为趾。"

按："止"，在这里引申为停止、休息。"止"，有停止之义，大概是因为平常人们感觉不到脚趾的存在，当感觉到脚趾存在时，要么是累了，要么是疼痛。如果感到脚趾都累了而且疼痛，就提示人该休息了，或者干脆就走不动了，所以引申为停止。

殆：危也。（危：在高而惧也。）——《说文》

知足者富，知足不辱，知止不殆：知道脚踏实地、踏实肯干就会带来富裕，避免受辱，再知道休养生息，身处高位就不会感到恐惧。

按："知止不殆"也是绝对的说法，所以老子会校正说："知止可以不殆。"

⑯ **故知足之足，常足矣**：所以知道脚踏实地带来的富足，常常会让人很满足。

足：第一个"足"可理解为"脚踏实地干活"。第二个"足"可理解为"富足"。第三个"足"可理解为精神的满足。

按：兵法家甲也揭示了一个心理及社会现象：只有通过自己努力得到的果实才是香甜的。那种靠偷盗、巧取豪夺，乃至从父辈继承的巨额财富都是无根之木、无源之水，来得快，败得也快。

译文：

（兵法家甲）人生下来是柔弱的，而死后是僵硬的并被埋入地下而生蛆。草木初生虽然脆弱却有顽强的生命力，草木死后却是枯槁的。树木强大就会被砍作兵器，生物壮大就会老。由此看来，强壮往往属于"死亡之徒"，柔和温润才是"生存之徒"。比重小的处于上方，比重大的处于下方，柔软而没有武器的战胜刚强却硬碰硬的，所以，军队强大乃至成为国家的蛀虫就不会胜利。精良的军队乃是不祥之器，万物都厌恶它，打造精良军队的人就会失败，掌握兵权的人会失掉对军队的控制。军队所到的地方，荆棘横生，大战之后，一定会出现荒年，所以有道的人不会把自己置于用兵之地。在天下的交往过程中，大国不过分想兼吞畜养小国，小国不过分想服侍大国，所以，大国示下自然就会取得小国，小国示下可以取得大国包容。可信的话不动听，动听的话不可信。动听的话可以花钱买到，恭敬的行为可以强加于人。谁要花言巧语就会失败，谁要执守礼仪就会失掉尊重。所以，或者小国对大国谦卑以取得大国的包容，或者大国对小国谦让而取得小国。两方面各自得到他们所欲求的，大国应该谦下忍让。所以圣人不打造军队、不卑躬屈膝就不会失败，不执掌军队、不执着于别人的礼拜就不会失去什么。知道大家所不知道的，就被尊为上位；不知大家知道的，就被人讥为有病。只有把别人有病的认识认作有病，自己才不会真的有病，圣人之所以没有病，就是因为他把别人的病认作病，自己才不会真的有病。最大的祸患就在于不知脚踏实地、真抓实干。脚踏实地、真抓实干的人就不会受到侮辱，脚踏实地、真抓实干的人也会很富足。知道休养生息的人，身处高位就不会感到恐惧。所以，由脚踏实地、真抓实干而带来的富足，常常会让人很满足。

（兵法家乙）含德之厚，比于赤子，吾不知谁之子，象帝之先。① 道生之，德畜之，物形之，势成之。② 骨弱筋柔而握固，③ 未知牝牡之合而全作，精之至也。④ 终日号而不嗄，和之至也。⑤ 知和曰常，知常容，容乃公，公乃王，王乃天，天乃道，道乃久，⑥ 热胜寒，静胜躁，清静以为天下正。⑦ 以正治国，以抗用兵，咎莫大于欲得。⑧ 胜人者有力，是谓用人之力；自胜者强，战胜，其事好还。⑨ 善者果而已；果而不得已。⑩ 果而勿伐，果而勿强，果而勿骄，果而勿矜，没身不殆，故为天下贵。⑪ 悠兮其贵言，吾不敢为主而为容，不敢进寸而退尺。⑫ 吉事尚左，凶事尚右。君子居则贵左，用兵则贵右。偏将军居左，上将军居右，⑬ 不失其所者久，死而不亡者寿。⑭ 故立天子，置三公，虽有拱璧先驷马，不如坐进此道。古之所以贵此道者何？不曰以求得，有罪以免邪？⑮

注释及解析：

① **含：**包含。

含德之厚：含有深厚德行的人。

比：《左传·昭公二十八年》："择善而从之曰比。"

赤子：《书·康诰》："若保赤子，惟民其康乂（yì）。"孔颖达疏："子生赤色，故言赤子。"

帝之先：成为帝王之前的人。

象帝之先：每一个赤子看着都是皇帝的料。

吾不知谁之子，象帝之先：我不知道也没必要知道是谁的孩子，将来有可能成为皇帝。

按：这完全就是"王侯将相宁有种乎？"的原始资料。据说，美国人对校车极为重视，甚至有人说"我们不知道哪辆校车里的孩子将来会是美国的总统"。果真如此的话，这岂不是墙内开花墙外香？

"不知谁之子，象帝之先"。"不知"本身就是顺应天道。如果知道哪个孩子将来就是皇帝，就不是顺应天道。

②**之**：指赤子。

畜：使之孝顺。《礼记·祭统》："孝者畜也。顺于道，不逆于伦，是之为畜。"

德畜之：德使之孝顺。

按：《道德经》笔法是微妙的，也是不可思议的。兵法家甲所谓"兼畜人"，这是说把人当作牲口一样饲养驯服，"畜"具有强烈的贬义色彩。"德畜之"毫无疑问地具有褒义的色彩。

形：现也。——《正韵》。《大学》："此谓诚于中，形于外。"

物形之：万物使他"帝"的形象显现。（威仪也。）

按：君主说："迎之不见其首，随之不见其后。"兵法家乙并不认可。

势：大势。

成：就也。（就：高也。）——《说文》

势成之：大势使他身居高位。

③**握固**：把握得很牢固。

骨弱筋柔而握固：虽然骨弱筋柔但是小拳头攥得很紧固。

按：兵法家乙从"骨弱筋柔而握固"，看到了柔弱中包含一种"强大"的力量——尽管这种力量不足以扶起一只小鸡。

④**牝牡之合**：指男女的交合。

按：1.《墨子·辞过》："圣人有传：天地也，则曰上下；四时也，则曰阴阳；人情也，则曰男女。禽兽也，则曰牝牡、雌雄也。真天壤之情，虽有先王不能更也。"

兵法家乙为什么说"未知牝牡之合"？不得而知。

2."牝牡之合"与"天下之交"在意象上是不一样的。

全作：表明阴茎是完全勃起的。

按："全作"，傅奕本、帛乙本作"朘（zuī）怒"，无论是"全"，还是

"怒",都是很有神采的描述。朘,段注:"赤子阴也。"说明这是对小孩子外生殖器的称谓。现代人无论成人还是小孩,都以生殖器称之,不是很恰当。

未知牝牡之合而全作,精之至也: 赤子并不知道"牝牡之合",但是也不妨碍勃起。这是精气充足到极致的缘故。

按:平常的情形是,只有想到或者性爱之时,生殖器才会勃起。赤子没有这些想法和行为,生殖器依然勃起。兵法家乙认为,只要"精之至","无知"并不碍事。

⑤**号:** 痛声也。——《说文》

嗄: 饭窒也。——《说文》(注:河上本作"哑"。)

和之至也: 和到了极致。

按:《中庸》:"发而皆中节,谓之和。"

兵法家乙认为,赤子的"和"比"发而皆中节"还要高。

⑥**知和曰常:** 知道和才是常道。

按:兵法家乙开始阐述"知"的作用,并对"常"进行诠释。

容: 盛(chéng)也。——《说文》

按:这里的"容",就是容纳权力。

乃: 曳词之难也,象出气之难。——《说文》。段注:"(乃)曳词之难也。……曳有矫拂之意。曳其言而转之。若而,若乃,皆是也。乃则曳其难者也。《春秋·宣八年》:'日中而克葬。'《定十五年》:'日下昃乃克葬。'《公羊传》曰:'而者何?难也。乃者何?难也。曳为或言而或言乃,乃难乎而也。'《何注》:'言乃者内而深(tū水流的样子),言而者外而浅。'"

按:兵法家甲说:"故或下以取,或下而取,夫两者各得其所欲,大者宜为下。""下以取"比"下而取"的难度大。

兵法家乙这里用"乃"字,表明得到天下的每一步都充满艰辛。

公: 平分也。——《说文》

按:平分,引申为公平、公正,并因为公正而成为爵位意义上的"公"。这是内与外的统一,名与实的统一。

王： 天下所归往也。——《说文》

按：为什么"公""王"不但有"公爵""王侯"之义，还有"公平""天下所归往"之义？

因为上面说"骨弱筋柔而握固，未知牝牡之合而全作，精之至也"。"骨弱筋柔而握固，未知牝牡之合而全作"是外在表现，对应"王""公"的名。"精之至"是内涵，对应"王""公"的本质。大卜所归往，因而为王，这也是名与实的统一。

天： 颠也，至高无上。——《说文》

按："天"在这里只有象征意义，象征至高无上的地位。

道： 治理天下。

久： 以后灸之，象人两胫后有距也。——《说文》

按：1.段玉裁《说文解字注》对"久"和"灸"的演变史作过分析，比较复杂，也可能不确切，故不再引用，有兴趣的读者可自行查阅。

2.针灸是中医的一种治疗方式。人生病，如果能够得到医治，生命就得以延续，因而衍生出"长久"之义。

3.兵法家甲说："天下之交。""久"则表明两腿之间有距离，象征国与国要保持一定的距离，当然对于天下而言还是一体。

4.《明孔德·老子》："天长地久。"可知"久"和地有关。因为王公的地位像天一样至高无上，所以治理国家要脚踏实地。

5.这里的"久"既有本义，也有引申义，也是内与外的统一。即，因为治国脚踏实地，并且生病有了医治的手段，并且治理国家孜孜不倦，因而得以长久。这也说明治理国家不是朝夕之事，而是时间长久的事情。

知和曰常，知常容，容乃公，公乃王，王乃天，天乃道，道乃久：

按：1.在兵法家乙看来，虽然每个赤子都有可能成为皇帝，但是没有谁生下来就有资格成为皇帝。成为皇帝之前必须深刻领悟"和之至"的道理，要经过层层的锻炼，然后成为公，再成为王，乃至达到至高无上的地位（比如天子），这时候可以治理国家。治理国家要依靠脚踏实地并且有病医治的法则。

遗憾的是，在漫长的历史发展中，这个理念几乎没发生一点点作用。

2.天，无疑是大的。小至一花一草，大至日月星辰，都在天的包容之下。兵法家乙认为，天包容王，王包容公，这就是道，也是最基本的常识。

⑦ **静**：审也。——《说文》。

热胜寒，静胜躁：炎热胜过寒冷，安静胜过烦躁。

（注："热胜寒，静胜躁"通行本第四十五章作"躁胜寒，静胜热"。《皇帝内经·素问·阴阳象大论》："寒胜热。""静胜热"好似关公战秦琼，历代注释皆不能解，不再赘述。根据老子说："静为躁君"，可调整为"静胜躁"。又因为，不管是"热胜寒"还是"寒胜热"都很绝对，所以从音韵角度调整为"热胜寒"。）

清：朖（lǎng）也。澄水之貌。（朖：明也。）——《说文》

清静：让内心明朗以审视纷纭众象。

按：心里没有"伐""强""骄""矜"。水不扰则自清，所以这里有不扰动别国的意思，这里的"静"，也就不是那种大气儿都不敢喘的鸦雀无声。所以，"清"有对人之义，"静"有对己之义。

正：草木生长向阳为正。

按：下文老子说："其德乃普"，与此呼应。

清静以为天下正：清静治国以使天下归心。

按：这是在治理天下的层面。兵法家乙认为，作为治理天下的人，可以"命令"自己沉静，但是无法"命令"天下人沉静。欲让天下人沉静，只能是不扰动天下。

（注："清静以为天下正"通行本第四十五章作"清静为天下正"。因为静下心是做事的前提，而不是事情本身。正是因为清静，所以能正。而不是说清静本身就是正。《明孔德·老子》："圣人抱一以为天下贞"与"清静以为天下正"句式相同。参考第六十二章"虽有拱璧以先驷马"。此句有"以"字不通。高亨认为是"虽有拱璧驷马以先"，并认为"先"当作"诜"，义为聘。

可见文本存在争议。今调整为"虽有拱璧先驷马"和"清静以为天下正"。）

⑧ **正**：草木向阳的法则。

抗：抵御。

以正治国，以抗用兵：用草木向阳的法则治国，以抵御的原则用兵。

按：在兵法家乙看来，军队不是为了进攻和侵犯；军队的本质是防御，并且真正有防御的力量，而不是把胜利寄托于上天的拯救。这样的理论基调和"以正治国"能够相辅相成，也与"骨弱筋柔而握固"相呼应。

（注："以正治国，以抗用兵"通行本第五十七章作"以正治国，以奇用兵"。"奇"是一个很恶劣的做法。一个能够"以奇用兵"的人，必定不能以正治国——以清静之道治国。因为"以奇用兵"是没有限制、没有约束的。完全没有限制君主是否好战，一个君主如果主动侵犯别的国家，或者以征战为事，还哪有工夫"以正治国"？参考第六十九章"故抗兵相加，哀者胜矣！"陈鼓应《老子注译及评介》认为"抗兵相加"应该作"抗兵相若"。可见文本存在争议。今调整为"故奇兵相加，哀者胜矣"和"以抗用兵"。）

咎：灾也。——《说文》

咎莫大于欲得：最大的灾就是贪图得到军队。

按：不去想治理国家的责任，只想得到军队当然是最大的罪过。

⑨ **胜人者有力，是谓用人之力**：战胜别人的人是有力量的，不过是利用别人的力量。

按：就是要基于对手犯错误，比如残暴的统治引起内乱。

自胜：别的国家安居乐业，你非得侵略，战胜了，这就是"自胜"。

按：在《道德经》那个年代还没有"战胜自我"这个概念。

强：勉强。

按：这里的"强"和"有力"有本质的不同。在兵法家乙看来，所谓"有力"不过是顺势而为，而"强"则包含了强烈的主观意愿乃至私欲，同时，也确实"有力量"。

好还：容易招致报复。

⑩ **果**：木实也。——《说文》

王弼注："果，犹济也。言善用师者，趣以济难而已矣，不以兵力取强于天下也。"

按："果"训为"结果"亦可，即"取得战争的胜利"这个结果。

果而不得已：取得战争的胜利只是出于不得已。

按：因为这是完全出于自卫，完全是不得已而为之。

⑪ **伐**：击也。——《说文》

按：这里引申为攻伐、发动战争。

果而勿伐：取得防卫战争的胜利就不再攻伐别人。

按：因为兵法家乙的用兵原则是"以抗用兵"，也就是以防守为原则。在防守的战争中难免会造成伤亡，这样，如果战争胜利了，就有可能因为有伤亡而产生报复心理，进而由防守的一方转变成进攻的一方。

强：逞强。

果而勿强：取得防卫战争的胜利就不再逞强。

按：取得防守战争的胜利以后，不要自信心膨胀，进而"以兵强天下"，或者在国内耀武扬威。

骄：马高六尺为骄。——《说文》

按：下文老子说："天下无道，戎马生于郊。"

马长到六尺，这就是象征着自己施仁政，或者显耀自己施仁政。

果而勿骄：取得防卫战争的胜利不要骄傲。

按：《孟子·梁惠王上》："仁者无敌。"这时候军事斗争便演化成政治斗争。但是，《孟子·梁惠王上》："庖有肥肉，厩有肥马，民有饥色，野有饿莩，是率兽而食人也。"所以，用六尺高的马来显示自己的仁政是完全虚伪的。

矜：矛柄也。——《说文》

按：矛柄没有刃，即失去战争的意义，而演变成仪式化的道具。（义：己之威仪也。——《说文》）由此可见，"矜"象征着"威仪"，也就是"义"。

果而勿矜：取得防卫战争的胜利后不要把武装转变成礼仪以显威仪。

按：有人认为防守战争取得胜利了，就天下太平，该享乐了。自己也应该高高在上，所以，就打造各种礼仪以彰显威严。这种麻痹大意和"以兵强天下"是两个极端。

没身：直到死亡。

殆：危也。——《说文》

没身不殆：直至死亡也没危险。

贵（贵）：物不贱也。从贝臾（yú）声。臾，古文蒉（kuì）。（蒉：艹器也。）——《说文》。［臾：束缚捽（zuó）抴（yè）为臾。——《说文》。段注："（臾）束缚捽抴为臾曳。束，缚也。缚，束也。捽，持头发也。抴，捈（tú）也。捈，卧引也。"］

按："贵"的本义是要经历各种折磨。因为经受得住各种折磨而取得大成就，所以被人尊贵。所谓"吃得苦中苦，方为人上人"。

没身不殆，故为天下贵：

按：兵法家乙仅仅说"贵"，而不提"富"。因为前面有"物形之，势成之"，没有财富是办不到的。只不过，兵法家乙没把"富"当作人生的目标而已。

⑫ **悠**：忧也。从心攸声。——《说文》

悠兮其贵言：仔细思量这尊贵的言论。

按："贵言"和"美言"针锋相对。

主：主人。

容：包容。

按："主"与"容"表明，世界不是非黑即白、非强即弱的对立关系。

吾不敢为主而为容：我不敢做军队乃至天下的主人，而选择包容。

按：从历史上来看，夫差战胜勾践以后，的确是"兼畜人"：把自己当主人，把勾践当作奴隶（或者说"仆人"）使之顺从。但是，勾践回国之后卧薪尝胆，最后把夫差打败了。在治国上，兵法家乙希望人君要以包容的态度待人而不是"兼畜人"，并将其作为处理君臣关系的法则。这就不像兵法家甲那样仅仅提出不要"过分"兼畜人。兵法家甲自认为是不刻意推行自己的主张，但是兵法家乙认为这不过是"折中主义"，所以要有更高的认识。可以说，兵法家乙在这个问题上就是一个革命。

不敢进寸而退尺：不敢进取一寸，反而要退回一尺。

按：兵法家乙反对君王身先士卒。这也是示弱。

"寸"与"尺"也表明世界不是对称的。

（注："吾不敢为主而为容"通行本第六十九章作"吾不敢为主而为客"。粗看起来，文本不存在任何问题："主"与"客"相对，"进寸"和"退尺"相对。但细究起来，"不敢为主而为客"，究竟是写事实呢，还是写心态呢？如果是写事实，那么，岂不是天天不在自家待着，而到别人家里做客？如果是写心态的话，那么，在自己家里如何保持"客人"心态呢？如何招待客人呢？参考第十五章"俨兮其若容，……"，"容"在这里无法解释，河上本、傅本均作"客"。今调整为"吾不敢为主而为容"和"俨兮其若客"。）

⑬ **吉事尚左**：河上公注：左生位也。

凶事尚右：河上公注：阴道杀人。

君子居则贵左：河上公注：贵柔弱也。

用兵则贵右：河上公注：贵刚强也。此言兵道与君子道反，所贵者异也。

偏将军居左，上将军居右：

河上公注：偏将军卑而居阳者，以其不专杀也，上将军尊而居右者，言其主杀也。

按：以上种种位置，实则"礼"也。

⑭ **久**：长久。

死：澌也，人所离也。——《说文》

按：《礼记·曲礼下》："天子死曰崩，诸侯死曰薨，大夫死曰卒，士曰不禄，庶人曰死。"可见，这里指的是庶人；也可能是兵法家乙认为在死亡面前人人平等，不必有那么多区分。

亡：逃也。——《说文》

按：这里引申为灵魂"逃亡"。

寿：久也。——《说文》

不失其所者久，死而不亡者寿：不丢掉自己位置的人就会长久，肉体死了灵魂不脱离的人才是长寿。

按：1.古人看到草枯死后，来年春天又能死而复生，于是认为草是"死而不亡"的。

2."久"和"寿"形成对文。所以，这里的"久"也取"长久"之义。

3.臧克家说："有的人活着，他已经死了。有的人死了，他还活着。"可想而知，在战争中如果起用那些尸位素餐之人，战争的结局会怎样。

⑮ **三公**：最高品级的朝廷大臣：太师、太保、太傅，可以作帝王之师。

拱璧：用双手捧着玉璧，寓意极为恭敬。

虽有拱璧先驷马：虽然有人拱送玉璧比驷马还快。

按：兵法家乙的意思是，当有人被立为天子后，立刻就有人捧着玉璧来祝贺，他们的速度比驷马还要快。

（注："虽有拱璧先驷马"通行本第六十二章作"虽有拱璧以先驷马"。此句不通。参考第四十五章"清静为天下正"。调整为"虽有拱璧先驷马"和"清静以为天下正"。）

坐进此道：象征地位平等，且不拘礼法。

按：兵法家乙不是不遵礼法，只是在死亡面前、在真理面前，兵法家乙认为人人平等。

以求得："求以得"的倒装用法。

有罪：就是想要得到军队。

译文：

（兵法家乙）道德涵养深厚的人，就好比赤子，我不知道是谁的儿子，好像是帝王的先人，道生了他，德蓄养他，物质给了他形体，自然大势使他成就，虽然骨弱筋柔，可是拳头却握得很牢固。不知男女之事，小鸡鸡却勃起，这是精气充足到了极致的原因。终日啼哭，从来不哑，这是和谐达到了极致。知道和谐是常理，了解常理才会包容，包容才会大公无私，大公无私才众望所归，众望所归就像天一样容纳一切，天道就是治理国家之道，治理国家要随时针砭时弊才可长久，炎热胜过严寒、安静胜过躁动，内心清朗、明察黑白以使天下归心。以草木向阳的法则治国，以防御的原则用兵。想要得到军队（兵器）就是最大的咎。战胜别人好像很有力量，不过是利用了别人的力量而已，自己主动且能战胜别人虽然强大，但是因为有强烈的私欲，这样的事也容易受到报复。善者不过是取得防卫战争的胜利而已。取得防卫战争的胜利是不得已的事。取得防卫战争的胜利而不攻击别人。取得防卫战争的胜利而不逞强，取得防卫战争的胜利而不标榜仁义（不骄傲），取得防卫战争的胜利而不彰显威仪（不矜持），这样终身都不会有危险，所以被天下人看得高贵。仔细思量这尊贵的言论，我不敢成为主人，而宁愿包容。不敢向前进取一寸，而宁愿退后一尺。吉庆事以左边为上，凶丧以右边为上。君子居家以左边为贵，行军以右边为贵；偏将军在左边，上将军在右边。不丢掉自己位置的人就会长久，肉体死了灵魂也不逃跑的人才是长寿。所以立天子，置三公，有人进贡玉璧的速度比驷马都快，还不如坐进此道。古人为何要重视这个道呢？还不是说有求必得，有罪可免吗？

（兵法家丙）飘风不终朝，骤雨不终日。孰为此者？天地。天地尚不能久，而况于人乎？[1] 知者不博，博者不知。[2] 不窥牖，见天道。不出户知天下；其出弥远，其知弥少。[3] 天道无亲，常与善人。[4] 反者道之动，弱者道之用。[5] 自矜者不长，自见者不明，自是者不彰，自伐者无功。[6] 其在道也，曰余食赘行，物或恶之，故有道者不处。[7] 不自矜故长，不自见故明，不自是故彰，不自伐故有功。[8] 善战者不怒，善为士者不武，善胜敌者不与，善用人者为之下。[9] 以道佐人主者，其鬼不神；非其鬼不神，其神不伤人；非其神不伤人，圣人亦不伤人。[10] 知其荣，守其辱，为天下谷。为天下谷，常德乃足。[11] 知其雄，守其雌，为天下谿。为天下谿，常德不离。[12] 知其白，守其黑，为天下式，为天下式，常德不忒。[13] 是以圣人不行而知，不见而名，

不为而成，^⑭故为天下贵。^⑮

注释及解析：

① **飘风：** 旋风。

朝： 早晨。

骤： 马疾步也。——《说文》

骤雨： 暴雨。

天地尚不能久： 天地尚不能长久这样。

按： "久"和"天地"连用，只有"长久"的意思。

飘风不终朝，骤雨不终日。孰为此者？天地。天地尚不能久，而况于人乎：

按： 兵法家丙认为诸如战争、发怒、争斗等都像狂风暴雨一样不能长久。

（注："飘风不终朝"通行本第二十三章作"故飘风不终朝"。此句于理不通。参考同一章节"希言自然"，调整为"故希言自然"和"飘风不终朝"。）

② **知：** 知道天道。

博： 博学。

知者不博，博者不知： 知道天道的人不博学，博学的人不知道天道。

按： 即便在现在，博学多才也会被人羡慕甚至崇尚。可以想见在那个通信不是很发达的古代，一个人能够博学多才，该会有多少崇拜者、效仿者。崇拜的人、效仿的人多了，同样会形成一种强大的势力。

③ **窥：** 从小孔隙里看。

牖（ yǒu ）： 窗户。

知： 知道并理解。

按： 这里的"知"并非我们现代所谓"知道有那么回事"，而是包含现代意义上的"理解"。

弥： 越。

不窥牖，见天道。不出户知天下；其出弥远，其知弥少： 不窥看窗户却可以发现天道。不出家门却可以知道天下，他们走出得越远，知道、理解天下的就越少。

④**天道**：天的"做事"法则。

常与：不是必定给予，但概率大一些。

善人：在《道德经》的时代，其内涵不是简单地理解为"善良的人"，甚至理解为"老实人"。更不仅仅是杰出的军事家。根据下文，我们可知从"善战者"到"人主"，每个层次的善人都有不同的表现。也可以理解为天道给予善人的表现是不一样的。

⑤**反**：覆也。——《说文》

按："反"训为"相反"。

动：作也。——《说文》

弱：柔软且没有武器。

用：可施行也。——《说文》

反者道之动，弱者道之用：反方向是道的作用方式，而柔弱是道可以利用的形式。

按：兵法家甲希望人与人之间，国与国之间互相交往。兵法家丙则希望善人能得到"天道加持"，并且更强调在心理上了解他人。

下面"自矜者不长，……不自伐故有功"就是体现"反者道之动"。

"天道无亲，常与善人。……善战者不怒……常德不忒"就是体现"弱者道之用"。

⑥**自矜**：待着没事即操练仪仗队，自我感觉良好。

不长：1.不成长。2.不长久。

彰：显现、彰显。

自见：自现，自我显示。

按：养六尺高的马，以表现自己实施仁政，自欺欺人而已。

自见者不明：自己表现的人不会真正明白事理。

按：《明玄德·道者》："自知者明。"

自是：自以为是。

按：兵法家丙指出的有三点：

1.如果君主不顾地方特点而推行自己的制度为"自是"。

2.自己提出不为天下人理解的主张也是"自是"。

3.以兵强天下，因为没有战争，还自认为"有德"。

自伐： 师出无名或强加罪名的征战杀伐。

功： 以劳定国也。——《说文》

自矜者不长，自见者不明，自是者不彰，自伐者无功：

按：兵法家乙说："果而勿伐，果而勿强，果而勿骄，果而勿矜。"这是告诫君主取得防卫战争胜利后不要有这些心理反应。

兵法家丙是告诫辛勤治国中的君王以及官员，得到"天道"后不要有这些心理反应。

⑦ **其在道也，曰余食赘行，物或恶之，故有道者不处：**

按："伐""强""骄""矜"等，无异于画蛇添足。

⑧ **不自矜故长，不自见故明，不自是故彰，不自伐故有功：**

按：1.这四句话总的来看，就是把建功立业看得太简单。

2.兵法家丙认为无论是国与国之间，还是君与臣之间，产生矛盾的根源就在于心态出了问题，处理了心态问题，所有的问题就迎刃而解。但遗憾的是，历史往往以反面来印证这段话的影响力。

一旦君臣之间产生裂隙，或者产生矛盾，双方各持己见，或互相猜忌，这时候对双方都是危险的。所以，虽然汉高祖刘邦对张良、韩信、萧何充满了赞誉之词，但是汉三杰的结局又是什么？韩信死，萧何系狱，子房托于神仙。

⑨ **武：** 动武。

与： 赐予也。——《说文》

善战者不怒： 善于战斗的不发怒。

按：不怒而威，是谓威仪。怒而失态，是谓"失义"。

善为士者不武： 善为将领的不发生战争。

按：不动用武力，避免流血，此即为"仁"。不善为士的人动用武力，乃至于"血流漂杵"即为"失仁"。

善胜敌者不与：善于战胜敌人的不会赐予敌人财物。

按：强国给弱国财物，谓之怀柔。弱国给强国财物谓之进贡。给人财物谓之"有德"，不给人财物谓之"失德"。

善用人者为之下：善用人的人把自己置于所用之人的下位。

按：1. 此即为"有道"；不善用人的，就把自己置于所用人之上，此即为"失道"。

2. 兵法家甲说："小国不过欲入事人。"兵法家丙认为不是这样。"善用人者为之下"是对自己所用之人礼贤下士，这是善用人的体现，而不是服侍他国。

⑩ **人主**：人的君主，区别于鬼神。

鬼：人所归为鬼。——《说文》。段注："古者谓死人为归人。"

神：神奇，神通。《易经·系辞》："阴阳不测之谓神。"

以道佐人主：依靠道来辅佐人主。

其鬼不神：鬼不显现神通。

非：并非。

亦：人之臂亦也。——《说文》。段注："人臂两垂，臂与身之间谓之臂亦，臂与身有重叠之意，故引申为重累之词。"

（注："亦"的本义或是机器人，所谓奇兵也。）

圣人亦不伤人：圣人垂下手臂不伤害人。

以道佐人主者，其鬼不神；非其鬼不神，其神不伤人；非其神不伤人，圣人亦不伤人：

按：兵法家丙先说"以道佐人主者"，然后说"其神不伤人""圣人亦不伤人"。这说明，所谓神伤人的本质不过是圣人伤人的借口。同时，这里面没有说不伤害人主，而是说不伤害人主的子民。这就说明了兵法家丙的政治立场：民众是人主的根基，保护民众不受伤害就是保护人主了。不要用子民的鲜血去保卫君主，而是说，子民的安全是君主必须尽的义务。

综上，这一句话凸显的是义和信。《易经·系辞上》："天之所助顺也，人之所助信也。"（顺：顺乎道。）

⑪ **荣**：桐木也。——《说文》。段注："桐木，此即贾思勰青桐、白桐之别也。白桐华而不实，材中乐器。青桐则不中用。"

按：1. 木，对应的方位为东方。

2. 青桐木"中着不中用"和兵法家甲"木强则兵"相呼应。

辱：耻也。从寸在辰下。失耕时，于封畺（jiāng）上戮之也。辰者，农之时也。故房星为辰，田候也。——《说文》（注：封畺：封土。戮：羞辱。辰：代表农历三月，是农耕时令。房星：也叫辰星，代表春耕的征候。）

按："辰"对应五行为"土"，方位为中央。

谷：泉出通川为谷。——《说文》

知其荣，守其辱，为天下谷。为天下谷，常德乃足：

按：兵法家乙效法于天的包容；兵法家丙效法于溪谷的包容。

兵法家丙认为，治国不能沉溺于丝竹之乐，而要知耻，知道违背农时、荒废农业是可耻的。做天下的山谷，就是要滋养农业，农业富足，常德也就富足。

⑫ **雄**：鸟父也。——《说文》

雌：鸟母也。——《说文》

离：黄仓庚也。鸣则蚕生。——《说文》（黄仓庚：黄鹂。）

按：1. "离"取引申义"离开"。

2. "离"为"火"，方位为南。

谿：山渎（dú）无所通者。——《说文》（渎：沟渠。）

知其雄，守其雌，为天下谿。为天下谿，常德不离：

按：1. 兵法家丙认为，用兵打仗是靠男子，但是在用兵时，必须保护好女人。唯有保护好女人，男人才能够奋勇抗敌，而不是逃离战场。另一方面，也要做好防事的工作。《孙子兵法·军形》："善守者，藏于九地之下。"这就是为天下谿。做好充分的防事工程，常德就不会离开了。

2.《国语·晋语一》："史苏告大夫曰：'有男戎必有女戎。'"韦昭注："戎，兵也。女兵言其祸由姬也。"《国语·晋语一》："乱必自女戎。"

毛宗岗评《三国演义·第八回》："十八路诸侯不能杀董卓，而一貂蝉足以杀之；刘关张三人不能胜吕布，而貂蝉一女子能胜之，以衽席为战场，以脂粉为甲胄，以盼睐为戈矛，以笑颦为弓矢，以甘言卑词为运奇设伏，女将军真可畏哉。"

兵法家丙认为，仅仅知道男戎，远远不够，更要防备女戎。

3."辱"和"黑"都有贬义色彩，由此可推知，"雌"也有贬义，其程度介于"辱"和"黑"之间。

《孟子·离娄上》："夫人必自侮，而后人侮之。"

《易经·系辞上》："天尊地卑，乾坤定矣。……乾道成男，坤道成女。"

男尊女卑，古已有之。所以，"雌"象征着卑贱。

"辱"属于外来，而"雌"则是"自侮"，自我轻贱。由此也可推知，"雄"也象征傲慢。

兵法家丙认为，一个人的傲慢是缘于内心的自卑。

⑬ **白**：西方色也。阴用事。物色白，从入合二。二，阴数。——《说文》（白代表西方的颜色，办丧事时，物品染上白色，以祈祷灵魂归西。）

按："白"也可引申为看得见的、听得到的，能够感知的，诸如行为表现、人情冷暖等。

黑：火所熏之色也。——《说文》。段注："北方色也。"

按：1.北方为水，水乃生命之源。守住生命之源，是为了灵魂再生也。

2."黑"也可引申为看不见的内心活动、背后的工作等等。

3."辱""雌""黑"同为贬义。"黑"有人训为"黑垢"，也不无道理。这里象征"阴暗心理固化"。这和我们现代人所谓的"心黑"是一个意思。

式：模式。

忒：更也。——《说文》

知其白，守其黑，为天下式。为天下式，常德不忒：

按：1.兵法家丙认为，死亡是人生的主题，人应该死得其所，并非战死沙场。同时死亡应该是清静的，而不是锣鼓喧天，哭天抢地。在清静的氛围中，灵魂安息以期再生，这是天下共同的模式，这样，常德就不会因人死亡而更改。

2.在世俗的层次，兵法家丙认为，知道一个人洁白的一面，要守住他内心阴暗的一面，以防被骗。"雌"属于人内在的轻贱，比"辱"更差一个层次。而"黑"则不仅仅是自我轻贱，还有"阴谋诡计"，其害更甚。

3."守"是人能够走正道而不被引诱的必备心理品质。

兵法家丙认为，得到天下的"权力"只是表面的东西，人们说好话也好，三跪九叩也罢，都是表面的，真正得到天下还是要得到人民真正的拥护。

尽管知道这个道理很重要，但是有多少人经受得了诱惑？看着别人征战杀伐多么痛快，自己就只有忍气吞声？看着别人山呼海拥多么风光得意，自己就孑然独立？看着别人吃山珍海味，难道自己就只能吃清汤过水儿面？看着别人吆五喝六，那么多人侍奉，难道自己就只有仰望星空的份儿？

所以兵法家丙用"守"字。

⑭ **不行而知**：通过内省、看书就可以见到天道、了解天下。

不见而名：不自我表现而天下闻名。

按：兵法家丙说的是"不见而名"，而不是"不见而明"。

不为而成：不用战争也不用侍奉别人即可成就自己的心愿。

⑮ **故为大卜贵**：所以被天下人尊贵。

译文：

（兵法家丙）旋风刮不了一早晨，暴雨也下不了一天，这是谁做的呢？是天地做的。天地都不能持久，何况人呢？不用开窗户，却可以见到天道。足不出户可以知道天下，出去得越远，知道的就越少。天道没有远近亲疏，只给予善良的人。反方向是道的作用方式，柔弱是道可以利用的形式。自逞己见不能明道；自矜不能长久；自以为是不能显昭；自己攻伐的，建立不起功勋。站在道的高度上来说，这些就像剩饭赘瘤一样丑陋不堪。所以，有道的人不会这样做。不自矜，所以能长久，不自我表现，反而能明道，不自以为是，反而能彰显，不擅自攻伐别人，所以能有功劳。善于战斗的人不发怒，善为士的人不亲自用武力，善胜者不与敌人接触，善用人者把自己置于所要用的人之下。用道来辅佐人主，鬼就不显现神通；并非鬼不显现神通，而是鬼的神通不伤人；并非鬼的神通不伤人，而是圣人垂下手臂不伤害人。知道梧桐木可以做乐器，也要安守可能失掉农时而面临在封土上的侮辱，宁愿为天下的山谷。做了天下的山谷，常德就会蓄养得很足。知道雄鸟飞得高，要守住巢中的雌鸟，就要做天下的小溪。做了天下的小溪，平常的道德信念须臾不离。知道丧事用白色以祈祷灵魂归西，也要安守北方的黑色以待灵魂再生，这是天下的模式。有了天下的模式，恒常的德不会有更改。所以圣人不用远行也可以知道天道，不用显现别人也会知道他的名声，不用战争或者侍奉别人而成就自己的心愿。所以圣人被天下人尊贵。

（君主）歇气致柔，能婴儿乎？[①] 挫营魄抱一，能无离乎？[②] 天门开阖，能无雌乎？[③] 涤除玄览，能无谪乎？[④] 明白四达，能无行乎？[⑤] 爱民治国，能无为乎？[⑥]

注释及解析：

① **歇：** 敛其心神

婴： 颈饰也。从女贝。贝，其连也。——《说文》

按：女孩儿的配饰。

婴儿： 小女孩儿。

按：婴儿和赤子相对。

歇气致柔，能婴儿乎： 敛其心神调和气息到最柔和，能像婴儿那样吗？

按：由成年人回到婴儿，这样的事谁也没见过，即便是"能如婴儿乎？"也是一样，成年人的身体无论怎样柔软也和婴儿有天壤之别。

（注："歙气致柔，能婴儿乎？"几乎每一个本子（第十章）都是"专气致柔，能婴儿乎？"看来并无争议，但这并非意味着确凿无误。《管子·内业》篇："抟气如神，万物备存。"高亨说："《老子》之'专气'和管子之'抟气'同。"今调整为"歙气致柔"。"歙"字由通行本第三十六章"将欲歙之，必固张之"调整而来。从义理上来看，即便是"抟气"，也绝无避免"歙"的可能。）

② 挫：摧也。——《说文》

按：《孟子·公孙丑》："思以一毫挫于人。"由此可知，"挫"未必就意味着很重的伤害。所以，这里用了夸张的笔法。

营魄：河上公注："营魄，魂魄也。"《内观经》说："动以营身之谓魂，静以镇形之谓魄。"

按：兵法家甲说："信言不美，美言不信。"

兵法家丙说："知其白，守其黑，为天下式。"

"营""魄"大概相当于当面一套背后一套，表面一套，心里一套。

（注："挫营魄抱一"通行本第十章作"载营魄抱一"。载：陆希声说："载，犹夫也"，在这里被看作助词。高亨认为"以抱训载，以灵魂训营魄，此汉人故训"。陈鼓应认为，"载"是助词。参考王本第二十九章"或挫或隳"。河上公本作"或载或隳"。俞樾说："河上注曰：'载'，安也。'隳'，危也。是载与隳相对为文，与上句'或强或羸'一律，而通行本作挫，则与隳不分二义矣。"综上，"载"和"挫"互调位置。调整为"挫营魄抱一，能无离乎？"和"或载或隳"。）

抱：（捊）引取也。从手孚声。抱，捊或从包。——《说文》。

抱一：得到一个整体。

挫营魄抱一，能无离乎：挫揉营魄引取一个整体，能够使之不分离吗？

按：1.这可能取法于"错金银"工艺。"错金银"本来可能是"挫金银"。"挫"包含了錾刻、打磨等工艺，有"镶嵌"之义。下文老子说："天下莫柔弱于水，而攻坚强者莫之能胜，天下之至柔，驰骋天下之至坚。"亦可证之。

众所周知，錾刻工艺，金属刀具可以"驰骋"于被錾刻物。比如清代流行的铜墨盒，就是錾刻居多。这是尖锐的刀具"驰骋"于被錾刻之物。但是老子用滴水穿石来说明，水也可驰骋于坚硬的石头。

不知何时变成了"错金银"，竟然导致真实工艺的变革。错：金涂也。——《说文》。目前发现的错金银工艺品有的采用镶嵌，有的采用涂画法。采用涂画法的应该是受了"错"字的影响。

2.君主希望得到的是言行一致、当面与背后都一致的人心。但是"挫营魄"可能是缘木求鱼的方法。

③**天门**：现在所谓"心扉"。

开阖：自己打开或关闭心扉。

按：《礼记·大学》："此谓诚于中，形于外，故君子必慎其独也。"

《论语·学而》："曾子曰：'吾日三省吾身：为人谋而不忠乎？与朋友交而不信乎？传不习乎？'"

"开阖"大概相当于"慎独"和"三省吾身"。

雌：在这里象征"卑贱"。

天门开阖，能无雌乎：人的心扉开阖，能没有卑贱吗？

按：君主认为，内心深处的自卑是一切罪恶的根源。

④**涤**：洒也。——《说文》

除：殿陛也。（陛：升高阶也。）——《说文》

涤除：洒洗宫殿的台阶并登高。

按："除"的本义是登上宫殿的台阶。这里象征人生的层次，国家的层次。"涤除"，纵向象征一个人修养的层次，"四达"则横向象征由个人到家庭、由家庭再到社会的修养层次。

下文老子所说的"合抱之木生于毫末；九层之台，起于累土；千里之行，始于足下"就是对"涤除"的诠释。

览：观也。——《说文》

玄览：幽深地观察，就是"观察人的心灵"。

按：兵法家丙说："知其白，守其黑。"其中"守其黑"就是"守住内心的阴暗面"。

下文老子说："故以身观身，以家观家，以乡观乡，以国观国，以天下观天下。"这就是对"玄览"的诠释。

谪：罚也。从言啻（chì）声。——《说文》。《广雅》："责也。"《玉篇》："咎也、罪也、过也、怒也。"

按：这里的"罚"和刑罚不同。"谪"指精神上的惩罚。

涤除玄览，能无谪乎：洒洗台阶以便登高作幽深的审视，能够没有惩罚吗？

按：1.《汉书·卷六十五·东方朔传》："水至清则无鱼，人至察则无徒。"

下文老子说的"知常曰明，是谓容明"就是对这句话的回答，这是宽以待人。

2.兵法家乙说："道乃久。"这意味着治理国家有时像针灸一样。人在针灸时会有刺痛感。

"谪"就是精神上的针灸。所谓"针砭时弊"就是这个道理。君主这句话的言外之意是，人在修养的过程中能不能不靠外在的鞭策，而自觉进行呢？这是严于待己。

（注："涤除玄览，能无谪乎？"通行本第十章作"涤除玄览，能无疵乎？"。疵：病也。——《说文》。"病"和审视、洒洗台阶无关。参考第二十七章"善言无瑕谪"，今调整为"涤除玄览，能无谪乎？""善言无瑕疵"。）

3.另一方面，君主指出了人世的一个荒谬之处：那些虚与委蛇的人往往得到赞美，可是正义之士、或者想要进步的人却会受到无端的指责、挖苦、讽刺、冷落等。

⑤**明**：清晰、明确。

白（zì）：此亦自字也。省字者，词言之气，从鼻出，与口相助也。——《说文》

按："白"也可引申为"基础""纯洁的心灵"。

明白：洞察最初的自我。

四达：《尔雅·释宫》："一达谓之道路，二达谓之歧旁，三达谓之剧旁，四达谓之衢（qú），五达谓之康，六达谓之庄，七达谓之剧骖（cān），八达谓之崇期，九达谓之逵（kuí）。"（歧旁：二岔路。剧旁：三面相通的道路。衢：四条十字路口。康：五个方向的岔路口。庄：六个方向的岔路口。剧骖：七个方向的岔路口。崇期：八个方向的岔路口。逵：九个方向的岔路口。）

明白四达：通过洞察最初的自我，然后通晓各种事物的道理。

按：《论语·八佾》："子夏问曰：'巧笑倩兮，美目盼兮，素以为绚兮。何谓也？'子曰：'绘事后素。'"

孔子认为，绘画要先有白色的底子。

"明白四达"相当于"绘事后素"。君主认为，人如果想要通达，必须先明了自己的初心。

明白四达，能无行乎：通过洞察自我初心通晓各种事物的道理，能够不通过实践吗？

按：1. 在兵法家丙看来"不窥牖"就可以"见天道"。这就是"不行而知"。"明白四达"比"知"的境界更高一个或几个层次。那么，还可以"不行而明白四达"吗？

下文老子说的"修之于身，其德乃真；修之于家，其德乃余；修之于乡，其德乃长；修之于国，其德乃丰；修之于天下，其德乃普"，则是对"明白四达"的诠释。

2. 这是关于演绎法和归纳法的思考：

培根以"知识就是力量"、笛卡尔以"我思故我在"在西方世界各领风骚。爱因斯坦说："西方科学的发展是以两个伟大的成就为基础，那就是：希腊哲学家发明形式逻辑体系（在欧几里得几何学中），以及（在文艺复兴时期）发现通过系统的实验可能找出因果关系。在我看来，中国的贤哲没有走上这两步，那是用不着惊奇的。要是这些发现果然都作出了，那倒是令人惊奇的事。"①

可以让国人自豪又悲哀的是，在孔子、老子的著作中对于逻辑学的探讨非常深入，只不过出于种种原因，我们看到的只是《论语》《道德经》，甚至包括《易经》的碎片，就断言中国的先哲没有形成完善的逻辑，实在是历史的悲剧。如果说中国有工业革命，那么工业革命在两千年前的某一时期就被扼杀在摇篮中，从此一直是农业的附庸。至于"绝圣弃智"就更不用说了。

《论语·卫灵公》："子曰：'吾尝终日不食，终夜不寝，以思，无益，不如学也。'"

《论语·为政》："子曰：'学而不思则罔，思而不学则殆。'"

在这里，孔子就对两种认知事物的方法作了深刻的体验。

（注："爱民治国，能无为乎？　明白四达，能无行乎？"通行本第十章"爱民治国，能无知乎？……　明白四达，能无为乎？"。"知"在《道德经》中出现了57次，可见有多重要。所以"无知"是万万不可的。参考第六十九章"行无行"，今调整为"知无行"和"爱民治国，能无为乎？明白四达，能无行乎？"。）

⑥**爱民治国，能无为乎**：爱护庶民，治理国家能够不用军队吗、不委曲求全吗？

按：此处的"无为"大约是指不设置职业军队；不委曲求全。

（注：通行本第十章作"爱民治国，能无知乎？"，今调整为"爱民治国，能无为乎？"。）

译文：

（君主）敛其心神调节气息以至柔和温顺，能像婴儿那样吗？挫揉营魄得到整体，能不分离吗？人的心扉开阔，能没有自卑吗？洒洗台阶以便登高作

---

① 《爱因斯坦文集》第一卷，商务印书馆1983年版，第574页。

幽深的审视，能够没有针砭吗？通过洞察最初的自我，然后通晓各种事物的道理，能够不通过实践吗？爱民治国，能够不用军队也不委曲求全吗？

第二节　老子的论述

天下有道，却走马以粪。天下无道，戎马生于郊。① 兵者，不祥之器，非圣人之器，不得已而用之。祸莫大于轻敌，轻敌几丧吾宝。② 杀人之众，以哀悲泣之，以丧礼处之，胜而不美。言以丧礼处之，而美之者，是乐杀人。夫乐杀人者，其无正，则不可以得志于天下矣。③ 重为轻根，静为躁君。轻则失本，躁则失君。是以君子终日行，不离辎重。虽有荣观，燕处超然。④ 守柔曰强，心使气曰强，强行者有志："强梁者不得其死！"⑤ 故不可得而亲，不可得而疏；不可得而利，不可得而害；不可得而贵，不可得而贱。⑥ 故去彼取此：

注释及解析：

① **却：** 退却。

粪： 耕种，播种。

走马以粪： 此句意为用战马耕种田地。

戎马： 战马。

生于郊： 指牝马生驹于战地的郊外。

天下有道，却走马以粪。天下无道，戎马生于郊： 天下如果有道，就把战马退下来耕地。天下无道，母马都在战地上产崽。

按：这句话好像很简单，但是，里面的内涵很深刻。

1.提出了天下有道和无道的判断标准。老子认为，天下有道的标志是"却走马以粪"，而不是让马来跳舞。后来，唐玄宗喜欢舞马并且也喜欢杨贵妃，最后导致安史之乱。天下兵荒马乱时，自然是无道的。

2.这句话也包含了主观意愿以及事实的因果逻辑。

兵法家乙宣称："吾不敢进寸而退尺。"

老子不主张有职业军队。老子指出，在没有战事的时候，所有的军人都要解甲还田，而不仅仅是"退尺"；天下无道时，要果断地兴兵讨伐无道的国君，更无所谓"不敢进寸"。

3.母马产崽，不可谓不慈，但是在战争时期，母马的慈并不能改变被驱使的命运，也表明人在战争时期不能仅仅靠"慈爱"。

②**兵者，不祥之器，非圣人之器，不得已而用之**：军队本身就是不祥之器，不是圣人的器物，但在不得已的时候也必须用兵。

按：老子认为，军队本身即为不祥，并不仅仅是精兵才不祥。一方面要慎于用兵，另一方面也不要畏惧、忌讳用兵。

（注："兵者，不祥之器，非圣人之器"通行本第三十一章作"兵者，不祥之器，非君子之器"。在圣人这个层次，就不须亲自执有武器。参考第二十六章"是以圣人终日行，不离辎重"。今调整为"兵者，不祥之器，非圣人之器"和"是以君子终日行，不离辎重"。）

吾宝：就是道。

祸莫大于轻敌，轻敌几丧吾宝：

按：敌人不是那么容易了解的。善良的人经常会如此哀叹："看起来和蔼可亲的人，为什么会如此狠毒呢？"口蜜腹剑之辈无孔不入，真正败坏了社会风气，也是对礼的恶毒败坏。

③**哀悲**：悲哀。

杀人之众，以哀悲泣之，以丧礼处之，胜而不美。言以丧礼处之，而美之者，是乐杀人。夫乐杀人者，其无正。则不可以得志于天下矣：

按：老子认为，即便战争也绝非"诡道"，所以军队可分为正义之师和非正义之师。在正义战争中，即便圣人也难免杀人，但不"乐杀人"，是真正不得已而为之。老子认为在正义战争中军礼也是必要的。真正的礼应该是由内而发，而不是摆样子，这就从根本上否定了"夫礼者，忠信之薄而乱之首"。

④ **重：** 厚也。——《说文》

轻： 轻车也。——《说文》。段注："郑曰：'轻车，所用驰敌致师之车也。'"

根： 根本、基础。

君： 主宰。

本： 河上本作"臣"。明太祖本、《永乐大典》本都作"根"。

躁： 烦躁、恼怒。

辎重： 军用物资，生活物资，粮草，衣被，武器，装备，等等。

是以君子终日行，不离辎重：

按：兵法家乙说："终日号而不嗄，和之至也。"其实，一个小孩儿如果终日啼哭，肯定有问题。

兵法家丙说："飘风不终朝，骤雨不终日。"这样的说法，只能说没见过世面，热带雨林气候，雨季来临了是怎样的一幅景象？当今的世界，极端天气层出不穷，又该如何解释？

比较来看，"是以君子终日行，不离辎重"并非对事实的描述，而是一个假设性建议，其重点在于领悟"不离辎重"的重要性，而不是非得让君子终日行走。

（注："是以君子终日行"通行本第二十六章作"是以圣人终日行"。傅本、景龙本、苏辙本、范应元本以及多种唐宋古本均作"君子"。韩非子《喻老篇》亦作"君子"。老子不主张君主、圣人亲自领兵打仗。领兵打仗是将帅的事。作为将帅，首先必须是君子。参考通行本第三十一章"兵者，不祥之器，非君子之器"。调整为"是以君子终日行"和"兵者，不祥之器，非圣人之器"。）

荣观： 贵族游玩享乐的地方，这里代指奢华的生活。

燕处： "燕"为"安"的意思，"燕处"就是"安居"。

虽有荣观，燕处超然： 在战利品、在"荣誉"面前要超然待之，冷静从容地处理。

按：1.老子指出，作为主帅，在战利品、在"荣誉"面前要超然待之，冷静从容地处理，不被暂时的胜利冲昏头脑。要守住根本的东西，不管走到哪也不能离开一切军用物资，生活物资，粮草，衣被，武器，装备，等等。"燕处超然"正是在"不离辎重"的前提下才能表现出来。

2. "虽有荣观，燕处超然"是"重为轻根，静为躁君"的升华。

⑤ **守柔**：刻意保持柔弱姿态。

按：如果要身体柔韧，需要锻炼，而非意志上的"守"。如果内心充满爱，说话自然是柔和的。如果心里有恨而刻意保持说话的柔和，这样的人内心是强悍的。

使：伶也。（伶：弄也。）——《说文》。段注："伶人者，弄臣也。"

心使气：忍气吞声。

行：行礼乃至纳贡。

强行者：勉强行礼及纳贡者。

有：不宜有而有也。——《说文》

志：这里有仇恨且诅咒的意味。

强梁者：本义指桥梁里的蛀虫。这里引申为社会中的各种蛀虫，尤指强暴的军队。《韩非·五蠹》论述了社会中的五种蛀虫。兵法家甲认为军队可以成为社会的蛀虫，并且军队成为蛀虫时也就失败了。

虽然《韩非·喻老》中说"千丈之堤，以蝼蚁之穴溃"，但遗憾的是，其注解并不是针对"强梁"。

强梁者不得其死：那些蛀虫死无葬身之地。

按：这大概是最古老的"精神胜利法"。经常有受欺负且忍辱的人，他们表面上曲意逢迎，但是心里会说："欺负我的人不得好死。"老子指明了卧薪尝胆式的行礼是危险的，也提醒世人，不要为表面的卑躬屈膝所迷惑。

⑥ **故不可得而亲，不可得而疏**：不能因敌人投降而亲近他，也不能因敌人投降而疏远（放任）他。

按：亲近有可能反受其害，疏远则会导致失于管束。

不可得而利，不可得而害：不能因为敌人投降而给予利益，也不能因为敌人投降而加害他。

按：给予利益有可能是养虎为患。加害投降的人，以后就不会有人再投降了。

不可得而贵，不可得而贱：不能因为敌人投降后使之尊贵，也不能因为敌人投降后使之卑贱。

按：敌人投降得到荣华会使自己的将帅不服，令其卑贱又会使其心生怨气。

综上：不战而屈人之兵，得到的是烫手的山芋，怎么办都不行。

译文：

天下有道，战马就会退还给庶民去耕田种地。天下无道，连怀胎的母马也被用来作战，以至在战场上产崽。兵器是不祥的器物，不是圣人用的器物，只有在不得已时才用。最大的祸患就在于轻视敌人，轻敌就几乎丧失了我的宝贝。战胜敌人也不高兴，杀人多了，战胜后就以丧礼处置，真正伤心哭泣。如果只是说以丧礼来处置，心里却很美，这就是喜好杀人。喜好杀人的没有正气，就不可能得到民心。奔驰的兵车要以厚重的物资作为后盾。要以冷静主宰烦躁不安的情绪。如果只要轻便的车就会失去根本，如果烦躁冲昏头脑就失掉对自己的主宰。所以君子每天做事情离不开辎重。即使有非常荣耀的事情，也会超然处之。教条地保持柔弱就是勉强，用心去控制呼吸也是勉强为之，勉强行礼的人心里会有这样的意志："强暴的人会不得好死！"所以不要因为敌人投降而亲近他，也不能因为敌人投降而疏远他；不可因为敌人投降而让他获利，也不可因为敌人投降而伤害他；不可因为敌人投降而使他高贵，也不可因为敌人投降而使他轻贱。所以要去除前面的说辞，建立下面的理念：

天之道，不争而善胜，不言而善应，不召而自来。① 致虚极，守静笃。万物并作，吾以观复；② 天下之牝，以静为下，牝常以静胜牡，譬道之在天下，夫两不相伤，故德交归焉。③ 故道生之，德畜之，长之育之，亭之毒之，养之覆之，物壮则老，是为习常。夫物芸芸，各复归其根，归根曰静，复归于婴儿。④ 是以万物莫不尊道而贵德。道之尊，德之贵，夫莫之命而常自然。⑤ 以道莅天下，不以兵强天下，以无事取天下，恬淡为上，绵（chǎn）然而善谋。⑥ 大国者下流，犹川谷之于江海。江海所以能为百谷王者，以其善下之，故能为百谷王。⑦ 是以圣人抱一为天下式。吾是以知无为之有益。⑧ 夫亦将知止，知止可以不殆。⑨

注释及解析：

① **天之道**：自然规律。

善胜：以善而胜。

不争而善胜：下面所述"牝常以静胜牡"是不争而善胜。

不言而善应：下面所述"……夫莫之命而常自然"而受到尊崇。

不召而自来：下面所述"江海所以能为百谷王者，以其善下之，故能为百谷王"，大海不召唤河水，而河水自动归于大海。

② **致虚极**：脑海中极度空灵。

按：心里没有"伐""强""骄""矜"等，极度空灵，只有这样才会包容万物。

静：审也。——《说文》

笃：马行顿迟。——《说文》

按：兵法家内说："骤雨不终日。""骤"，马疾步也。老子在这里用"笃"与之呼应。

守静笃：持守安静、审视极为漫长的节奏。

按：根据下文可知，老子要观察自然万物之生老病死的演化规律，这一过程是极为漫长的。但是其中也存在节奏，只不过这个节奏极为缓慢，即便用"马行顿迟"也是勉强形容。

并：相从也。——《说文》

万物并作，吾以观复：万物都依次蓬勃生长乃至走向灭亡，我因此观察到了循环往复的规律。

按："致虚极，守静笃。万物并作，吾以观复"是"重为轻根，静为躁君"以及"虽有荣观，燕处超然"的升华。

③ **牝**：畜母也。——《说文》

以静为下：以安静作为卑下。

按：1.此为顺从，但不是屈从也不是盲从，就是为了繁衍生命。（这是动物的本能，或者动物没有这样的想法和动机。）

2.繁衍生命不是为了雄性繁衍，而是双方共同的需要。这种需要并不是为了"老有所养"。你看动物世界有多少动物生孩子是为了"赡养自己"？无奈，人类文明了，或者男方让女方生孩子是为了传宗接代，或是随着妇女的解放，女方又认为不应该"沦为生殖的工具"。

牝常以静胜牡：牝经常凭借安静"战胜"牡。

按：1."牝胜牡"意味着牡同样顺从于牝。

2.这并不能证明"弱能胜强"是绝对的。试想，两头雄狮比武，哪个会胜利？

3.兵法家丙说："知其雄，守其雌。"

君主说："天门开阖，能无雌乎？"

"雌""雄"，尤其是"雌"，在那个年代可能贬义色彩很浓厚。老子在这里用"牝牡"代之。

老子指明，牝靠安静征服牡，而非靠浓妆艳抹；另一方面，也不是牡靠武力征服牝。

譬：好比。

焉：在那里（指新生命）。

德交归焉：牝牡双方互相顺从之德交汇归于新生命。

按：1."德"就是双方互相顺从，这种顺从是发自内心或者发自本能的。

2.老子默认孝慈为良好的道德品质，但是更强调夫妻之道。如果夫妻关系不好，什么对孩子的爱呀、慈呀、严呀都无从谈起。在老子看来，"慈"

不仅仅是有了儿女之后的事情，在两性结合之时，"德交归焉"，这时候就有慈了。

④ **之**：指万物。

道生之："道"生成万物。

德畜之：德使之顺从。

按："德"本身就是顺从，所以"德"使之顺从，就是潜移默化，也是"不言之教"。

亭：民所安定也。——《说文》

按：这里训为"庇护"。

毒：厚也，害人之草，往往而生。——《说文》

按：这里训为"毒害"。

亭之毒之：既庇护它也毒害它。

养：供养也。——《说文》

覆：埋葬。

养之覆之：养育它，也埋葬它。

按：无论是生养万物，还是毒害万物，甚至使之死亡，都是"道"。

习常：习以为常。

故道生之，德畜之，长之育之，亭之毒之，养之覆之，物壮则老，是为习常：

按：《孟子·公孙丑下》："得道者多助，失道者寡助。"这里有明显的功利色彩，显然不如老子的论述深广。老子阐明，生老病死在自然界是习以为常的事，这就是天道，和军事斗争没啥关系，没必要牵强附会。

《荀子·天论》："天道有常，不为尧存，不为桀亡。应之以治则吉，应之以乱则凶。"就"天道有常，不为尧存，不为桀亡"而言，荀子的天道观和老子不谋而合。

芸：艹也。《淮南子》说："芸草可死而复生。"——《说文》。段注："谓可以使死者复生。"

夫物芸芸，各复归其根，归根曰静，复归于婴儿：

按：也许老子认为灵魂不灭。"复归于婴儿"大概相当于佛家的"轮回"。

⑤ **命**·命令。

是以万物莫不尊道而贵德。道之尊，德之贵，夫莫之命而常自然：

按：综上，老子阐明了"尊道贵德"的基本原理。

历史上诸如齐桓公、曹操等人都干过"挟天子以令诸侯"的事，也就是说"天子"往往被看作"道"的象征。把天子看作"道"的载体，并且是不可分割的，造成了事实上以天子本人为本，而不是以"道德"为本。

老子把所有的人的色彩、功利的色彩全部抛开，突出了道德的至高无上的地位。

⑥ **莅**：《说文》作"埭"。段注："（埭）临也。临者、监也。经典'埭'字或作'莅'。注家皆曰临也。"《道德经释文》云："古无莅字。说文作'埭'。"按，"莅"行而"埭"废矣。隶：《广韵》："仆隶。"《集韵》："贱称也。""埭"其本义应该是"站立在奴隶身边以便监视"。

按：老子用"莅"而不用"埭"，在这个字的选择上绝非偶然，"莅"，艹在"位"之上。这就体现了"柔弱处上"的思想。

以道莅天下：依靠道莅临天下。

按："以道莅天下"，不但凸显自己的谦卑，也突出道德至高无上，是站在道义上的最高点。这和"以道佐人主者"是两个完全不同的境界。一个"佐"字透露出来的信息是念念不忘自己的安危。一个"莅"字，则透露出一种无上的伟岸和谦卑！

不以兵强天下：不依仗强兵搞军事讹诈，比如孙子所谓"屈人之兵"。

无事：没有侍奉。

绰（chǎn）然：宽绰，舒缓，不是暴风骤雨式的。

善谋：善于商议，沟通，非独断专行。

⑦ **下流：**处于下游。

善下之：不是庸俗的卑躬屈膝，而是善下之。

江海所以能为百谷王者，以其善下之，故能为百谷王：

按：老子看到百川归依东海，因此受到启悟，总结了"大海为百谷王"的原理，从而得出了大国的外交策略，进一步升华为大国的不争之德——"不召而自来"。道义的最高点与虚怀若谷的情怀是完美的结合，这就是"一阴一阳之谓道。"

⑧ **抱**：（捊）引取也。从手孚声。抱，捊或从包。——《说文》。段注："（捊）引坚（jù）也。坚各本作取，今正。……坚义同聚。……"

抱一：引取……而为一体。

天下式：天下的模范。

是以圣人抱一为天下式：所以圣人会引取善下的法则成为天下的楷模。

按：1.此非抱着"一""道""善下"这样的空洞概念，而是深刻领悟并汲取"道"和"善下"的精髓，这内在的精髓是统一的。

2.君主说："挫营魄抱一，能无离乎？"

老子用"以道莅天下"做出完美回答，这既是站在道义的最高点，同时又表明"柔弱处上"，凸显谦卑。

无为：不用战争、不用战争威胁、不用卑躬屈膝、不用侍奉他国。

吾是以知无为之有益：我所以才知道不强迫别人是有益的。

按：老子以第一人称表明，自己所知道"无为之有益"，不仅仅从自然感悟，也是从圣人那里学来的。

⑨ **夫亦将知止，知止可以不殆：**

按：君主说："夫慈，以战则胜，以守则固，没身不殆。"

兵法家甲："知足者富，知足不辱，知止不殆。"

兵法家乙："……果而勿矜，没身不殆。"

这三种说法都是绝对的。

译文：

自然大道不争而善于取胜，不用说话而善于得到回应，不用召唤，万物自己就来投奔。达到极度虚无，守住内心清静以审视漫长的节奏。万物依次运作，我因此观看它们的往复回归：天下的牝，安静而处在下面，牝经常用安静战胜牡，这个可以看作道在天下的一个例子，两者都不互相伤害，所以它们相交就产生德了。所以"道"生育万物，"德"滋养万物，让万物逐渐生长并养育，保护它并且也会毒害它，生养它也会使它灭亡。生物壮大了就会老，这就是习以为常的事。万物纷纷纭纭，各自回归到自己的根本。回归根本叫作"静"，最终又归复而孕育婴儿。所以，天下万物无不尊崇"道"、重视"德"。"道"之所以崇高，"德"之所以这么珍贵，是因为"道"跟"德"从不刻意主宰万物的运作，而是任由它们自然发展。把道莅临天下，不挟持兵器而称霸天下，不依赖侍奉他国取得天下，恬淡平和是最好的，内心宽缓而善于谋划。大国处于下方，就像江河归于大海一样。大海之所以能够成为百谷之王，就是因为它善于处在下位所以圣人引取善下的法则成为天下的楷模，这样我才知道无为的好处。并且一定要知道休养生息，这样才不会疲惫失败。

天下莫柔弱于水，而攻坚强者莫之能胜。天下之至柔，驰骋天下之至坚，无有入无间，弱之胜强，柔之胜刚，以其久无易之。[1] 合抱之木生于毫末；九层之台，起于累土；千里之行，始于足下。民之从事，常于几成而败之。[2] 企者不立，跨者不行。[3] 是以圣人处无为之事，行不言之教，不敢以取强。慎终如始，则无败事。[4] 故以身观身，以家观家，以乡观乡，以国观国，以天下观天下。[5] 修之于身，其德乃真；修之于家，其德乃余；修之于乡，其德乃长；修之于国，其德乃丰；修之于天下，其德乃普。[6] 见小曰明，是谓微明。知常曰明，是谓容明。[7] 是以圣人自知不自见，自爱不自贵。夫亦将无欲，无遗身殃。[8]

注释及解析：

[1] **至柔**：最柔软。

驰骋：自由奔放地跑。

按：这里是一种文学渲染。事实上，滴水穿石没这么"潇洒"。

无有：形容水滴很小。

无间：形容石头（之类）很致密。（在老子的时代不认为石头内部还有"空间"。）

天下之至柔，驰骋天下之至坚，无有入无间：

按：君主把传说中的士描写得神乎其神，这纯属"夸张"。

君主说："天下皆谓：'我道大'。"这是真的吗？统共有几个人和他说了？

兵法家乙说："终日号而不嘎。"这究竟是不是事实呢？

"驰骋"在这里不过是一种文学渲染。没想到，在两千年后，水切割技术竟然是真正的"天下之至柔，驰骋天下之至坚"。老子在这里表明，夸张的文学用法是可以的，但不能罔顾事实。

易：改变滴水的位置。

以其久无易之：滴水穿石乃是时间久远之事。

［注："以其久无易之"通行本第七十八章作"其无以易之"。按这样的文本，其意思是"没有什么可以改变水滴的方向"。也有人说"因为没什么可以替代"。这并不符合事实，因为任何外力都很容易可以改变水滴的方向。只是因为在非外力干涉（除重力外）条件下，水滴自己从不改变方向和位置。参考第十五章"孰能安以久动之徐生？"，调整为"孰能安以动之徐生？""以其久无易之"。］

天下莫柔弱于水，……以其久无易之：

按：1.兵法家丙说："飘风不终朝，骤雨不终日。孰为此者？天地。天地尚不能久，而况于人乎？"

老子在这里表明，滴水穿石，并不是要求雨连续不停地下。虽然时不时下雨，年深日久，石头也会被滴出孔洞来。

2.老子用滴水穿石的原理说明，一方面，水不仅有柔弱的一面，同时也有"无坚不摧"的力量，这就是"不争而善胜"。这就告诉人们不要为表面的柔弱所蒙蔽。另一方面，"弱能胜强"也是有条件的——"以其久无易之"，是因为水滴长时间不改变方向和位置。

②**合抱**：两臂环绕。

毫末：毛发的末端，比喻微小的东西。

合抱之木生于毫末：合抱粗的树木从细如毫末的东西生成。

按：兵法家甲说："物壮则老，木强则兵，故坚强者死之徒，柔弱者生之徒。"老子用这一句话完美反驳。

在老子生活的时代"合抱之木"还很多。非常不幸，历史以极其残酷的方式证明了兵法家甲的"正确"。随着伐木工具越来越先进，平凡人亦可以砍伐百年甚至千年的古树，即便有人说"千年的古树是有灵性的"，这所有的告诫都不会阻止人们毁灭家园的冲动。或许兵法家甲提出的"兵强则不胜"是终极的见解。随着毁灭性武器的产生，未来的战争不会有赢家。

起：能立也。——《说文》

累：缀得理也。（缀：合著也。）——《说文》

累土：整饬（chì）地基。

九层之台，起于累土：河上公注：从卑至高。

按：1.累：帛书乙本作"蔂"、甲本作"羸"。蔂，土笼，即盛土的筐子。因此一种说法是，"累土"就是一筐土。九层的高台是从一筐土开始建立。

这种说法是不对的。这涉及九层之台的材料构成，乃至建造流程。九层之台必定不能仅仅由土造成。起码要有砖（或石材）、木料等。土只是其中的一部分。

"起于"表示"开始于……"。从建造流程看，九层之台始于什么呢？从建筑流程来看，整饬地基乃是建造九层之台的第一步。所以，"累土"可能是整饬地基的一种工艺，大概有"夯实"之义。所以，河上公的注解是合理的。

兵法家甲说："人之生也柔弱，其死也坚强。""坚（堅）"从臤从土，就有把土夯实之意。把土夯实了所以坚硬。

2.兵法家丙说："反者道之动，弱者道之用。"这种说法过于绝对。

老子指明，"合抱之木生于毫末"就不符合"反者道之动"。但是"九层之台，起于累土"则符合"反者道之动"。建筑高台是"上升"，但是首先必须挖地槽，这是"向下"；然后夯实地基，也是"向下"用力，最终才是"向上"。

3."合抱之木，生于毫末"是表明，"大"生于"小"完全出于自然。

"九层之台，起于累土"是表明，"高"起于"低"，并且基础要牢固，这属于人工。

4.从建筑工艺的层次上看，"九层之台，起于累土"是合理的。但同样是"九层之台"，有的被庶民拥护，有的则被庶民仇视。这就是随着层次的变化，是非也会有所变化。

《诗·大雅·灵台》："经始灵台，经之营之，庶民攻之，不日成之。"这个灵台是被庶民拥护的。

《晏子春秋·柬下十八》："殷之衰也，其王纣作为顷宫、灵台。卑狭者有罪，高大者有赏。是以身及焉。"这个灵台是被庶民反对的。

千里之行，始于足下：千里远的行程，是从第一步开始走出来的。

几：差不多。

民之从事，常于几成而败之：庶民从事各种事务经常是快到成功的时候却失败了。

按：庶民最终失败的原因是不一样的，有的是因为懈怠，意志品质不足，或者最后关头麻痹大意都是有可能的。但是，有的失败却是注定的，即便庶民尽力了，失败仍然不可避免，这是因为营造巨大的工程已经超过庶民的承受能力。

③**企**：举踵也。——《说文》。段注："（企）举踵也。踵各本作踵。非，今正。踵者，根也。企或作跂。《卫风》曰：'跂（qǐ）予望之。'"

按：跂：足多指也。——《说文》。所以，"跂予望之。"有可能在《诗经》的时代就有误用。《荀子·劝学》："吾尝跂而望矣，不如登高之博见也。"由此可见，"跂"字沿用很久。

东汉·班固《汉书·高帝纪》:"吏卒皆山东之人,日夜企而望归。"不过,使用频率不高。今天,"企"经常被用作"企望""企盼"等,这或许是无意中还原"企"的本义。

一般而言,人跂起脚尖,或多或少都会有些"企盼"。

企者不立:踮起脚不能长久站立。

按:1.兵法家丙说:"飘风不终朝,骤雨不终日。"

"踮起脚"不是一个自然的状态,踮脚站立不可久也。同样,有的九层之台,也非自然,大兴土木也不能长久。

2.君主说:"以慈卫之,天将救之,是谓复命。"这就是有所企盼。

兵法家乙说:"……果而勿矜,没身不殆,故为天下贵。"

兵法家丙说:"是以圣人不行而知,不见而名,不为而成,故为天下贵。"

这两位兵法家也都是"企盼"天下人把自己看得高贵,只不过,企盼的"强度"比君主弱。

老子指明:一个人如果把胜利寄托在别人发慈悲或者寄托在天意上是不可能立足的。并且,寄希望于天下,把自己看得高贵也是不可以的。

跨:大步迈越。

跨者不行:一个人如果大步迈越则不能远行。

按:老子在这里指出,想一步成功也是"跨者不行"。

④**处(處)**:《广韵》:"留也、息也、定也。"(《说文》作"処",処:止也,得几而止。)

事:劳作。

处无为之事:置身于合乎自然规律、不劳民伤财之事。

按:"处事"和"从事"不同。前者是治理事务,可以选择做不做、如何做;后者是一切行动听指挥。

不言:不滥用政令、不照本宣科讲空洞的道理。

教:上所施下所效也。——《说文》

行不言之教:要身体力行,身先示范,进而影响身边的人,进而影响更多的人。

处无为之事，行不言之教：

按：《礼记·乐记》："教者，民之寒暑也，教不时则伤世。事者，民之风雨也，事不节则无功。"（事：婚丧嫁娶、国事家事等。）

老子认为不做劳民伤财的事是第一位的，然后才可以有不言之教。

敢：《仪礼·士虞礼》："敢用絜（jié）牲刚鬣（liè）。"郑玄注："敢，昧冒之辞。"贾公彦疏："敢，昧冒之辞者。凡言敢者，皆是以卑触尊不自明之意。"

不敢以取强：不敢以教育天下人的名义而强迫别人就范，甚至不惜动用军队，或不敢强迫天下人接受自己的教育、文化。

按：1. 老子面对如何"教育天下人"时，用了"不敢"二字。这完全是把天下人置于"尊位"。"取强"则意味着"以卑触尊"。

2. 国与国之间文化有交流和碰撞。老子不主张把自己的文化强加于人，就像大清国强迫汉人剃头留辫，这是老子反对的。

3. 兵法家丙说："飘风不终朝，骤雨不终日。"

对自然规律一知半解，却牵强附会，也是老子反对的。

败事：1. 注定失败的事。2. 做事失败。

慎终如始，则无败事：事情快完成时和开始时同样慎重，就没有失败的事了。

按：1. 这里不是简单地强调"慎终"，同样强调"慎始"。比如，大兴土木的开始，就必须慎而又慎。到底是为何兴建高台？有没有必要兴建高台？兴建高台有多大作用？庶民能不能承受？这都是提前要有充分的准备的。如果不慎始，立的项目本身就是注定失败的。老子在这里表明，不能只在庶民身上寻找失败的原因，同时也要在自己身上寻找"庶民失败的原因"。

2. 如果不慎终，明明好的项目也可能功亏一篑。

⑤ **观：**谛视也。——《说文》。段注："（观）谛视也，审谛之视也。《穀梁传》曰：'常事日视，非常日观。'……"

按：君主说："涤除玄览。"这是要观察不可测的人心。

老子所"观"的对象可谓司空见惯，也许是很多人都熟视无睹的，但是老子要用认真的态度来审视。

故以身观身：通过人的身体考察人的身体。

按：1.这就是对比性考察，没有对比就没有研究。

人身是大家共有的，但是每个人的身体状况不一样，每个地区的人身体状况也会有所差别。人的成长状况、健康状况、生老病死，都是"观身"的范畴。通过对不同人的身体、行为进行考察，发现规律，进而发现规律背后的原因。比如，有的人生病了，有的人却没生病。通过对比性研究发现致病的机理等。

2.君主说："涤除玄览，能无谪乎？""玄览"就是"观察人的心灵"。老子认为，观察人的内心是不可能的，能够观察的只有身体。下面"家""乡""国""天下"，都只能观察外在表象，但是通过这所有的外在表象，可以总结出规律来。

以家观家：通过家庭考察家庭。

按：托尔斯泰说："幸福的家庭都是相似的，不幸的家庭有各样不幸。"

《易经·坤·文言》："积善之家必有余庆，积不善之家必有余殃。"

相比于托尔斯泰，《易经》没有停留在现象这一层面，反而探寻了内在的原因。同样，老子考察不同的家庭，深入本质，探寻家庭和睦或者不和睦的内在原因，并且要提出解决问题方法，即下面的"修之于家"。

以乡观乡：通过乡来考察乡。

按：兵法家丙说："不出户，知天下。"

老子提出，圣人必须走出家门。"以乡观乡"是走出家门的第一步。

以国观国：通过国考察国。

按：兵法家丙说："其出弥远，其知弥少。"

老子认为，圣人不能仅仅限于家乡的一亩三分地的知识，必须远行，这就是读万卷书、行万里路。但是，路必须一步一步走出来，不能刚出家门就开始云游太虚幻境。

以天下观天下：以天下万事万物考察天下的万事万物。

按：天下不仅仅有人，也有飞鸟、白云、甲壳虫……

兵法家甲说："草木之生也柔脆，其死也枯槁。"

兵法家丙说："飘风不终朝，骤雨不终日。"

这都是对自然的考察，进而得出自然规律，进而把自然规律运用到治理国家上来。

⑥ **修**：饰也。——《说文》

老子指明，"观"不是为了满足好奇心，更不是为吹牛积累资本，"观"就是为了"修"。

德：互相顺从，发自内心地相互顺从。

按：互相顺从，并不是仅仅顺从于对方的指令，而是首先能够听得进别人说话。能够听得进他人讲的道理，不论别人讲得对错，都能够听得进去。然后，讲对了，认真汲取别人的意见；讲错了，能够给人准确及时地纠正。唯有如此，才是长久的互相顺从之道。

真：仙人变形而登天也。——《说文》

修之于身，其德乃真：修之于自身，他的顺从之德就得到升华因而真实不虚。

按：1.老子认为"修德"就是"修身"，而不是"修心"。而"德"是属于精神的范畴。为什么不可以"专门"修心？

老子认为所谓的单纯"修心"是空洞的，这样的"德"不真实，只有通过"修身"才可以"修心"，这就是通过修身，使身体和心灵同时受到洗礼并升华，因而真实不虚。

2.怎样修身呢？劳动可以修身，练武可以修身，礼仪可以修身。老子认为通过劳动、习武、礼仪修身，"顺从之德"会更真实。

修之于家，其德乃余：修之于家，互相顺从就会使家庭富裕。

按：1.这说明"德"是有物质属性的。是"德"使家庭富裕，而不是家庭富裕后才有"德"。

2.顺从不是单方面的，而是互相的，并且不以互相要挟为基调。比如，孩子说："你不让我玩游戏，我就不给你打酱油。"家长说："你写作业，然后给你买玩具。"所以"以静为下"，静者，所以明是非也。

3.家庭成员之间互相顺从是无条件的吗？比如，父亲说："儿呀，你邻居张大爷他们家有只鹅，你把它偷来吧。"儿子痛快地说："好，马上去办！"

这是为了一个小团体的利益而损害他人，当然不可以，所以，接下来要"修之于乡"。

修之于乡，其德乃长：修之于乡里，互相顺从使家乡长久。

按：《明孔德·下士》："犹兮若畏四邻。"这说明当时的邻里关系可能也不太好。为了一己之私而损害他人的利益，必然会导致冤冤相报。如果一个乡里的人总是争斗不休，那么这个乡就会很快消亡。

丰（豐）：豆之丰满者也。——《说文》

修之于国，其德乃丰：修之于国，互相顺从就使国家物产丰饶。

按：随着世界的变大，"互相顺从"之德就要兼顾多方的利益，所以，"互相顺从"之德的内涵也日益丰富。在大千世界，民族之间既有共性，也有多样性。民族文化的多样性要得到尊重。

普：日无色也。从日从并。——《说文》。徐锴曰："日无光则远近皆同，故从并。"

按：1."日无色"和"日无光"完全不同。"日无色"是"存在"的，只是太阳光没有五颜六色，但"日无光"是不存在的。

2.我们常说"一轮红日""金灿灿的太阳"，可见，从常识来看，太阳是"有色"的。古人能提出"日无色"的概念，说明古人对光的认识绝不仅仅是"小孔成像"这么简单。而太阳光是无色的还是有七种颜色，现代科学还有所争论，不再多述。

修之于天下，其德乃普：修之于天下，"互相顺从"就向太阳光一样，虽无色但是可映照出无尽的色彩。

按：1.兵法家丙说："自矜者不长，自见者不明，自是者不彰，自伐者无功。"

老子认为，互相顺从之德就像阳光一样可以使大千世界多姿多彩，而自己却不显示动人的颜色。作为领导，应该让下属充分展现才华，而不是除了自己，别人都不行。

现代科技发达了，人类似乎完全不需要"顺从"其他生物了，所以世界上的水泥、塑料就越来越多，最后让人无所适从。

2.兵法家丙说："知其白，守其黑，为天下式。"事实上，兵法家丙是带着有罪推定的心理，是戴着有色眼镜看人。

老子认为，不能凭空想象天下人都是什么什么样的、应该怎样怎样，更不能"疑人偷斧"。

故以身观身，以家观家，以乡观乡，以国观国，以天下观天下。修之于身，其德乃真；修之于家，其德乃余；修之于乡，其德乃长；修之于国，其德乃丰；修之于天下，其德乃普：

按：1."修"不是为了粉饰太平，而是为了"真"、"余"、"长"、"丰"、"普"，这所有的一切都是一体的，不可分割。

2.历史总把"道家"和"儒家"对立，我们可以把这段话和儒家的经典之作《大学》作一番对比：

《大学》："一家仁，一国兴仁；一家让，一国兴让；一人贪戾，一国作乱。……"

古之欲明明德于天下者，先治其国；欲治其国者，先齐其家者，先修其身；欲修其身者，先正其心；欲正其心者，先诚其意；欲诚其意者，先致其知；致知在格物，物格而后知至，知至而后意诚，意诚而后心正，心正而后身修，身修而后家齐，家齐而后国治，国治而后天下平。"

《大学》的这两段文本和《道德经》的这段文本有何异同呢？

⑦ **见小曰明，是谓微明：**能够发现思想的苗头就是"见小曰明"。

按：1."强"表明古人看到弱小的虫子有强大的力量，这就是"见小曰明"。

2. 兵法家乙看到君王获得防卫战争的胜利会有"伐""强""骄""矜"。这是"见小曰明"。

兵法家丙看到有人刚刚得到天道的时候会"自矜""自见""自是""自伐"。这是"见小曰明"。

老子看到兵法家丙与兵法家乙有细微的差别，也是"见小曰明"。

3. 能够看到"合抱之木生于毫末"和"九层之台，起于累土"在本质上的相同点和不同点也是"见小曰明"。

知常曰明： 能够洞悉自然规律、社会规律才叫作"明"。

按："常"的内容极为丰富，如何"知常"，可不是容易的事。

容明： 盛大的光明、包容的光明。

按："容明"不仅与"微明"相对，而且也是"知常曰明"升华。能够知道生老病死乃是自然规律，能够接受自己的肉身在死亡之后会成为其他生物的养料，这就是包容的光明。

（注："是谓容明"通行本第二十七章作"是谓袭明"，本章的文本拼凑痕迹明显，"袭明"纯属多余，不足为据。参考第五十五章"兵无所容其刃"。"容"，历代解释也模模糊糊。今调整为"是谓容明"和"兵无所袭其刃"。）

见小曰明，是谓微明。知常曰明，是谓容明：

按：1. "见"是认识事物的基石。"见小"是观察得细致入微。

实验数据、观察、收集……你以为很容易？正是第谷·布拉赫的二十年对行星的观察，才有了开普勒，后来的事儿……（大家也未必清楚）

2. 观察很重要，发现规律更为重要，否则，牛顿就不是牛顿了。

3. 行星，乃至引力波似乎都可以观测，但是人的内心活动，到目前为止，还没人能发现（见）得了，所以，兵法家丙用"黑"，来比喻，就像科学上用黑箱比喻"黑洞"。

内心的活动无法直接观测，所以必须通过推测。《易经·系辞下》："将叛者，其辞惭。中心疑者其辞枝。吉人之辞寡，躁人之辞多，诬善之人其辞游，失其守者其辞屈。"这就是通过外在表象推测内心活动。中医的望闻问切亦是如此。所以，这里用"知常"，而不是"见常"。

"知"，是对语言的理解，是对前人经验、认识的传承。

"知常"，是规律在心中的呈现。

容明：包容的光明，所有的事物在心中一览无余。

君主说："知常曰明。"

兵法家乙说："知常容。"

兵法家丙说："知其白，守其黑。"

"知常曰明，是谓容明"是对以上三种说法的总结与升华。

⑧ **见：**同"现"，表现。

是以圣人自知不自见：有自知之明而不自我表现。

按：绝不能简单地望文生义，为了解释而解释是没有意义的。

真理在理解上如果是简单的，那么它的根本意义就是贯彻执行。

什么是自知？对自己的个人的生活习惯、脾气秉性、健康状况等都非常清楚，乃至对自己的国家、自己的臣民都有翔实的了解，这岂是上嘴唇一碰下嘴唇就做得到的？

每天做什么事都迷迷糊糊的人肯定不在少数，在大千世界迷失自我的人也熙熙攘攘。

自爱不自贵：自我尊重但不自以为高贵。

按：自爱，首先就是肯于了解自己，如果没有自知就不会自爱。

自爱，当然也要了解自然、了解社会。如果对自然的危险视而不见，怎能谈得上自爱？

自爱，就是不要卑躬屈膝，不要出卖自己的灵魂。

自爱和爱生活、爱他人是一码事。

自贵，就是自己认为要比别人高一头。而这样的人表面上以自我为中心，恰恰是迷失了自我。最终必将以物质的贵重来表现自己的高贵。

欲：贪欲也。——《说文》

遗：招致、遗留。

殃：灾祸。不给自己带来灾祸。

夫亦将无欲，无遗身殃：

按：有些人顺从只是为了捞取利益，甚至是为了满足贪欲，这就不是顺从，而是出卖灵魂，没有灵魂，能怎样呢？

译文：

天下没有比水更柔弱的，但攻坚克强却没有什么能胜过它。天下最软的东西，穿过天下最坚硬的东西，无形的力量穿透没有间隙的东西。弱能胜强，柔能胜刚，是因为它长时间不改变方向。合抱的粗木，是从细如针毫时长起来的；九层的高台，是从夯实地基开始的；千里的行程，是一步又一步迈出来的。庶民做事常常是快要成功时却失败了。踮起脚跟想要站得高，反而站立不住；迈起大步想要前进得快，反而不能远行。所以圣人做不违背自然规律、不违背人性的事。教化庶民不讲空洞的道理而是身体力行，并且不敢以教育的名义（或者以造福庶民的名义等等）强迫庶民做事。在事物快完成的时候也像刚开始时一样慎重，就不会有失败的事。因此可以以身观察身，以家观察家，以乡观察乡，以国观察国，以天下万物考察天下万物。修之于身，德就真实不虚；修之于家，德就有盈余。修之于乡，德就会长久；修之于国，德就很丰茂。修之于天下，德就普照大地。明察秋毫是明智，这就是见微识著的先见之明。知道自然的规律是明智，这叫作包容的光明。所以说圣人了解自己，但不自我表现；珍爱自己，但是并不表现得很高贵。并且也应该没有贪欲，这样就不会给自己遗留祸患。

第三章　明孔德

第一节　君主的论述

（君主）盖闻善摄生者，^①陆行不搏兕虎，兕无所投其角，虎无所措其爪；入军不被甲执兵，兵无所袭其刃。^②夫何故？以其无死地。^③人之生，出生入死。^④生之徒，十有三；死之徒，十有三；^⑤猛兽不据，攫鸟不遇，蜂虿（chài）虺（huǐ）蛇不螫（shì），动之死地，亦十有三。夫何故？^⑥

我有三宝，持而保之。一曰慈，二曰俭，三曰不敢为天下先。^⑦慈故能勇；俭故能广；不敢为天下先，故能成器长。^⑧古之所谓曲则全者，岂虚言哉！诚专而归之。^⑨曲则全，直则枉。洼则盈，新则敝。少则得，多则惑。^⑩今舍慈且勇，舍俭且广，舍后且先，是谓不道，死矣。^⑪

上士闻道，勤而行之；中士闻道，若存若亡；下士闻道，大笑之。不笑，不足以为道。^⑫吾何以知天下然哉？

注释及解析：

① 盖：用于句首的语气词，表示不肯定。

按：前两篇文章，君主分别用"古之善为道者""古之善为士者"作为开篇语，似乎言之凿凿，确有其人其事。这篇文章，用"盖"来引领，说明表面上不那么自负了。

摄（攝）：引持也。从手聶声。（聶：附耳私小语也。）——《说文》

按：攝：从手从三耳。三个耳，表示众多的耳，一只手，表示统一行动。一只手和三个耳联合起来，表示多人听从指挥统一执行。"聂"既然是"附耳私小语"，那么，"摄"也有"悄悄"的意味。事实上，生物是如何摄取营养的，这一过程就很隐秘。

摄生：（在复杂恶劣的生存环境中）汲取营养保全性命。

按："摄生"，是要保全最基本的生命。从物种竞争来看，狮子摄生是以水牛等等食草动物的生命为代价的，但这是自然平衡的必需。

人"摄生"，一开始是人与动物之间的博弈。到了人类社会，如何"摄生"？这是不是意味着一个"人吃人"的社会模式？至于"益生""生生之厚"，则往往导致短命，岂不可恨可叹！

②**陆：**高平地。——《说文》

兕（sì）：犀牛。

甲：甲胄。

执：手执。

兵：武器、兵器。

被（pī）：穿着。

袭：袭击，乘人不备而突然发起进攻。

陆行不搏兕虎，兕无所投其角，虎无所措其爪；入军不被甲执兵，兵无所袭其刃：在陆地上不和兕虎搏斗，但是兕没有地方撞它的角，虎没有地方施展它的爪子。进入军队虽然不穿戴盔甲，也不执有兵器，但是敌人兵器的刃无处袭击他。

（注：1."陆行不搏兕虎"通行本第五十章作"陆行不遇兕虎"。今调整为"陆行不搏兕虎"。）

2."入军不被甲执兵"通行本第五十章作"入军不被甲兵"。如果"被"读bèi，翻译为"入军不被兵器伤害"，那么，"甲"是甲胄，又如何被甲胄所伤？如果"被"读pī，翻译为"穿戴"，那么"兵"显然不能"被"。中士引用说："被褐怀玉。"这两个"被"字用法相同。参考通行本第七十四章"吾得执而杀之"，"执"字衍，移至此处，调整为"入军不被甲执兵"。

3."兵无所袭其刃"通行本第五十章作"兵无所容其刃"。"兕无所投其角，虎无所措其爪。""投""措"，用词形象生动，而"容"则毫无神采可言。参考第二十七章"是谓袭明"，同样不知所云。今互换位置，调整为"是谓容明"和"兵无所袭其刃"，两全其美。从笔法上来看，"陆行不搏兕虎"是统一描述。而"入军不被甲执兵。兕无所投其角，虎无所措其爪，兵无所袭其刃"则是分别叙之。"兵无所袭其刃"活灵活现。）

③ **无死地**：没有能让他死亡的地域。

按：这纯属迷信。

④ **人之生**：人的一生。

出：出现于世上，也就是生。

入：入于地下，也就是死。

⑤ **徒**：属，类。

生之徒：属于长寿一类的人。

按：下文上士说的"故令万物有所属"就有分类的意思。

十有三：即十分之三。

死之徒：属于夭折的那些。

⑥ **据**：占据。

攫：扟（shēn）也。从手，矍（jué）声。——《说文》。段注："（攫）扟也，仓颉篇曰：'攫，博也。'通俗文曰：'手把曰攫。'"

攫鸟：用脚爪取物如鹰隼一类的鸟。

遇：相逢。——《说文》

攫鸟不遇：遇不到能捕人的鸟。

（注："攫鸟不遇"通行本第五十五章作"攫鸟不搏"。参考通行本第五十章"陆行不遇兕虎"。就单句话来看，每一句话都说得通，但是就整体而言，须调整。如果是"不遇兕虎"，"兕无所投其角，虎无所措其爪"就纯属多余。综上，调整为"攫鸟不遇"和"陆行不搏兕虎"。）

蜂虿虺蛇不螫：河上公本、景福本、李约本、陈希声本、司马光本、苏辙本、林希逸本等众多古本皆作"毒虫不螫"。

⑦ **三宝**："慈""俭""不敢为天下先"，此三者均为无形，君主以有形之宝喻之。

按：君主以"摄生"引领全篇。现在不说"养生、养神、养身"，而是说"养护三宝"。养护三宝的结果也不说"长生"，而说"勇""广""器长"。这是为什么呢？

这就是下文所谓的"曲则全"。在社会中，养护"三宝"是"摄生"的根本。要活着就必须有粮食，要有粮食则必须有土地，而"勇""广""器长"可以使生活过得更好。

持而保之：持有三宝并养护之。

慈：爱也。——《说文》

先：前进也。——《说文》。段注："（先）前进也。前当作寿。不行而进曰寿。"

按："不行"，是不靠自己之力前行。船为什么能不行而进呢？一定是顺流而下，或借助风力。

不敢为天下先：不敢有奴役天下而成全自己的想法。

⑧ **勇**：气也。从力甬声。愐，古文勇从心。——《说文》

慈故能勇：因为有慈爱，所以有勇气。

按：从动物世界可以看到，因母爱而激发出的勇气是实实在在的，这在人类社会中也很常见。

"勇"，气也。君主认为"养勇气"的根本在于慈爱精神，而不是在战场上。

俭：约也。（约：缠束也。）——《说文》

广：殿之大屋也。——《说文》

俭故能广：因为简朴，所以能够住上大屋子。

按：首先，"俭"是约束自己的欲望，这就意味着只有官二代、富二代才需要约束自己的欲望，贫困山区的赤贫想不约束欲望，也未必能吃上肉糜。

君主认为，"广"，不能成为一心追求的目标，而是要约束自己的欲望。如果以"广"为目标，则危险随之而来。如果因为约束自己的欲望，最后有了"广"的结果，则处之泰然。

敢：进取也。（进：登也。登：上车也。取：捕取也。）——《说文》

器：皿也。象器之口，犬所以守之。（皿：饭食之用器也。械：桎梏也。一曰有盛为械，无盛为器。）——《说文》

按：1.按照《说文》的解释，"有所盛为器，无所盛为械"。这说明君主是掌管"器"的，而非掌管"械"。

2.根据下文可知，这篇文章以象喻道，有人把"道"比作"器"。

上士论道，引用古人的观念即是以山谷流水喻道，并把山谷看作"破缺之器"。上士则以人的消化过程喻道，并把"私有制"看作"大器"。

中士论道，引用古人的观点是以张弓喻道，把天道比作张弓。（"弓"，不是"器"。）中士则不认同以物喻道，认为大象无形。

下士论道，以树木成长喻之。

所以，此处的"器"，就是指前面所述"三宝"。

器长：掌管"三宝"的首领。

不敢为天下先，故能成器长：因为不敢有奴役天下而成全自己的想法，所以才会成为"器长"。

按：在历史中，这句话起到的消极作用不容小觑。在应该付出的时候，需要公平正义，需要"得罪人"的时候，人们"不敢为天下先"，并说什么"出头的椽子先烂""枪打出头鸟"……最终演变成猥琐性格。有人说，"不敢为天下先"和现代西方的所谓"竞争"产生了不可调和的激烈冲突。再加上对"无为"等观念深刻的误解，对"封建礼教"的厌恶，林林总总的理由，让一些中国人走向了一条彻底和老祖宗说再见的道路。

⑨ **虚言**：说空话。

专：六寸簿也。——《说文》

诚专：类似于座右铭。表示既诚心又专心，不能说空话，这都是记录在案的，强调下面的一系列政策要落到实处。

归：归纳。

（注："诚专而归之"通行本第二十二章作"诚全而归之"。独立解释也通。但是，"专气致柔"调整为"歙气致柔"，这就衍出"专"字。"专"调整至此，也有了更深刻的意义。）

⑩ **曲（凹）**：象器曲受物之形。——《说文》

全：完也。——《说文》。《玉篇》："具也。"《周礼·冬官考工记》："玉人之事，天子用全。"

曲则全：能够经受打磨的就可以成为天子的器具，引申为做官、保全。

按：1. 无论是"勇"、"广"还是"器长"，都不能一味追求，成为直接追求的目标。保护"勇""广""器长"所赖以生长的土壤才是王道，这就是"曲则全"。

从治病的角度来看，就是要治本。从人生进取的角度来说，你拼了老命去推销产品，不如把产品做得更出色。

2.《易经·系辞上》："曲成万物而不遗。"和这个道理异曲同工。

直（直）：正见也。从乚从十从目。——《说文》。徐锴曰："乚，隐也。今十目所见是直也。"

按："直"的本义是木工单眼吊线。此处的"直"，乃是一心只奔目标，而无顾其他。比如，企业一心追求利润最大化而不顾污染、安全；人在社会上只是向钱看，为了赚钱不择手段，或者只是为了及时行乐，等等。所以，"直"可以简单地理解为"走捷径"。

枉：衺曲也——《说文》。衺：古同邪。人之不直者，亦谓之枉。——《康熙字典》

直则枉：内心有正见却变得邪曲；眼里只看到目标并全力追求，就会变得邪曲。

按：企业把利润作为考核的唯一指标，人一味追求快乐，等等，都会使人变得邪曲。

（注："直则枉"通行本第二十二章作"枉则直"，往往被理解为"屈就才能伸展"等等。诸如此类的理解和"曲则全"在意义上多有重复。可是，老年人驼背以后，何曾见过伸直？就引申的意义而言，被解释为"屈就反而能伸展"。面对西方列强，清政府处处屈己退让，最后可曾有"直"的机会？"直则枉"就完全不一样。《论语》："直而无礼则绞。"从现实来看，不要草率认为性子直就是好事，有多少热血青年，在历经社会的挫折之后变成老油条？！"直则枉"在君主看来就是"舍慈且勇"所导致。）

洼：深池也。——《说文》

按：洼（窪）的本义是地下水。

盈：满器也。——《说文》

按：盈的本义是器皿和盖子严丝合缝。器皿如果没有盖子，那么里面的水或者蒸发或者洒掉，而不会永远盈满。如果有了密封的盖子就会永远盈满。所以，盈，引申为满器，是一个长久性概念而非暂时"满器"。

洼则盈：水在地下就会被大地封盖。引伸为有了深池才会有盈余。

按：这里不能理解为"低洼反能充盈"，而应该理解为，"有了深池，才可以储藏，对人来说才会有盈余"。

新：取木也。——《说文》。段注："新，取木者，新之本义。引申为凡始基之称。"

敝：帗也。一曰败衣。（帗，一幅巾也。）——《说文》

按：这里本义隐含，引申为"破败"。

新则敝：一味求新，却导致破败。

（注："新则敝"通行本第二十二章作"敝则新"。但是，破旧怎会成新？街上的乞丐，一身破衣服，有几个"成新"了？但是，很多人追求时髦、时尚，一味穿新衣、住新房，最后导致破败的却不在少数。这在君主看来就是"舍后且先"所导致的。追时髦，则必然争先恐后。）

少则得，多则惑：少取反而能得到，多了反倒迷惑。

按：1.在本章，有许多近似的概念，比如"敝""蔽""弊"。这三个字当属有意区分而非通假字。"盈"、"多"、"重"（chóng）同样都有"多"的意思，但各有不同。"盈"，侧重于单一的并且每一个单元量很小的物质的量多；"多"，侧重于物质种类的繁多；"重"，侧重于与人的行为有关的多。

2. "洼则盈"，这个"盈"是君主希望的，最终能"盈"。但是为了最终能"盈"，开始必须做到"洼"。"多则惑"，这个"多"是一开始就要"多"，并且，这个"多"大概属于"行业多"之类，或者想要的物质非常丰富，这属于"舍俭且广"，这样最终就必定陷于迷惑。

3. 根据下文可知，上士提出把万物归类管理以避免迷惑。

⑪ 舍：废也，罢也。——《康熙字典》

后：迟也。（迟：徐行也。）——《说文》

且：姑且，苟且。

舍慈且勇：舍掉慈爱，追求一时的勇气。

按：君主不反对"勇"，但是君主认为，慈爱是勇气的根本，在战场上锻炼出来的勇气与残暴无异，最终死路一条。

舍俭且广：舍弃俭朴，追求一时的广大。

按：君主不反对"广"，但是在君主看来，"俭"是通往"广"的必由之路。社会上有的人穷奢极欲，同时追求领土的广大，君主认为这样好景不长，死路一条。

舍后且先：舍弃徐行，追求一时的领先。

按："器长"本身也是领先，是最终领先，所以，君主不反对最终领先。但是，有的人唯恐输在起跑线上，忙于胎教，虽然希望永远领先，但是也未必能领先一时；甚至有的人就干脆想追求一时领先。君主认为这样的姑且领先，是死路一条。

死矣：于是就死掉了。

君主把上述三个舍本求末、追求一时快乐的行为，看得很严重，并认为这是短命的根源。

⑫ **上士、中士、下士**：从下文可知，上士是建立社会制度的人。中士则

是在某一制度下的王公贵族。下士则是中下层的官员。

勤：劳也。——《说文》

行：人之步趋也。——《说文》

勤而行之：勤勉地践行。

不笑，不足以为道：

以下士是否大笑作为判别"道"的标准，显然不足为据。

译文：

（君主）听说善于把握生命的人，在陆地行走不和犀牛、老虎搏斗，可是犀牛不知道它的角刺向哪儿，老虎也不知道爪子往哪儿抓。进入军队也不用穿戴盔甲、手执兵器，敌方的兵刃也无处袭击。这是为什么？就是因为这样的人没有死地。人的一生，从出生以后，就走向死亡。从事生产的人占十分之三；短命的人占十分之三；没有猛兽盘踞，遇不到攫（jué）鸟，毒虫不会螫（shì）他，可是稍有作为就进入死地，这样的人也占十分之三。这究竟是为什么呢？

我有三件宝贝，把持着并且养护它，这三件宝贝就是慈爱、俭朴、不敢为天下先。因为有慈爱之心所以有勇气；因为俭朴所以事业广大；因为不敢为天下先，所以能成为"器"的管理者。古人所说的"曲则全"岂是"放空炮"的？现在诚心诚意地归纳在六寸的簿上：能够经受打磨的就可以成为天子的器具，内心只追求结果就会变得邪曲。建造深池才会有盈余，一味求新却变得破败。少取反而能得到，贪多却陷入迷惑。现代人舍掉了慈爱追求勇敢，舍弃俭朴追求一时的广大，每个人都唯恐落后，追求一时的领先，这就不合乎道，所以就是死路一条了。

上士听了道之后，就勤勉施行。中士听了道之后，仍是似懂非懂、若有若无。下士听了道之后，只会大声嘲笑。只有被这样的人嘲笑才是道。我是怎样才知道他们是这样的呢？根据如下：

（上士）"身与货孰多？ ① 天下万物生于有，有生于无。② 道者，万物之奥，视之不足见，听之不足闻，用之不足既。③ 道冲，不善人之宝，善人之所保，而用之或不盈；保此道者不欲盈，故能蔽不新成。④ 故建言有之：'建德若偷，广德若不足，上德若谷。正言若反，大成若缺，大盈若冲，其用不穷。'⑤ 知者不言，言者不知。塞其兑，闭其门，终身不勤；开其兑，济其事，终身不救。⑥ 无名，天地之始，有名，万物之母。⑦ 道隐无名，⑧ 视之不见名曰微，听之不闻名曰希，搏之不得名曰夷。⑨ 此三者以为文不足，故令万物有所属。⑩ 挫其锐，解其分，和其光，同其尘，名亦既有。⑪ 是以圣人去甚，去奢，去太，⑫ 而贵食母。⑬ 人之所教，我亦教之：⑭ "明道若昧，进道若退，夷道若颣。质直若渝，大白若辱，大器晚成，其用不弊。"⑮

注释及解析：

① 货：财也。《广韵》引蔡氏《化清经》曰："货者，化也。变化反易之物，故字从化从贝，化声。"——《说文》

按：这里说"货"，而不说"物"，说明这和经济活动有关。

多：奚侗《老子集解》："《说文》：'多，重也。'谊为重叠之重，引申可训为轻重之重。《汉书·黥布传》：'又多其才。'师古注：'多，犹重也。'"

按："多"就是"多少"的"多"。

身与货孰多：身体与货物哪个多呢？

按：1. 从表面上看，这不是个问题。很显然，身体只有一个，而货物是无穷多的。但是，身体虽然只有一个，却是消耗货物的。比如，麦粒肯定比身体多，可是人每天都要吃饭，以至于总觉得麦粒不多，乃至不够。事实上，我们国家也就最近几十年才基本解决人的温饱问题。

2. 这个提问是要解决君主所谓"多则惑"的问题。

② 有：类似"遗传密码"，或是"信息"之类。

无：空无。

③ 道：天之道。

奥：宛也。室之西南隅。——《说文》。段注："宛者，委曲也。室之西南隅，宛然深藏，室之尊处也。"

王弼注："奥犹暖也，可得庇荫之辞。"

视：有意去看。

见：成像，显现，所谓灵光乍现。

不足见：不能全部看到。

按：人只能看见泉水从地下涌出来，但是泉水到底生自哪里无法看到。

闻：听到。

既：小食。

用之不足既：用起来不足以成为一顿小食。

按：有人认为，天道过于深奥，当不了饭吃。这可谓最早的读书无用论，也是不认同君主所谓的"曲则全"。

④ **冲（𣲗）：**涌摇也。——《说文》

按：这里取泉涌流通之义。

道冲：取泉水上涌之象，水随之而流，随之而涌，为"无中生有"。

按："道冲"是"冲道"的倒装用法，义为泉涌流通之道。大自然气象万千，复杂多变。大自然所遵循的规律也难以观测，想要借鉴到社会中来更是难上加难，这就是君主所谓的"多则惑"，也是下文老子所说的"绳绳不可名"。所以，当时就有人把自然界中一个具体的现象——"泉涌流通现象"提取出来，认为这个具体的"道"可以指导社会生活。

从"道"到"道冲"，就是从抽象到具体、从一般到特殊的转变，也是从形而上的理论探讨到形而下的实用主义的转变。

不善人：指没有特殊能力、技能，并因此而贫穷的人。

善人：有特殊能力、技能，并因此而富有的人。

宝：珍也。——《说文》

保：养也。——《说文》

不善人之宝，善人之所保：不善人的珍宝；善人所要保养的。

按：富有的人保护泉涌流通之道也等于养护自己。

（注："不善人之宝，善人之所保"通行本第六十二章作"善人之宝，不善人之所保"。因为下面有"保此道者不欲盈，故能蔽不新成"。只有富裕的人才谈得到"不欲盈"，穷人能吃上过水儿面就不错了。同时，也只有有技术的人才有可能隐藏自己的技术，没技术的人又有什么可隐藏的？所以，此处应为"善人之所保"。因为这个"道"乃是泉涌流通之道，富人能使财富流通而不是囤积财富，这对穷人来说当然是好事，所以为"不善人之宝"。）

或不盈：不确定何时、何地不能密封。（有可能不盈满。）

道冲，而用之或不盈：大地不能永远封盖地下水，必定有泉水涌出。但是不能确定哪个地方有泉眼。

保：养也。——《说文》

不欲盈：不指望能封存财富（因为密封不住），引申为不希望库存太多。

蔽：遮盖、隐藏。

蔽不："不蔽"的倒装用法，和"贵高""哀悲""不我知"一样。

新成：新产品。

保此道者不欲盈，故能蔽不新成：守护此道的人不指望能封存财富，所以才会不隐藏新产品。

按：1.当时有人认为，"泉涌流通之道"可以作为"人之道"，这是"天之道"和"人之道"的统一之处。这个"道"不主张囤积，所以经常会使人的财富不充盈。因为总有人囤积居奇，这就破坏了"泉涌流通之道"，所以，就需要保护此道。

2.当商品流通时，表面上也是不充盈的，这样的不充盈本身也给人提供动力。况且，这"不充盈"和"不足以成为一顿小食"有质的区别。这就是"人之道"和"天之道"的不同。

《道德经》所探讨的境界真是不可思议。这句话的本质是在探讨"专利"制度、财物流通制度的合法性。

一个人有所创新，发明出一个新产品来。在当时某些人看来，大公无私的人不会保留自己的新技术、新产品，只有这样才会不断创新。（历来此路没有行通。)

⑤ **建**：立朝律也。——《说文》

建言：类似于谚语。

建德若偷：心中树立的德就好像偷来的。

按：1.山谷是河流的发源地，而河流又能遍及四方。那么，山谷里的水义是从哪里来呢？人们不明白，所以就说"像是偷来的"。

2.为什么会说一个人"有德"，一个人"无德"？一个人怎样是有德的？他的德是从哪里来的呢？古人认为，当你做事以自然之道为本，就自然有德了。普罗大众不知道"德"是从哪来的，所以就说"好像是偷来的"。

广德：能够遍及四方的德。

若不足：好像不充足。(因为山谷里的水永不盈满。)

上德：崇高的"德"。

谷：山谷，不唯低下，而且是河流的发源地。

按：古人以山谷之流水取象来喻德，山谷之水常流，但永不枯竭。可以用李白的一句诗来参考：天生我材必有用，千金散尽还复来。

正：是也。从止，一以止。——《说文》

反：覆也。——《说文》

按：在此为颠倒、翻转之义。

正言若反：因为"正"有"守一而止"的意思，而"说话"显然是动态的，这和"止"有矛盾。所以，表达的方式(说话)和表达的内容就好像截然相反。

按：下文中士引用的一种观点认为"欲上人，必以言下之"。这是一种方法，这个方法包含尊卑分明的观念。从逻辑上区分，是先卑后尊。在当时流传着另一种方法，这就是"正言若反"。比如建立德行本来是人赞颂之事，非得说"建德若偷"，而"偷"完全是令人厌弃的概念。这个方法包含着尊卑"近乎一体"的观念；或者是得到别人赞誉后的一种自谦，但是这比喻过分了。

大成：大的成就。

缺：器破也。——《说文》

若缺：好像有破缺。

按：山谷，三面围山，一面通川，有破缺之象。

穷：穷尽、穷竭。

大盈若冲，其用无穷：大的盈满就像泉水那样流通，这样用起来永远没有穷尽。

按：按现在的理解，就是财富流通起来才会有无穷的用处。

⑥**知：**了解社会。

按：本篇文章论述了什么是"天之道"，什么是"人之道"。这里的"知"即为知道"人之道"。

知者不言：了解社会的人不会有上述说法。

言者不知：有上述说法的人不了解社会。

兑：说也。……《易》曰："兑，为巫为口。"——《说文》

门："天门开阖"的天门。

塞其兑：堵上巫师那取悦于神的嘴巴。

闭其门：让他们的天门关闭。

⑦**始：**开端、初始。

母：牧也。从女，象裹子形。一曰象乳子也。——《说文》。段注："母，牧也。牧者，养牛人也。以譬人之乳子。引申之，凡能生之以启后者皆曰母。"

无名，天地之始，有名，万物之母："无名"是天地的初始，"有名"（创造）是万物的管理者。

（注："无名，天地之始，有名，万物之母"历来有两种句读：严遵本、通行本读"无名，天地之始。有名，万物之母"。王安石以"无"、"有"为读。）

⑧**道隐无名：**道是隐蔽的，没有名字。

按：1.下文老子说："厌饮食。"说明是消化不良，这就是对（病态）消化过程的外在表现的描述。很显然，消化过程是隐蔽的，谁也看不见。由此可推知，上士是用消化过程来比喻道。上士认为，道不显现自己，就像人的消化一样，是隐藏。而那个时候可能还没有"消化"这个概念（或与之对应的概念），所以会说"道隐无名"。

2."有名，万物之母"。要管理万物，必须依靠"有名"。"道隐无名"，说明在对万物的管理方面，"道"不起作用。从下面的论述可以看出，中士在引用中提出"天之道"；下士在引用中提出"天之道"和"圣人之道"；老子提出"天之道"和"人之道"。由此来看，上士这个"道"是指"天之道"。上士"为事物命名、建立社会制度"就是"人之道"。

⑨ **视**：用眼看。

见：看见。

名：命名。

按：以下两个"名"也是命名的意思。

微：秘密。

按：这个秘密分自然科学秘密、公民的秘密、国家秘密。自然的秘密不是因为刻意保密而是因为深密，这一点和公民的秘密、国家秘密不同。

视之不见名曰微：看的时候看不见，这个性质就叫它"秘密"。

听：用耳听。

闻：听见。

希：稀疏。

听之不闻名曰希：听的时候听不见，这个性质就叫它"希"。

搏：索持也。——《说文》

夷：平也。从大从弓。东方之人也。——《说文》

搏之不得名曰夷：用绳索也不能控制，这个性质就叫它"夷"。

按：1.这篇文章是以"象"喻"道"。道，所行道也。——《说文》。但是，在本篇文章除了"大道甚夷，而人好径"中的"道"从意象来看，可看作行走之道，其余的，诸如"天之道，其犹张弓与？""天之道，损有余以补不足"，这些"道"的意象都不是行走之道。

2."视之不见"比"视之不足见"更甚；"听之不闻"比"听之不足闻"更甚。"搏之不得"，用绳索都不能控制得住，就肯定不能用了，由此可认为比"用之不足既"更甚。

3."视之不见名曰微，听之不闻名曰希，搏之不得名曰夷"。这命名本身就是"人之道"。所以，在命名过程中就体现了和"天之道"的差异。

（注："视之不见名曰微，听之不闻名曰希，搏之不得名曰夷"通行本第十四章作"视之不见名曰夷，听之不闻名曰希，搏之不得名曰微"。

"夷"在历史上争论颇多，不再赘述。在《道德经》中，"夷"除了此处，还出现两次，分别是"夷道若纇""大道甚夷"。这两个"夷"都训为"平坦"。所以，此处的"夷"也只能训为"平坦"。所以，这个属性和"视"无关。平坦之"物"，不能被索持。另外，纇（lèi）：丝节也。——《说文》。"丝节"和"索持"含义相近。今整理为"视之不见名曰微，听之不闻名曰希，搏之不得名曰夷"。）

⑩ **此三者**：指"视之不见名曰微，听之不闻名曰希，搏之不得名曰夷"。

文：错画也，象交文。——《说文》

此三者以为文不足：这三样在纵横交织方面显得不足。

按：当时有人以山谷之流水喻道，并把这个思想全盘照搬到人类社会中。

在上士看来，消化的过程（天之道）就像一个世外桃源，与外界是隔离的，几乎没有关系，不能照搬到人类社会中。包括上述命名，和现实世界的关系也很疏远。换句话说，这个理论在错综复杂的世界面前显得无力。面对错综复杂的现实世界，还需要辅助一些人为的作用（人之道）。

属：连也。从尾蜀声。——《说文》。段注："（属），连也。连者，负车也。今字以为联字。……凡异而同者曰属。……从尾，取尾之连于体也。……"

所属：1.种类，类。2.隶属。

故令万物有所属：所以要令万物有所归属。

按：1.君主说："不敢为天下先，故能成器长。……少则得，多则惑。"

上士在这里表明，先不要谈论什么"器长"，首先得学会器物的分类知识，对器物、生产资料、消费资料等事物进行分门别类，这是器物的管理理论萌芽。只有把种类繁多的物品归类，才不会迷惑。

确定万物的属性还有一个更重要的内涵：这是表明万物的归属，阐述基本的管理方法，同时也是探讨所有权的制度，并且说明财产的私有制是天经地义的，是在探讨私有制的合法性。

2.下文下士说："我独异于人。"上士认为下士的做法是不可能的也是不应该的，每个人都与世界有这样那样的联系。

（注："故令万物有所属"通行本第十九章作"故令有所属"。参考第七十六章"万物草木之生也柔脆"。"万物"二字衍，调整为"故令万物有所属"和"草木之生也柔脆"。）

⑪ **挫其锐**：挫掉庶民的锐气。

解：判也。——《说文》

分：分配。

按："分"，各本多作"纷"，大多也按"纷"注解，不再赘述。

解其分：裁判众人的分配。

光：目光。

和其光：顺着别人的目光看。

按：顺着别人的目光看，就表明和别人没有矛盾，这就是"和"。

尘（塵）："从三'鹿'，从'土'。"造字本义表示鹿群行扬起尘土，当然也有踪迹的意思。楷书只保留一个"鹿"。

《尔雅·释诂》："尘，久也。"

按：麤（cū）：行超远也。——《说文》。段注："麤，行超远也。鹿善惊跃。故从三鹿。引申为鲁莽之称。……今人既用粗，粗行而麤废矣。"

"鹿善惊跃"与"蹑手蹑脚"、"摄生"就不一样。

同其尘：有"步人后尘"的意思，有顺从的意味，同时也有长久的意味。

按："摄"有小心翼翼的意思，而"麤"则有惊跃之义。

"挫其锐，解其分，和其光，同其尘"就类似于消化过程。

名：不仅仅是物品之名，也包含了善恶属性、物品归属、名声、功名等。

既：段注："既者，终也，终则有始。小食则必尽，尽则复生。"

名亦既有：名声和小食也都有了。

按：1．"既"，在这里用得非常非常老练，不但有"已经"的意思，而且依旧保留"小食"的本义。

2．上士认为，理论必须从具体的生产实践中来。

3．上士表明，在施行财物管理、分配的过程中，既管理了民众，使民众得到利益，同时也为自己获得了声望和功名，并且这声望和功名会直接表现在生命之本——粮食方面。换句话说，有了声望和功名，吃穿就不用愁了。但是，有了声望和功名绝不是给人带来穷奢极欲的物质生活。"小食"，撑不着，饿不死。

4．后来，除天子外，王公大臣乃至各级官员的声望都要转化成功名，而后获得俸禄。

⑫ **甚：**尤安乐也。——《说文》

按：本义为极度损人利己。

奢：张也。——《说文》

按：这里取贪吃腹胀之象。上士在这里表明，肚子吃多了，撑着了，就不消化了。引申为积累大量的财富或者什么都管，人也消受不起。

太：一曰大也，通也。按经史太字俱作大。如大极、大初、大素、大室、大廟庙、大学及官名大师、大宰之类。——《康熙字典》

太又作泰，如泰卦、泰坛、泰誓、泰春、泰夏、泰秋、泰冬之类。范氏撰《后汉书》，父名泰，避家讳，改从太。毛氏韵增，经史古太字无点，后人加点以别小大之大，非。《字汇》引之，失考。——《康熙字典》

泰：夳，古文泰。——《说文》

大：天大，地大，人亦大。故大象人形。——《说文》

按："大"和"太"、"泰"和"太"这两组概念在历史的演变中，其含义常常混淆。

1．大，人得一为大。一个人能够一心一意做事，就是大。这里的"一"有提纲挈领的含义。

2.下文老子说："道生一，一生二，二生三，三生万物。万物负阳而抱阴，冲气以为和。绳绳不可名，故混而为一，复归于无物。"所以，"夳"，从大从二，二象征多，义为"比所有的都大"，应该是"太"而非"泰"的古体字。所以，"夳"演变为"太"包含了古人的认识过程，即由万物化为无物。"太"字的一点，其含义为"一即一切"。人得一为大，但是，作为个体的人，在宇宙中也是渺小的。所以，"太大""太远"等，莫不暗含着与自己的比较，并且是超乎预料的。所以，这个"点"也指"小我"。

综上，"太"有超越、出类拔萃、独一无二的含义。比如"太子"，他的地位就超越了皇帝所有的子侄。

3.超越损人利己。极度损人利己的反面，就是毫不利己专门利人。

（注："去太"通行本第二十九章作"去泰"。参考第三十五章"安平太"。傅奕本作"泰"。孤立地看，都可以说通，但调整后，含义显示得更准确，与上下文呼应更紧密。综上，调整为"去太""安平泰"。）

去太：不超越极限，不搞特殊化。

⑬**而贵食母**：崇尚吃"名誉饭"。

按：1."是以圣人去甚，去奢，去太"是圣人在个人健康的保养中遵从"消化之道"，同时也是圣人在社会生活中对"消化之道"的借鉴。但是，对于制定社会制度的圣人、天子而言，照搬此"道"是远远不够的。以"消化之道"作为基础，最重要的是下面"而贵食母"。

2.远离无条件助人，于是有偿助人呼之欲出，这大概就是商品交换。这就是商品经济的法则。但这也不过是商人的作风，作为圣人更要"贵食母"，就是吃"名誉饭"。

人们都以为《道德经》是反对名利的，绝不会想到《道德经》也论述了名利的重要性。但是《道德经》的深刻在于，名利本来是不需要圣人追求的，这是圣人本来就应该得到的。所谓实至名归，当一个人的实已经到了那个境界，名就应该自然就有了，而不是逼着人去追名逐利。这是一点。更重要的是，所谓名利，并不是肥甘厚禄，只是能够维持生活而已。要知道，在很多庶民食不果腹的情况下，能够过上衣食无忧的生活已实属不易。

⑭ **人之所教，我亦教之**：别人教导我的，我也这样教给人。

按：这里所谓"人之所教"和上面的"建言有之"，不是同一人所说。

⑮ **昧**：暗昧。

夷：平坦。

纇（lèi）：丝节也。——《说文》

按：此处训为崎岖、不平坦。

明道若昧，进道若退，夷道若纇：

按：1. 这里的取象是人的消化过程，以人的消化来比喻道，所谓"明道若昧，进道若退，夷道若纇"就显而易见了。

人吃进食物，转化成排泄物，这件事儿谁都知道。但是食物是如何消化的，谁也不知道。这就是"明道若昧"；肚子里从有到空，这就是"进道若退"；消化是直接的，但是小肠、大肠何止九曲十八弯？这就是"夷道若纇"。

2. 在社会生活中，所谓"明道"不是住在窗明几净的屋子就可以了，而是要"和其光，同其尘"。这就是"明道若昧"。建立良好的社会制度，一开始对生产并不能产生直接的作用（甚至于一些制度变革会对生产带来冲击），这就是"进道若退"。"挫其锐，解其分"的过程绝对不会平坦，这里面会有各种难以想象的困难险阻，但这是真正的"夷道"，所以，这就是"夷道若纇"。

质：以物相赘。——《说文》。朱骏声《说文通训定声》："以钱受物曰赘，以物受钱曰质。"

直（𥄂）：正见也。从𠃊从十从目。——《说文》。段注："《左传》曰：'正直为正，正曲为直。'其引申之义也。见之审则必能矫其枉，故曰正曲为直。从十目，谓以十目视，𠃊者无所逃也。三字会意。"

渝：变污也。从水俞声。——《说文》

质直若渝：吃进的是食物，排泄出来的是污物，"矫正"食物却好像变污。

按：1. 君主说："直则枉。"按现在的说法，这是以物理变化来形容人内心的曲直变化。比如，一个人说话是否拐弯抹角，是否直来直去。

上士用消化过程来比喻"矫枉"的过程。食物的精美、粪便的污秽都不是判断"直"的标准。食物虽然精美，但是如果为人所用必须经过消化，而消化过程则是对食物的"矫枉"过程，所谓"矫枉"，就是能够真正为人所用。

食物变成粪便、尿液等，是为"质"，粪便、尿液等是为"渝"，消化的过程被评价为"直"。

2.直接"以物易物"转变成"以物易钱，再以钱易物"，这是不是变得麻烦了？把物换成钱这一行为虽然十目所见，但是仍然像改变了什么事物一样。

"以物受钱曰质"。由此可见，这是对卖方提出的标准和要求。一个正直的卖家在卖东西的过程中，身体变脏了，这说明，这个卖家不是在家里躺着赚钱。

3.上士在这里给"直"的判定，提供了新的标准：有益于人的行为即是"直"。一个人的个体状态无法评判其是否为"直"，只有在行动中、与人的交往及生活中才能体现出"直"来。

作为一名管理者，一会儿"挫其锐，解其分"，表现得很刚强；一会儿又"和其光，同其尘"，表现得很柔顺。这是不是太善变了？上士认为，这才是正直。因为，面对不同的人就要有不同的态度，这就是矫枉。（当然，这不是欺软怕硬，而是扶正祛邪。）

（注："质直若渝"通行本第四十一章作"质真若渝"。傅奕本作"质直若输"。《明玄德》一篇讨论的是"信"，也就是真伪问题。这篇文章是在讨论"道"的曲直问题，而非真伪问题。"质真若渝"的"真"与通行本第五十八章的"直而不肆"的"直"相替换，调整为"真而不肆"和"质直若渝"。与"质直若渝"相对应的是君主的"直则枉"以及中士的"大直若屈"。）

白：纯洁无染。

辱：黑垢也。

大白若辱：至高的品德却好像是满身污垢的样子。

按：与劳动人民共同劳作是美德，相反，那些十指不沾泥的人正是无德。

大器晚成：经济制度、社会制度的"成型"谓之"大器"，这绝非朝夕之功，故曰："大器晚成"。

弊（𡚁）：表示有两只手在下面操作，可以猜测为"人为的暗中破坏"。

其用不弊：这样的做法不会蒙蔽世人。

按：1.由食物转化成排泄物，虽然谁也看不见这一过程，并且的确是"变污"的一个过程，但是，这里面并没有人为的破坏和操纵。上士表明，虽然"明道若昧"，但在分配制度建立过程中，不能有暗中操作等作弊行为。[当然，在这一过程中，人心是否会由直率变得心机叵测（所谓变污），都很难说。]

2.这篇文章分别用了"敝""蔽""弊"三个字，必定有所考虑，所以断不可以用通假字来互相解释。

（上士）"身与货物哪个多呢？天下万物都是从'有'中生出，而"有"又是从'无'中生出。道是万物的奥妙所在，看也不足以看见、听也不足以听见，用起来不足以成为一顿小食。泉涌流通之道，是穷人的珍宝，也是善良而富有的人要保护的，但是在应用时可能就不会盈满了，保持此道的人不欲盈满，所以才能够不隐藏新成的东西。所以会有谚语说：'建立功德好像是偷窃，宽广之德却好像不足，至高的德好像山谷一样；正话就像反话一样，太大的成就好像有所缺陷，大盈满就像泉水流通一样，用起来不会穷尽。'"知道道理的不会这样说，这样说的不知道道理。堵上他们取悦神的嘴巴，关上他们的天门，终身都不会勤劳。让他们开口说话，参与他们的各种事物，一辈子都没有救。"无名"被称作天地的开始，"有名"被称作万物之母。道是隐蔽的，没有名字。看的时候看不见就叫作"秘密"，听的时候听不见就叫作"希"，绳索套不着就叫作"夷"。这三点在制定文法方面显得不足，所以要令万物有所归属。挫掉众人的锋芒，裁判众人的分配；以他们的光彩为荣，也与他们共处于尘垢之中。这样，名声和基本的生活需求也已经有了。所以圣人要去除损人利己、去除贪得无厌、去除超越极限的欲望，而要崇尚"食用"名誉（带来的俸禄）。别人有所教诲，我也要教育别人："道是光明的却好像暗昧。在道里长进，却似乎是后退。平坦的大道看起来却崎岖。'矫正'食物却好像把食物变污，至高的品德却好像满身污垢，大的器物要经过很长时间才能制成，这样的做法永远都不会蒙蔽世人。"

（中士）"名与身孰亲？^①祸兮福之所倚，福兮祸之所伏。^②天之道，其犹张弓与？将欲发之，必固张之；将欲弱之，必固强之；将欲废之，必固兴之；将欲持之，必固与之。^③是以欲上民，必以言下之；欲先民，必以身后之。^④是以圣人处上而民不重，处前而民不害。"^⑤太上，下知有之，其次亲而誉之，其次畏之，其次侮之，谓之不道，得之若惊。^⑥宠为下，失之若惊，是谓宠辱若惊。^⑦宠辱若惊，贵大患若身，古之极。^⑧是以圣人被褐怀玉，塞其兑，闭其门，不道早已。^⑨人之所恶，唯孤、寡、不穀，而王公以为称，此非以贱为本邪？^⑩唯之与阿，相去几何？^⑪善之与恶，相去若何？^⑫天下皆知美之为美，斯恶已。^⑬皆知善之为善，斯不善已。非乎？^⑭大方无隅，大音希声，大象无形。大直若屈，大巧若拙，大辩若讷。^⑮孰知其极？^⑯

注释及解析：

① **名：** 名声。

按： 这里"名"没有"功名"的含义，只包含"在庶民里的名声"这一含义。

名与身孰亲： 名声和身体谁亲呢？

按： 对于这个问题，恐怕不同的人会有不同的答案。有"杀身成仁""舍生取义""生死事小，失节事大"。当然也有"好死不如赖活着"。但是，在重视名誉的年代，一个人丧失了名誉，可不仅仅是名誉问题。有的妇女"失节"了，就会导致生命的死亡。

② **祸：** 害也，神不福也。——《说文》

福： 祐也。——《说文》

倚： 依也。——《说文》

伏： 司也。——《说文》。段注："（伏）司也。司者、臣司事于外者也。司今之伺字。凡有所司者必专守之。伏伺即服事也。引申之为俯伏。又引申之为隐伏。"

祸兮福之所倚，福兮祸之所伏： 神降福于人会依在灾祸之上，神也会在降福的同时埋下灾祸的种子。

按："倚"这个动作是斜靠着，"伏"这个动作是正向下，从方向来看不是正相反。而"福"与"祸"是截然相反的。所以，这句话并不是意味着"有福必定有祸，有祸必定有福"。坏事变成好事可不是那么容易，相反，好事变成坏事却是举手之间。

③ **与**：这里为语气词。

天之道，其犹张弓与：天道不正是如张弓射箭那样吗？

按："天之道"就是宇宙的规律，但宇宙是一个开放的系统，不像拉弓射箭那么简单。

上士所述的"泉涌流通之道""消化之道"，都是提取自然界中的具体现象。中士引用的概念是，试图把"天之道"简化为"张弓之道"，这也是我们现在常说的"物极必反"。从另一方面看，是受到"张弓之道"的启发，而试图推广为一般规律。

发：射发也。——《说文》

必：分极也。——《说文》。段注："（必）分极也，极犹准也。"

张：施弓弦也。——《说文》

将欲发之，必固张之：想要射发，必定先张开弓。

按：1.这里引申的一个含义是，一个人要想发达，首先必须受到磨炼。

2.以下几个中士引用的推论是在普遍的"宇宙法则"下，某个具体范畴的一般法则。

（注："将欲发之，必固张之"通行本第三十六章作"将欲歙之，必固张之"。歙，缩鼻也。——《说文》无论是其本义还是引申义都与呼吸有关，而弓弦的弹缩，不仅仅是收敛。参考第三十九章"地无以宁将恐发"。今调整为"将欲发之，必固张之"。发：射发。一目了然。）

弱之：使之弱。

强之：使之强。

将欲弱之，必固强之：想要削弱他，必要先使他强大。

按：一个人能够得到宠爱，就会增强力量；如果能够得到君王的宠爱，就会更强大；如果得到上天的宠爱，似乎就无往而不胜了。但是，一旦失去宠爱，就会"下架的凤凰不如鸡"了。

一个孩子因为受到宠爱而无所事事，最后便毁掉了。

上述事例为"将欲弱之，必固强之"的具体例证。不过，也有反例：养虎为患。

废：屋顿也。——《说文》

按："废"的本义可能是"在屋子里射箭，必将瞬间而止，引申为止"。

将欲废之，必固兴之：想要废弃它，必定先使其兴旺。

按：1.这个想法很僵化。"上帝欲使人灭亡，必先使之疯狂"作为一种警示亦无不可。但一个人通向死亡之路绝不必须经历辉煌，好多人苟延残喘，忍辱偷生，何曾"被兴之"？

2.《礼记·曲礼》："凡祭，有其废之，莫敢举也；有其举之，莫敢废也。"下文下士说："众人熙熙，如享太牢。"就说明众人都以天子的规格祭祀。

持：握也。——《说文》

将欲持之，必固与之：想要永久拥有一件东西，就必定先给予别人。

按：这里也可理解为"想要控制他，必定先给予他"。

（注："将欲持之，必固与之"通行本第三十六章作"将欲夺之，必固与之"。《韩非子·喻老篇》作"取"；范应元本作"将欲取之，必固与之"。"夺"和"取"都暗含一个假定：你要夺取的东西本来就在别人那儿。"与"则表明，东西在自己手里。所以，"将欲夺之，必固与之"是完全莫名其妙的事。参考第九章"持而盈之"，把"持"字移至此处，作"将欲持之，必固与之"。其意义就很明了：一件东西本来在你手里，可是所有权未必在你手里，若想长久地持有，你会怎么办呢？很多聪明的人士，就会故意把东西让给别人，然后别人再客气一番，说："这东西就给你吧。"于是，聪明的人士就可以长久地拥有了。）

④**是以欲上民，必以言下之；欲先民，必以身后之：**想要位居庶民之

上，必须言语卑下；要想领先庶民，必须置身于庶民之后。

按：1."是以欲上民，必以言下之"。这样的意见仅仅流于表面，百分之百权谋之术，虚伪做作。俗话说"吃得苦中苦，方为人上人"。你什么都不做，只是言语卑下就想成为人上人，显然是异想天开。

2.这里的"上""下""先"都是抽象意义的"上""下""先"，而"后"则具有实体意义。

⑤ **是以圣人处上而民不重，处前而民不害：**

按：1.这个说法也是一厢情愿。

2.这里的"上"是抽象意义的"上"，而"重"则有实体意义。

综上，中士引用了当时一些人对天道的认识，下面就是中士的各种疑问。

⑥ **太：**最好。

按："太"和"极"这对概念在历史的演变中，其含义常常混淆。

1.极（極）：栋也。（栋，極也。）——《说文》。段注：《丧大纪》注曰：'危，栋上也。'引申之义，凡至高至远皆谓之極。"

然而，"極"由"栋"引申为"极限"并非缘于此。

做房梁的木材，因为要承重，所以必定取最好的木材，所谓栋梁之才。最好的木材还必须固定中正才可以承受最大重量，所谓"立木支千斤"也需要横梁正。所以，从这两方面可引申出我们所知道的"極"的各种含义。

2."太"和"极"的差别：

"太"，更多的是比较后的结果，思维的最终指向是做比较的人。"極"，则更强调事物自身发展的属性，思维的最终指向是事物本身发展方向。比如，"宇宙太大了"，下面暗含了"与人类能力的比较""超出了人的认知能力""以至于人类不能穷尽"。"宇宙大极了"，却并不涉及"能不能穷尽"的问题。

当"太"和"极"形容人的感受时也是不一样的，我们平常说"生活太困难了"，下面暗含"（可能要）超出我的承受能力""以至于承受不了"。"生活困难极了"，下面暗含的可能是"但是，我还在坚持"。

下：一方面是抽象意义的"下"，另一方面代指庶民。

知：知道。（有愿意的意思。）

有之：让他有，意思是舍得给予他。

下知有之：庶民仅仅知道如何让他富有。

按：君王做了惠民的事，庶民因为感激，仅仅欲使之富有；而不是先给君王财物，然后再要求更多的回报。这是两个完全不同的逻辑。

亲而誉之：亲近并赞美他。

按：此用法与"必固"类似，都有双重的意思。亲近你，乃至赞美你。但是有一点，涉及金钱之事，一切免谈。

太上，下知有之，其次，亲而誉之：

按：1.上士说："名亦既有。"这表明名誉和物质财富是统一的。中士在这里表明，物质财富和名誉并不是统一的。

2.中士把物质财富放在名誉之上。

惊（驚）：马骇也。——《说文》

其次畏之，其次侮之，谓之不道，得之若惊：其次畏惧他，再其次就侮辱他，说他是无道的，如果得到这个骂名就会感到惊恐。

按：1."得之若惊"为倒装用法，原句为"若得之，惊"。

2.对一个孩子来说，受到侮辱可能会激发他拼搏上进，最终取得不凡成就。但是对于君王来说，如果有人骂他"无道"，基本上就无可救药了。

所以，在这个具体的君王受辱的事例上，"将欲发之，必固张之"就不再适用。

⑦ **宠**：尊居也。——《说文》。段注："（宠）尊尻（jū）也。引申为荣宠。"

按：有龙居住的地方，为尊贵的地方。切不可以把龙混淆为蛇。君主说："猛兽不据。"是说人居住的地方没有猛兽占据。

《易经·师卦》："承天宠也。"在古人看来，君王是受到上天恩宠的。

宠为下：受宠爱是下等的。

按："宠为下"有双重的含义。一层含义是，受宠比受侮辱更次，这是接上文排下来的。另一层含义就是受宠的人处于下位。无论是从别人的态度还是从自身的认知都是处于下位。

如果说受侮辱的人在自身的认知上也可能会自认清高，但是受宠的人、邀宠的人，在自身人格的认知上就低人一等。这与前面的任何一种都有本质的不同。无论是"亲誉"还是"畏惧"、"侮辱"，其主体都是外来的，并不直接体现自身的人格特征。而取宠、邀宠则直接体现了自身的人格特征，所以被中士认为是"下之下者"。

看看受宠的是哪些人就知道了，自古以来，忠臣良将有几个受宠了？

失之若惊：若失掉宠爱就会感到惊恐。

按：此句倒装，原句为"若失之，惊"。

当失去宠爱时，人同样感到战战兢兢。在深宫大院，谁失宠了，基本上一辈子就完了，还不如每天被皇上"侮辱"。

这段文本很清晰地表明：大多数人被人侮辱、被人责骂时，会感到惊恐；小人物失宠时，也会感到惊恐。这才叫作"宠辱若惊"。

王弼在注解"宠辱若惊"时写道："宠必有辱，荣必有患，惊辱等，荣患同也。为下，得宠辱荣患若惊，则不足以乱天下也。"事实上，中士不仅仅是由荣看到辱，而是有一系列的对比，单就这一点来看，就比那些沉浸在"三千宠爱在一身"的杨贵妃之流，高明几万倍。

（附释：后人"受宠若惊"是一个夸张性的错觉。仅仅对你好一点，离宠爱还差得很远呢。

后宫嫔妃争风吃醋，为争得皇帝的宠幸，无不尽其所能，所以会有赵飞燕掌上舞。在受宠之时，哪里会有惊恐？但是毫无例外，当失宠的时候，都会感到惊恐万分。另外，受宠，是一个长期性的概念；惊，是一个短暂性概念，受宠状态下，不可能感到惊慌；充其量会有"忧虑"。而"失宠"是刹那之间的事，所以"受惊"是可能的。）

⑧**患：**忧也。——《说文》。《春秋繁露》曰："心止于一中者谓之忠，持二中者谓之患。患，人之中不一者也。"

按：下文下士说"唯施是畏"，老子说"惟道是从"，都是说要一心一意。

贵大患若身：若把身体看得贵重就是大患。

按：1. 此句倒装，原句为"若贵身，大患。"

2."患"是比"惊"更为严重的心理疾病。"惊"只是一刹那，是受到外在的刺激而导致的。而"患"完全是人内心的"病变"，并且可能日久天长。

古之极：这（宠辱若惊，贵大患若身）在古代都已经达到极限了。

按：1. 把身子看得贵重，比受到侮辱、失掉宠爱还要可怕，简直为人所不齿，所以说这是极限了。

2. 这里的"极"和张弓的"极"不是一个空间维度。

⑨ **圣人**：不在位的圣人、巫师。

被（pī）：穿着。

怀：念思也。——《说文》

按：上士引用古人的话说："保此道者不欲盈，故能蔽不新成。"这是说大公无私的人不会保留自己的新技术、新产品。

"蔽"是覆盖、隐藏的意思。

"怀"同样也有隐藏的意思。《论语·阳货》："怀其宝而迷其邦，可谓仁乎？"（怀，《康熙字典》注："藏也。"）

玉：石之美。——《说文》

按：在这里也象征圣人的思想。

被褐怀玉：披着麻布怀揣美玉。

按：1. 这是被人嘲笑的不伦不类的扮相，就像穿着拖鞋打着领带一样。为什么这样说呢？

尽管《礼记》说"君子必佩玉"，但我们必须清楚的是，"佩玉"而非"怀玉"，更不是"被褐怀玉"。所以，圣人"被褐怀玉"会被人认为是怕失去财富，同时也怕因财富而招致祸端因而怕"露富"。

2. 玉象征圣人的思想、才华。既然是"怀玉"，即意味着把玉藏起来，既然藏起来，别人又是怎么知道的呢？很显然，如果别人不知道你怀里有玉，也就不会说你"怀玉"了。

看来圣人的思想的确不是那么好隐藏的，大概就像纸包不住火一样吧。

塞其兑，闭其门，不道早已：塞上他们自己的嘴巴，关上他们自己的门户，早就失道了。

按：上士说："知者不言，言者不知。塞其兑，闭其门……"这是站在上士的角度说，"要塞上'圣人'的嘴巴"。

中士说："塞其兑，闭其门。"这是站在圣人的角度来说，与其被别人堵上嘴巴，而受到侮辱，还不如自己就不说话算了。

但是，中士认为，因为担心引来灾祸而禁言当然早就无道了。因为"贵大患若身，古之极"，可是现在圣人还患得患失，说明"物极必反"也不适用。没有"天道"可以解释，只能谓之"无道"。

⑩ **孤**：孤，无父也。从子，从瓜，瓜亦声。 ——《说文》

榖：粮食作物的总称。

不榖：没有粮食。

人之所恶，唯孤、寡、不榖，而王公以为称，此非以贱为本邪：

按：1."孤""寡"者，生之不幸；没有粮食，生活之不幸。在中士看来，"孤""寡""不榖"就等于"少"。王公自称"孤""寡""不榖"，是为了响应"少则得，多则惑"。当然这也是流于表面，却也忽略了这不仅仅是物质的得失、多少问题，还是个名誉问题。

2.对于王公而言，"不道"或许是最严厉的批评。可是，"不道"和"不榖"又相差多少呢？不在位的圣人"塞其兑，闭其门"，意味着面对侮辱，采用"不还口、眼不见心不烦"的策略。可是，在位的王公为何又更"降一步"，反而自称"孤""寡""不榖"呢？

总之，一开始让国君、王公称孤道寡也不是容易的事。

3.不知从何时起，君王对孤寡开始津津乐道。

《孟子·梁惠王上》："梁惠王曰：'寡人之于国也，尽心焉耳矣。河内凶，则移其民于河东，移其粟于河内。河东凶亦然。察邻国之政，无如寡人之用心者。邻国之民不加少，寡人之民不加多，何也？'"

从梁惠王口口声声以寡人自称来看，在孟子那个时候，君王已经完成了"称呼上的革命"。但毫无例外，上至帝王，下至平民，口头上的谦卑功夫十分了得，动不动就鄙人、犬子、拙卿等，这都是口头功夫，内心并没有谦卑。

这就是中上所表达的意思，虽然名守没离去，但是其含义早已经"去了"。同时，中士也对圣人、王公的举措有了进一步的思考。

⑪ **唯：诺也。**——《说文》

按：这里指谦卑恭敬地应答。

阿：大陵也。——《说文》段注："大陵曰阿。……傅曰：'曲陵为阿'……引申之，凡曲处皆得称阿。……曲则易为美，……凡以阿言私曲、言昵近者，皆引申假借也。"

按：此处指怠慢地应答。

去：人相违也。（违：离也。）——《说文》

唯之与阿，相去几何：恭敬地应答与怠慢地应答相差多少呢？

按：唯与阿都是表面现象，关键要看内心。

⑫ **善之与恶，相去若何**：善与恶相距有多远呢？

按：内心有好的动机，并不一定有好的结果。比如，父母对孩子的关心无微不至，却导致孩子什么都不会。再比如，现在为了杀虫打农药，这被认为是善事，但是也把鸟间接杀死了，这就是恶了。那么善与恶相距多远呢？

⑬ **天下皆知美之为美，斯恶已**：天下人都认为一种事物是美好的，这就是恶了。

按：1.就像时尚一样，当大家都追求一种时尚时，这时尚也就过时了。

2.美应该是感性的，这里用"知"这个理性的概念，说明人们对美的感受是麻木的，带有盲从性。

3.中士把"美"与"恶"相对，而不是"善"与"恶"相对。同时，"善"与"不善"相对。这是非常高的境界。中士认为，美与罪恶如影随形。

象牙筷子美不美？

美。

妲己美不美？

据说，非常美。

但是商纣王自此骄奢淫逸，酒池肉林，恶贯满盈。

⑭ **为善**：做善事。

皆知善之为善，斯不善已。非乎：大家都认为一件事是善的就是不善了，不是这样吗？

按：大家都认为做皇帝对自己是好事，但是正因为如此，竞争就非常激烈，乃至你死我活。这哪里还是好事呢？

⑮ **大**：人得一为大。

按："大方无隅""大音希声""大象无形"中的"大"可训为"整体"。麻雀虽小五脏俱全。健康的心脏是完整的，但是属于麻雀的一个部分，所以，整体、完整性必然涉及"层次"这一概念，所以，"大"也有"高层次"的含义。事实上，《道德经》对"大"的含义进行了充分的探讨。

隅：棱角。

大方无隅：整体的方由不是方的个体形成。

按：仪仗队整体看起来是方形的，但是，构成仪仗队的每一个人都不是方形的。当然，仪仗队中每个人的个性也就全部被化于乌有。

音：《礼记·乐记》："声成文谓之音。"可以简单理解为音乐、语言、乃至文章等。

声：声调，诸如宫商角徵羽，语气等等。

大音希声：人的心声难以表达。

按：1.高深的道理难以用语言讲出来。

2.高深的理论枯燥，仅有少数人能领悟并响应。

3.讲道理平淡无味，不像说评书那样神采飞扬。

4.在深挚的感情面前，所有的语言都是苍白的。

象：《易经·系辞上》："在天成象，在地成形。"

大象：天象、心象、善恶之象、文字的含义。

形：象形也。——《说文》

大象无形：道、德、善、恶、文字为人之心象，没有具体形象与之对应。

按：1.林妹妹长什么样？不知道；佛长什么样？不知道。《金刚经》："若以色见我，以音声求我，是人行邪道，不能见如来。"

2.善与恶没有脸谱，美与丑没有定式。各种文字体现的内涵谓之象，"德""道""善""恶"等诸多概念所体现的象为"大象"，这样的象没有具体的形象与之对应，比如容貌的美丑等，乃至"美""丑"也演化成内涵非常丰富的概念。数学的抽象思维更是没有具体的象。

随着历史的发展，每个文字都被赋予了不同含义。但是在特定语境中，每个文字就不能完全体现其所有的含义，否则，对每一句话的理解都会乱套。并且，一段话中每个文字的含义都和整段话的含义不一样，这也是显而易见的。

综上，"大方无隅""大音希声""大象无形"是说明整体和部分的矛盾、内在与外在的矛盾。比如，人的品德评价与具体的行为表现都可能不一致。

屈：无尾也。从尾出声。——《说文》

按：上士说："故令万物有所属。"（属：连也。从尾蜀声。——《说文》）中士在这里用"屈"字，当非偶然。

大直若屈：大的正直好比办事不留尾巴，哪说哪了（liǎo），没有秋后算账这一说法。

按：1.《论语》也对"直"有过比较深入的探讨。

叶公语孔子曰："吾党有直躬者，其父攘羊，而子证之。"孔子曰："吾党之直者异于是。父为子隐，子为父隐，直在其中矣。"（《论语·子路》）

中士默认"直"是重要的品德。并且，这里讨论的是"大直"。

中士引用说："将欲发之，必固张之；将欲弱之，必固强之；将欲废之，必固兴之；将欲持之，必固与之。"表明当时的人的做法，有点儿秋后算账的意思，这在中士看来是不正直的。

下文老子说的"虚而不屈"就是用了"没有尾巴"的衍生义，即"穷竭"的意思。

2.下文老子说："夫唯道，善贷且成。"可推知，在当时已经有了借贷的行为。毫无疑问，借贷的行为，属于办事留有尾巴。"大直若屈"相当于概不赊账，这样反倒是正直的。而老子认为，只有"道"才"善贷且成"。由此可推知，当时的借贷行为，很少有成功的。要么是高利贷把人弄得倾家荡产，要么是坏账烂账，所以，出现杜绝借贷的声音也在所难免，这就是"大直若屈"的由来。

3.君主说："直则枉。"是认为人心就像木头那样，可以变得弯曲。这个比喻比较简单。

上士说："质直若渝，……其用不弊。"是说，在买卖的过程中，发生了一系列变化，这一过程虽然十目所见，但是仍旧免不了作弊行为，真正的"直"，就是不要作弊。这个比喻是以结果作为"直"的重要指标。

"大直若屈"，展现了时间的跨度。

拙：不巧也。从手出声。（出：进也。象草木益滋，上出达也。）——《说文》

按：依《说文》的解释，拙，大概有拔苗助长的意思。拔苗助长，是真的拙。

大巧若拙：大的巧好像笨拙。

按：社会的一开始是人与自然的矛盾，这时候，有力量的人会占有优势。随着社会发展，尤其是农耕文明的发展，农业技术成为主流。由此，善于制造工具、器皿等的能工巧匠，应运而生。再随着社会的发展，市场交换使人们刻意取长补短，同时，拥有技术的人可以积累更多财富。再随着社会发展，财产世袭制度的产生，有些因技术发家致富的后人在技术上可能没有传承的意识，却会发现，货币的力量很强大，不但可以易物，还可以雇用人，于是就想着如何奴役他人为自己服务，后来又终于发现了"钱生钱"的奥秘，这就是有偿借贷，又发展成高利贷，于是人就可以躺着赚钱了。这样的人虽然没有技术，看起来很笨，但是却富有，这就是"大巧若拙"。

中士提出的问题就是：这样发展的极限在哪里呢？事实上中士提出的是"物极必反"与"由量变引发质变"的哲学问题。

辩：治也。从言在辡之间。——《说文》。段注："辩，治也。治者、理也。俗多与辨不别。辨者、判也。从言在辡之间。谓治狱也。"

按：1. 辨：判也，从刀辡声。辡：罪人相与讼也。从二辛。——《说文》

2. 段玉裁认为"辩"与"辨"俗无分别，实则不然。"辩"从"言"，"辨"从"刀"，不论谁先谁后，都表明了一个治理罪人的发展历程。若先有"辩"后有"辨"则表明，一开始讲道理判狱，后来行不通，直至以刀来判狱。

大辩若讷：大的判案方式看起来很木讷。

按：1. "直""巧""辩"是社会的三个重要支撑点。"直"与"巧"类似等腰三角形的两个底点，分别代表品德和能力。"辩"则是顶点，代表判断一切是非曲直。

2. 随着社会发展，涌现太多的新事物，这些新事物会破坏社会的现状。什么是"直""巧"？对这二者都产生了翻天覆地的认识，以至于不能区分善、恶、美、丑，好像无法辩论治狱，社会的理性几乎完全丧失。

⑯ **孰知其极：**谁知道他们的极限在哪。

按：这是中士的提问。比如说，君王自称"孤""寡"，这或许是荣誉到了极致的缘故。那么平常人家呢？怎样是荣誉达到了极致？"直"是被人称颂的，可是什么是"直"？评价的标准是什么？"直"有没有极限？另一方面，技巧也是必需的。可是人的技巧又是用来做什么呢？人们经常用"炉火纯青"来形容技巧的登峰造极。可是，人在社会中的生存技巧又是怎样的呢？这些技巧的极限是怎样的呢？"直"和"技巧"往往是矛盾的，孰是孰非，又如何判断呢？对于放贷，怎样的利率是好的？如何能利益最大化？个人利益的最大化和社会利益的最大化能一致吗？最后，作为评判者，他们的评判方式又从讲道理为本，转变到以杀伐为保障，这是怎样转变的呢？道理怎样才能讲到极致呢？什么样的人是绝对不可理喻的呢？

译文：

（中士）"名与身哪个亲呢？神降福于人会依在灾祸之上，神也会在降福的同时埋下灾祸的种子。天之道，不正像拉弓射箭一样吗？想要发射它，必先扩张它。想要削弱它，必先强化它。想要废弃它，必先兴盛它。想要从别人永久得到什么，必定先给予他。所以要想在庶民之上，就必须先言辞谦卑，处于庶民之下；要想走在庶民前面，就必须先在后面。所以，圣人在庶民上面，庶民也不会觉得有重负，走在庶民的前面，庶民也不会加害。"最好的情况是，庶民仅仅知道让他富有。其次，庶民亲敬、赞颂他。再次一点，别人畏惧他，更次的，别人侮辱他。得到侮辱让人心惊胆战；受宠是下等的，如果失去就会惊恐，这就是宠辱若惊。如果失去宠爱和受到侮辱就会惊恐，如果以身为高贵就会是大患，这在古时候都达到极致了。所以，圣人如果穿着粗布衣服却怀揣美玉，堵塞嘴巴，关闭欲望的门户，早就无道了。人厌恶的只有孤、寡、不毂，王公却用来称呼自己，这难道不是以贱为本吗？恭维和呵斥相差多少？善与恶又相差多少？天下人都认为美是美的，就是恶了，天下人都认为善是善的，就是不善了，难道不是这样吗？整体是方的却由没有棱角的部分构成，人的心声难以用语言表达，道、德、善、恶、文字为人之心象，没有具体形象与之对应。大的正直好比办事不留尾巴，大的技巧好像很笨拙，大的判案方式看起来很木讷。谁又能知道他们的极限在哪儿呢？

（下士）"得与亡孰病？^① 天之道，利而不害；圣人之道，为而不争。^② 为而不恃，生而不有，长而不宰，功成而不处，天之道。^③ 是以圣人为而不恃，生而不有，长而不宰，功遂身退，可以长久。"^④ 大道甚夷，而人好径，^⑤ 我独异于人。^⑥ 众人皆有余，沌沌兮，而我独若遗。^⑦ 众人皆有以发，而我独顽似鄙，如婴儿之未孩。^⑧ 众人熙熙，如享太牢，如春登台，我独泊兮其未兆。犹兮若畏四邻，豫兮若冬涉川。儽儽兮，若无所归。^⑨ 功成事遂，百姓皆谓我自然；我愚人之心也哉？^⑩ 益生曰祥，居善地，动善时，事善能，吾将以为教父。⑪使我介然有知，行于大道，唯施是畏。⑫治人事天，莫若啬，夫唯啬，是谓早服；⑬早服谓之重积德；⑭重积德则无不克，无不克则莫知其极；莫知其极，复归于无极。⑮是谓深根固柢，长生久视之道。⑯

① **得**：行有所得也。——《说文》

亡：逃也。——《说文》

病：疾加也。——《说文》。段注："（病）疾加也。苞咸注《论语》曰：'疾甚曰病。'"

得与亡孰病：得到位置和逃离位置哪个会带来弊病呢？

按："得"与"亡"不是物质的"得"与"失"，而是指"位置"的得失。下士用"亡"，表明是主观的一种意愿。所谓"逃离高位"，带有夸张色彩。

《易经·系辞下》："天地之大德曰生，圣人之大宝曰位。"可见古人对位置的重视。可是，下士觉得会面对两难困境：如果身处高位，担心被庶民所害；如果"功遂身退"，却可能无家可归。从下文老子的论述可知，当时身处高位的人，都是养尊处优，声色犬马，并且还要主宰庶民的命运，所以被庶民怨恨甚至伤害。

② **天之道**：持家之道。

按："天之道"是指具有天然血缘关系的"持家之道"。

利：铦（xiān）也。从刀。和然后利。从和省。《易》曰："利者，义之和也。"——《说文》

害：伤也。从宀从口。口，言从家起也。——《说文》。段注："言为乱阶，而言每起于衽（rèn）席。"（衽席：泛指卧席。）《徐曰》："祸当起于家，生于忽微，故害从宀。"——《康熙字典》

利而不害：持家之道，就是要和而有利，不能互相伤害。

按：中士所谓的"孤""寡"都是不健全的家庭。那么，家庭成员俱全的又怎样呢？

在现实生活中往往是祸从口出，病从口入，越是亲近的人越是互相伤害，甚至伤害得越深。诸如手足相残、夫妻反目等。家庭生活中尤其要注意的是语言引起的灾祸，而枕边风给家庭乃至给国家带来巨大灾难的也不鲜见。

圣人之道，为而不争：圣人的处世法则，是有所作为而不是为了私利。

按：《论语·颜渊》："子夏曰：'……君子敬而无失，与人恭而有礼，四海之内皆兄弟也。'"

在当时，有人把国家看作一个大家庭，而圣人则是这个大家庭的家长。圣人之道就是把持家之道推广至四海。

③**恃**：赖也。——《说文》

长：助其成长。

宰：主宰。

为而不恃，生而不有，长而不宰，功成而不处：做事从不依赖他人，生产东西而不自己占有，助其成长而不作主宰，成功之后不占据位置。

按：在家庭生活中，中国人又是怎样呢？

"为而不恃，生而不有"，很多人做得来，当然也有的人做不来，做事依赖性很强的人也不在少数。

"长而不宰"，能做得来的恐怕就不多了。从胎教开始，中国的父母们就开始瞎忙乎，稍微大一点，就逼着孩子学外语、学钢琴、学画画、学奥数……

"功成而不处"，也不知道多少人能做得来，不知道有多少家庭，挣钱多的说话气粗。在社会上当个小领导，或者大领导的，在家里是不是还像在单位一样颐指气使？

④**功**：以劳定国也。——《说文》。《周礼·司勋》："国功曰功。"

按：在历史的演变中，有功、立功、记功、奖赏都是由上级领导说了算。在这个规则下，各级官员往往就不在乎民间的名声，只在乎领导的评价。这与建功立业的初心——"为大众造福"就相悖而行了，也不再需要"下知有之"。

遂：亾（亡）也。——《说文》

五酂为鄙，五鄙为县，五县为遂。（《周礼·遂人》）

功遂：事情成功而忘掉功劳。

按："遂"也是一种官职。下士在这里用"遂"，紧接着就用"顽似鄙"，这就是在揭示文字所反映的意义是如何衍化的。

是以圣人为而不恃，生而不有，长而不宰，功遂身退，可以长久：

按：1.当时流行的这种观念认为"圣人之道"和"天之道"基本没什么两样，或者认为处世之道和持家之道没什么不同。

2.如果我们站在市场经济及分工协作的角度看待这句话，就会豁然开朗。专业化的生产，意味着生产东西不是为自己所有，这是显而易见的。《易经·系辞下》："日中为市，致天下之民，聚天下之货，交易而退，各得其所。"可见，在那个时期有了最早的集市交易，这样的交易是在政府组织下进行的。这样，在成功地组织完交易之后，政府官员就应该退居二线了。这段文章认为这是天经地义的。

3.反过来看，当时的肉食者是"恃而不为""有而不生""宰而不长"，"无功而处"。

⑤ **大道：**天道与人道统一之道。

按：本篇文章有"天之道""人之道""道冲""道隐"。这里又用"大道"，显然是都有所区分。这里的"大道"，指"天道和人道相统一之道"。

夷：平也。从大，从弓。东方之人也。——《说文》

按："夷"，既然从大从弓，当有勇敢无畏，一往直前之义。这就不是"不敢为天下先"。

径：步道也。——《说文》。徐锴曰："道不容车，故曰步道。"

大道甚夷，而人好径：大道很平坦，但是人们喜欢走小路。

按：人走小路就是为了抄近路。实际上，下士推演了劣币是如何驱逐良币的。

社会上经常有这样的问题：如果大家都自觉排队，或者社会各种关系就没那么复杂；如果大家都加塞儿，只有你一个人按规矩来，好吧，你是对的，但是吃亏的是你自己。

但是最后呢？抬眼看看，哪行哪业，大家不求人能自在了？

（注："大道甚夷，而人好径"通行本第五十三章作"大道甚夷，而民好径"，《景龙碑》《龙兴观碑》都作"大道甚夷，而人好径"。参考第二十五章"人法地"，第二十九章"故物或行或随"，今调整为"大道甚夷，而人好径"和"物法地"和"故民或行或随"。）

⑥ 异（異）：分也。从廾从畁。畁，予也。——《说文》。徐锴曰："将欲与物，先分异之也。《礼》曰：'赐君子小人不同日。'"（异：举也。从廾吕声。《虞书》曰："岳曰：异哉！"——《说文》）

按："異"，也有"举"的含义，引申为对于人的"抬举"。

我独异于人：唯独我和别人不一样。

按：下士认为，如果大家都相互抬举，日子都会好过。这就是"大道甚夷"。可是"只有我抬举别人，而别人都是踩着别人的肩膀往上爬"。在私心泛滥的时代，能够推举成全别人，是多么与众不同。

⑦ 沌：混混沌沌的样子。

遗：亡也。——《说文》

若：好像。

⑧ 以：凭借。

发：发迹。《孟子·告子下》："舜发于畎亩之中。"

众人皆有以发：众人都有可以用来发迹的资本。

（注："众人皆有以发"通行本第二十章作"众人皆有以"。参考第十二章"驰骋畋猎使人心发狂"，"发"字衍，今调整为"众人皆有以发"和"驰骋畋猎使人心狂"。）

顽：楄（hún）头也。——《说文》。段注："（顽）楄头也。木部曰：'楄，梡（kuǎn）木未析也'。梡，楄木薪也。凡物浑沦未破者皆得曰楄。凡物之头浑全者皆曰楄头。楄顽双声。析者锐。楄者钝。故以为愚鲁之称。《左传》曰：'心不则德义之经为顽。'"

鄙：五酂（zàn）为鄙。——《说文》

《周礼·遂人》：五家为邻，五邻为里，四里为酂，五酂为鄙，五鄙为县，五县为遂。

顽似鄙：顽冥得像"鄙"这种芝麻官一样。

按：也许这一级别的长官普遍素质不高，并且与庶民接触密切，难免占庶民的便宜。所以庶民会瞧不起他们，最终"鄙"就有了"粗鄙"之义。这种情况也不鲜见，比如秀才，就是经常被挖苦的对象，还有什么七品芝麻官乃至"虎蝇"，等等。

孩：小儿笑也。本作咳。——《说文》

按：小孩儿闻过而羞而笑。

如婴儿之未孩：就像未知羞耻的小女孩儿。

按：比"鄙"尤甚。

⑨**熙**：燥也。——《说文》

众人熙熙：众人都心浮气躁。

如：从随也。从女从口。——《说文》

按：1."如"，也可理解为"羊群效应"。

2.下文"吾将以为教父"当与此呼应。

下文老子说："孔德之容，惟道是从。"又说："民或行或随……"当与此处呼应。

享：献也。——《说文》

太牢：古人祭祀天地，以牛、羊、豕三牲具备为太牢，以示尊敬之意。

按：《礼记·王制第五》："天子社稷皆大牢，诸侯社稷皆少牢。大夫士宗庙之祭，有田则祭，无田则荐。"（注：大牢即是太牢。）

如享太牢：自发从众地进献太牢。

台（臺）：观，四方而高者。从至从之，从高省。与室屋同意。——《说文》

如春登台：自发从众地在春天登上高台（祭祀）。

众人熙熙，如享太牢，如春登台：

按：1. 这就是中士所谓的"众人皆知美之为美……众人皆知善之为善"。在众人的眼中，美就是面子好看；善就是随大流、有人缘。这两者合起来就是好的名声。

2.《论语·八佾》："孔子谓季氏：'八佾舞于庭，是可忍也，孰不可忍也。'"

中国古代的祭祀有着严格的等级要求，而春天祭祀更是大祭。现在众人都稀里糊涂地以天子的规格祭祀，可见是"礼崩乐坏"。

泊：淡泊，恬静地停留在……

兆：灼龟坼（chè）也。——《说文》

未兆：神灵没有显示的灾祸。

犹：原是野兽的名称，性警觉，此处用来形容警觉、戒备的样子。

若畏四邻：形容不敢妄动。可以想象，当时的邻里关系并不是那么和睦。

豫：原是野兽的名称，性好疑虑。引申为迟疑慎重的意思。

涉川：战战兢兢、如临深渊。

儽：垂貌，从人累声。一曰懒解（懒懈）。——《说文》

儽儽：形容精疲力竭且万念俱灰、垂头丧气的样子。

若无所归：好像身心没有归宿。

⑩ **事**：职也。

遂：亡也。（亡：逃也。）——《说文》。五县为遂。——《周礼·遂人》

功成：功劳得到了。

事遂：任用为遂的长官。

按："遂"的本义是"亡"是"逃"，这里用"遂"字，表明得到功劳的人并没有参与解决事情，换句话说，是在麻烦面前逃避了。可是在麻烦没有了，领取功劳、评定职称的时候，又神奇地出现了，并评个好职称。

百姓：百官。

自然：本性，生来如此。

功成事遂，百姓皆谓我自然：功劳得到并被任用为遂的长官，百官都说这是我们生来就应该这样啊。

按：百官认为官爵、贵族都是世袭的，生来就应该做官，这是血统，不是靠努力就能成为贵族的。由此可见，"众人皆有以发"的资本不过是祖先建立的功业。

愚人：傻子。

我愚人之心也哉：明知道为大家服务不能加官晋爵，还要默默无闻地奉献，难道不是傻瓜吗？

按：一个不合理的社会制度，就是无情地打击人的奉献精神。

⑪**益（益）**：饶也。从水皿。——《说文》。段注："（益）饶也。食部曰：'饶、饱也。'凡有余曰饶。"

按：益必由下而上，而非空中楼阁。

益生：能够吃饱肚子的一生。

祥：祥瑞。

益生曰祥：有益于生活的就是祥瑞。

按：即便今日，能够一辈子衣食无忧，都可以说是"好命"。

居善地：居住在有利的地方。

按：下文"行于大道"就是"居善地"。

动善时：行动善于把握时机。

按：下面所谓"早服"即是把握时机。

事善能：做事善于克服困难。

按：下文"治人事天"的方法就是"事善能"。

教父：教人的头一条。

⑫**使**：伶也。（伶：弄也。）——《说文》。段注："（伶）弄也。徐锴曰：'伶人者'，弄臣也。"

我：自称。

按："吾"，本义是"能言天地交错之理"。自指时，直接希望得到别人尊重。

"我"，本义与"兵戈""杀伐"相关。用于自指则是希望给人以威慑。后来治理国家更需要"文官",武将受到某种程度的制约乃至压制。所以,后来的"我"用于自称,则包含了受到"轻视"后,而产生一些复杂的情绪。后来的"孤""寡""不穀""鄙人"等都是这个意思,不过比这更重。

使我:让我……

按:有的王公贵族,自己骄奢淫逸,可是在下级官员面前却道貌岸然,经常要求下层官员无私奉献。所以,下士就觉得受到了愚弄,"使我",就有受到愚弄之感。

介:画也。(画,界也。象田四界。聿,所以画之。)——《说文》

介然有知:通过文字而有了知识。

按:1.中国文字乃是象形文字,远古造字就如同画画一样。因为文字是微小的,所以"介然"也有微小之义。另一方面,或许古人认为有界限的事物就是微小的,反之,只有无限的事物才可以称之为大。

"介然有知"与下文老子所说的"孔德之容"也遥遥相对。

2.下士认为,学习文字可以避免受人愚弄、嘲笑,乃至改变命运。这或是"知识改变命运"的思想源头。

大道:一心一意之道。

按:1.本篇文章有"天之道""人之道""道冲""道隐"。这里又用"大道",显然是都有所区分。根据下文"唯施是畏"可推知,这里的"大道"就是"一心一意之道"。

2.刻在甲骨上的文字虽然很小,但是蕴含的信息量却是巨大乃至无穷的。下士认为,要把书本的知识、经验和现实世界相统一,同时也把"天之道""人之道"相统一,所以称之为"大道"。

行于大道:走在一心一意的大道上。

唯:唯独。

施:旗貌。——《说文》

按:《左传·宣公十二年》:"老有加惠,旅有施舍。"

过去的客栈乃至各种店面,都会插上旗子,以作为标识。"施舍"合二为一，久而久之，"施"就变成"舍"的标识。最终，本义作废。这里引申为施舍。

畏：畏惧。

按：与"宠辱若惊"的"惊"相呼应。

唯施是畏：唯独施舍才是可怕的。

⑬ **治人**：河上公注：谓人君欲治理人民。

按：1.《孟子·滕文公上》："劳心者治人，劳力者治于人。"由此推知，下士主张劳心。进而也证明"介然有知"属于劳心，即学习文字。

2. 下士的思想代表了中下层官员的思想。相比名誉，这一层次的官员更注重积累物质财富。他们治人所依赖的资本更多地取决于物质财富，而学习文化则可免于受到上层社会的"愚弄"。

事：侍奉。

天：上天。

治人事天：治理民众，侍奉上天。

下士在这里表达一个观点：人都是要治理的，只有上天是需要侍奉的。在下士看来，服从上天是一重积德，治服民众又是一重积德，所以谓之"重积德"。

啬：爱濇也。从来从回。来者，回而藏之。故田夫谓之啬夫。——《说文》。段注："啬濇叠（dié）韵。《广韵》引作避（涩）。避（涩）与濇皆不滑也。……啬者，多入而少出。古啬稿互相假借。如稼穑多作稼啬。"

莫若啬：没有比"吝啬"再好的了。

按：1. 下士用"施""啬"等证明，字虽然还是那几个字，但是其含义已经"去"了。

2. 下士提出一个基本的治国原则——量入为出。"啬"既然和农业有关，那么积累财富的根本意义就在于积累粮食，而不是金银珠宝等。按现在的语言来说，就是没有比"靠积累粮食"更靠谱的了。

是谓：被称作或被认为。

服：1.顺从。《论语·为政》："举直措诸枉，则民服。"2.吃、进食。《礼记·曲礼下》："医不三世，不服其药。"

早服：早日服从教父，并从中获益。

按：早服（教父），可与上士所谓"食母"互相参考。

⑭ **重（chóng）：**多、厚，含有不断的意思。

积：聚也。——《说文》

重积：与"诚专""必固"的用法类似。

德：升也。——《说文》。段注："德，升也，升当作登。"

早服谓之重积德：早日服从教父被称作不断地积累德行。

按：1.既然君王本身都要爱惜粮食、量入为出，大小官员就更不用说了。所以，早服也是官员升级的参考标准。所以，早日归顺教父的意义可以升华被看作不断积累德行。"重积德"，并不是抽象意义上的积累德行，对应在现实上，就是积聚人心。所谓人心齐，泰山移。而积聚人心，则是没有极限的。

2.下士所谓的"鄙""隧"都有官职的意思。

⑮ **克（亨）：**肩也。象屋下刻木之形。——《说文》。徐锴曰："肩，任也。负何之名也。与人肩膊之义通，能胜此物谓之克。"

莫知其极，复归于无极：不知道它的极限在哪，又复归于没有极限，即至高无上。

⑯ **根柢：**树根向四边伸的叫作根，向下扎的叫作柢。

深根固柢：根扎得很深、牢固且旺盛。

按：1.中士说："大音希声。"这是说圣人的思想很难得到响应，所以群众基础薄弱，根基不牢、不深。

下士认为，只要你积累足够多的粮食，你的根基自然就深厚、牢固。

2.从另一方面来看，以圣人的标准来要求中下层官员乃至庶民是完全不现实的。

生：进也。像草木生出土上。——《说文》

长生：永远进步，永远欣欣向荣，永远蒸蒸日上。

视：瞻也。（瞻：临视也。）——《说文》

久视：永远向下看。

长生久视：生活长期向上，目光永远向下。

按：1. 下士认为上述所有的"道"都看不见、摸不着。唯有自己的"道"经得起长期的检验。

2. 下文老子说："天长地久。"可见，"长生"与"天"有关；而"久视"与"地"有关，即是向下看，象征注重基础。而"长生"不但有寿命长的意思，还有生活质量日益提高的意思。（生活质量日益提高，就包含了寿命长。）下士认为，只要打好经济基础，就没有克服不了的困难。

译文：

（下士）"得到与逃离位置哪个带来弊病呢？天伦之道是有利于家庭而不要互相伤害，圣人的处世法则是有所奉献而不争斗。为万物尽力而不自恃有功，生养万物而不据为己有，助万物成长而不主宰它们，事儿做成了，却不保留自己的位置，这就符合天道。所以，圣人为万物尽力而不自恃有功，养育万物而不据为己有，助万物成长而不主宰它们；做完事儿就退出身来，这样才可以长久。"互相推举成全的大道非常平坦，但是人们都喜欢踩着别人的肩膀过河，而我唯独还是推举成全别人。结果呢？众人好像都有余物，只有我混混沌沌好像失去很多。众人都有发迹的手段，唯独我顽冥不化很鄙陋，就像不知羞耻的小女孩一样。众人都熙熙攘攘、心浮气躁，自发地进献太牢，自发地在春天登上高台（祭祀）。我却独自关注神灵没有给予显示的地方（潜在的灾祸）。警觉戒备好像提防四邻；小心谨慎好像冬天涉足于河川；弄得身心疲惫，好像在社会中找不到归宿。事情成功了并被任命为遂的长官，百官却说："我们自然而然就这样啊！"我难道真是傻子吗？生活富足就是祥瑞的，居住在有利的地方，行动善于把握时机，做事善于克服困难。这样的话，我将视为首要的信念。假使让我有一点点知识，走在康庄大道上，唯一要担心的就是"施舍"。治理人侍奉上天的最好办法就是积累粮食，只有积累粮食才是早日归顺教父，早日归顺教父就是多积累德行。德行、人心、粮食积累了就没有肩负不了的事，没有肩负不了的事就是谁也不知道极限了。不能知道极限，复归到没有极限的状态，这就是让根扎得深、让柢更牢固，生命长期欣欣向荣且又永远关注基础的大道。

（君主）大道氾兮，其可左右！① 湛兮似或存，混兮其若浊，② 敦兮其若朴，涣兮若冰之将释。③ 旷兮其若谷，澹兮其若海；④ 儽兮其若客，飂兮若无止；⑤ 渊兮似万物之宗，荒兮其未央哉！⑥ 其致之。⑦ 天无以清将恐倾，地无以宁将恐裂，⑧ 谷无以盈将恐竭，神无以灵将恐歇，⑨ 万物无以生将恐灭，侯王无以贵高将恐蹶。⑩ 孰能浊以静之徐清？孰能安以动之徐生？⑪ 孰能有余以奉天下？⑫

注释及解析：

① 氾：泛滥。

大道氾兮，其可左右：

王弼注：言道泛滥，无所不适，可左右上下周旋而用，则无所不至也。

按：这是指天下一统的社会制度发生了剧烈的变革，导致社会失控。

② 湛（zhàn）：清澈透明。

存：存在。

混：丰流也。——《说文》

浊：水不清也。——《康熙字典》

湛兮似或存，混兮其若浊：一会儿碧空如洗，若有若无，一会儿又雾霾满天，遮云蔽日。

按：这是在说"天"。

③ **敦：**厚也。

涣：水向四处流散。

敦兮其若朴，涣兮若冰之将释：刚才还像未雕琢的木头那样敦厚质朴，一转眼就像冰川融化一样，沧海桑田。

按：这是在说"地"。

⑤ **旷**：空旷。

澹（dàn）：水摇也。——《说文》

旷兮其若谷，澹兮其若海：

按：这是在说"谷"，刚才还很空旷，一转眼就变成浩渺的海洋了。

⑤ **俨兮**：形容端谨、庄严、恭敬的样子。

飂（liù）：高风。

俨兮其若客，飂兮若无止：刚才还庄严肃穆得像宾客一样，一转眼就像飓风那样无拘无束，不知所止。

（注："俨兮其若客"通行本第十五章作"俨兮其若容"。河上本、傅本均作"俨兮其若客"。参考第六十九章"吾不敢为主而为客，不敢进寸而退尺"，今调整为"俨兮其若客"和"吾不敢为主而为容，不敢进寸而退尺"。）

按：这是在说"神"。

⑥ **渊**：回水也。——《说文》

万物之宗：万物的宗主。

荒：荒芜，草木不生。

未央：未尽，未已。

渊兮似万物之宗，荒兮其未央哉：深远像是为物之宗，但是一会儿却荒芜得漫无边际，没有生命迹象。

按：这是在说大道生养万物。

⑦ **致**：导致。

其致之：这样会导致如下结果。

⑧ **倾**：倾覆。

（注："天无以清将恐倾"通行本第三十九章作"天无以清将恐裂"。从日常俗语来看，人们经常说"天塌下来"，而没有说"天裂"。所以由第二章"高

下相倾"的"倾"字调整至此。这是说如果雾霾得不到治理，天就有可能塌
下来。）

裂：开裂。

（注："地无以宁将恐裂"通行本第三十九章作"地无以宁将恐发"。刘师
培认为"发"读为"废"。事实上，如果是"发"则难解，"废"也过于抽象。
参考同一章"天无以清将恐裂"，调整为"地无以宁将恐裂"，完全顺理成章。
这是说总是大兴土木，大地恐怕就会崩裂。）

⑨ **竭**：干涸、枯竭。

神：鬼神。

灵：巫也。——《广韵》

歇：息也。——《说文》

⑩ **无以生**：无以为生。

灭（滅）：尽也。——《说文》

贵高："高贵"的倒装用法。

蹶：跌倒、失败、挫折。

⑪ **孰**：谁。

浊：水不清。

按：这里指人心、社会混浊，佛家所谓"五浊恶世"与此异曲同工。

静：审也。——《说文》

安：安逸。

动：作也。——《说文》

徐：安行也。——《说文》

生：进也。——《说文》

孰能浊以静之徐清：谁能够使混浊的人心静下来慢慢清明呢？

按：这里简单理解为，在社会上经受各种侮辱的人该如何澄清自己。

孰能安以动之徐生：谁能让安逸的人动起来并且徐徐进步？

（注："孰能安以动之徐生？"通行本第十五章作"孰能安以久动之徐

生？"。帛书甲乙本没有"久"字。从行文来看，"孰能安以动之徐生？孰能浊以静之徐清？"正好是对文。参考第七十八章"天下莫柔弱于水，而攻坚强者莫之能胜，其无以易之"，于义不通。"久"字移入此处，文本调整为"以其久无易之"和"孰能安以动之徐生？"。）

⑫ **孰能有余以奉天下**：谁能有富余来侍奉天下人呢？

按：或许有人会说，这不是问题，那些贵族奴隶主不是很富裕吗？事实上，如果精神是贫穷的，物质再丰厚，也是贫穷的。穷奢极欲的生活，就像毒品一样牢牢地控制了人的神经。人与人之间缺乏友爱，只有嫉妒、攀比、仇恨，因此而衍生的各种物质需求是无尽的。

译文：

（君主）大道泛滥了，左右无所不至！一会儿清澈得好像不存在又好像存在，一会儿是混浊的样貌，又好像水很混浊。一会儿敦厚质朴，好像未经雕琢的素材；一会儿涣散了，又好像冰块即将化成水；一会儿空旷开阔，好像山谷；一会儿又深沉得像大海一样。一会儿庄严肃穆，像宾客一样。一会儿又飘飘逸逸无拘无束，好像没有停泊的地方。一会儿是那样渊深，就好像万物的宗主。一会儿却又荒无人烟没有边际啊。这会导致如下局面：天不得清明，恐怕要倾覆；地不得安宁，恐怕要崩裂；河谷不能保持流水，恐怕要干涸；神不能保持灵性，恐怕就要歇息；万物不能保持生长，恐怕要消灭；侯王不能保持高贵的地位，恐怕会要垮台。谁能够使混浊的人心静下来慢慢清明呢？谁能让安逸的人动起来并且徐徐进步？谁能总有富余来供奉天下呢？

第二节　老子的论述

天之道，损有余而补不足。高者抑之，下者举之；有余者损之，不足者补之。人之道则不然，损不足以奉有余。① 田甚芜，朝甚除，服文彩，带利剑；仓甚虚，财货甚馀，厌（魇）饮食，是谓盗器，非道也哉！② 以其生生之厚，不道早已。③ 故去彼取此：

注释及解析：

① **人之道：**老子把自然规律和社会规则区分开来，并指出当时社会规则的荒谬之处。

② **田甚芜：**农田非常荒芜。

朝：朝廷。

除：殿陛也。（陛：升高阶也。）——《说文》

按：这里引申为官运亨通之义。

服：动词，穿（衣服）。

文彩：指华丽的衣裳。

仓甚虚：仓库非常空虚。

财货甚馀：财货非常有余。

（注："财货甚馀"通行本第五十三章作"财货有馀"。从常理来看，财货有一点盈余是富裕的表现，没什么可批判的。参考第二十一章"其精甚真"，"真"即是"真"，无所谓"甚真"。综上，调整为"财货甚馀"和"其精有真"。）

厌：饱足生厌。

盗：私利物也。——《说文》

是谓盗器：是盗窃宝器。

按：1.《左传·文公十八年》："毁则为贼，掩贼为藏，窃贿为盗，盗器为奸。"因为，君主和古人把"道"比作"宝"。所以，"盗器"即为"盗道"。

2.老子一针见血地指出，肉食者骄奢淫逸直接造成了田地荒芜、民不聊生，这是窃取大道。根本不是什么大道，这些人早就远离大道了。

（注："是谓盗器"通行本第五十三章作"是谓盗夸"。《韩非子·解老》引为"是之谓盗竽"。可见，韩非子没有"盗夸"这个概念。不过，"盗竽"

也是无稽之谈。参考第二十八章"朴散则为器"，同样不知所云。从《左传》的论述来看，当时已经有"盗器"这个概念。综上，今调整为"是谓盗器"和"朴散则为夸"。）

③ **生生**：滋生。

按：买马就得买鞍，否则马就没法骑，鞍就是滋生之物。

生生之厚：滋生的事物层出不穷。

买了楼房就得装修，进而就要买家具、组合音响、八件套等等。随着欲望的增加，"需要"配套的东西就会越来越多。在那个时候，"朝甚除，服文彩，带利剑，财货甚馀"大概就是虚伪生活的"标配"。

译文：

自然法则是损减有余来补充不足。高了就把它压低一些，低了就把它举高一些。多余的就减损它，不足的就补足它。人之道却不然，竟是减少已经不够的去奉献给有余的。农田已荒芜，朝廷里的官职越升越高，衣服也很华丽，还佩带锋利的宝剑；国家仓库都已空虚，个人财产却多得用不完，美食都已吃厌，这就是盗窃宝物（道），不是道啊。这是因为滋生的奢侈物层出不穷，所以早就远离道了。所以要去除前面的见识，建立下面的这些理念：

何谓贵大患若身？①道生一，一生二，二生三，三生万物。②万物负阳而抱阴，冲气以为和。绳绳不可名，故混而为一，复归于无物。③谷神不死，是谓天地根。④昔之得一者，天得一以清，地得一以宁，神得一以灵，谷得一以盈，万物得一以生，侯王得一以为天下贞。⑤天长地久，天地所以能长且久者，以其不自生，故能长生。⑥吾所以有大患者，为吾有身，及吾无身，吾有何患？⑦故贵以身为天下，若可寄天下。爱以身为天下，若可托天下。奈何万乘之主，而以身轻天下？⑧是以圣人后其身而身先；外其身而身存。⑨非以其无私邪，故能成其私。⑩天地之间，其犹橐籥乎？⑪虚而不屈，动而愈出，绵绵若存，用之不勤。⑫圣人不积，既以为人，己愈有；既以与人，己愈多。⑬故物或损之而益，或益之而损，夫唯不盈，是谓要妙。⑭侯王若能守之，万物将自宾，天地相合，以降甘露，民莫之令而自均。⑮

① **何谓贵大患若身**?

按：贵大患若身："若贵身，大患"的倒装写法。

② **道生一**：道生谷神。

一生二：谷神生天地。

二生三：天地生人。

三生万物：天地人生万物。

③ **负**：恃也。从人守贝，有所恃也。（恃：赖也。）——《说文》

抱：（捊）引取也。从手孚声。抱，捊或从包。——《说文》。段注："（捊）引坚（jù）也。坚各本作取，今正。……坚义同聚。……"

按：段注亦可以参考。

万物负阳而抱阴：万物生长都依赖光明并引取有形的物质。

按：君主所谓"摄生"的"摄"（引持）也有吸取的意思

（注："万物负阳而抱阴"通行本第四十二章作"万物负阴而抱阳"。）

冲：涌摇也。——《说文》

气（氣）：馈客刍米也。——《说文》

按："氣"的本义为"为客人准备的草料和粮食"。

冲气以为和：为客人准备冲洗过的草料和粮食以便和睦。

按：客：寄也。——《说文》。从下文"若可寄天下"来看，天下（万物）都是"客"，既食用万物，也都是其他生物的食物。

绳：索也。——《说文》

名：名状，描绘。

绳绳不可名：多个链条无法名状。

按：这就是大自然的生物链，当时还没有生物链的概念。

混：丰流也。——《说文》

故混而为一：每一个生物最终都是其他物种的食物，这就是大自然的和谐统一。

复归于无物：最后归于无物。

④ **谷神：**山谷之神，类似于河神。

谷神不死：山谷之神不死。

按：中国古代社会对治理水患，可谓天下第一。最为闻名的当数大禹治水。从大众心理来说，当然愿意有生命常青的河流之神来管理水利。河神常指黄河水神，在中国民间影响力甚大。殷王朝建立以后，建立河神庙，祭祀河神不敢丝毫怠慢。

水是生命之源，而山谷则是河流之源。既然有河神，就更应该有谷神，尽管历史上没有祭祀"谷神"的说法。

不知道老子是否看到了当今社会化工污染。不管怎样，老子没有说"农业不死"之类的话，直接说"谷神不死"。这是否是直接对我们说法？

天地根：天地之根本。

⑤**得一：**得到谷神。

贞（贞）：卜问也。——《说文》。段注："大郑云：'贞、问也。国有大疑。问于蓍龟。'"

按："贞"，河上公本、景龙本、马王堆帛本等多种古本作"正"。有学者认为"贞通正"，避"贞元"之讳，都是无稽之谈。事实上，"贞"在这里远比"正"的含义丰富。

"正"通常含有"标准"之意。正人君子就是形容"一个人就是这个样子"。通常没有"时间"的内涵，也没有受外在环境影响的暗喻。

"贞"更强调人的操守，含有在逆境之下坚忍不拔、忠诚不渝之义，坚定，有节操，忠贞不渝。坚贞不屈，有很强的时间内涵。

看看孟子的文章，我们对"贞"和"正"会有更清晰的对比和认识：

《孟子·滕文公下》："居天下之广居，立天下之正位，行天下之大道；得志，与民由之；不得志，独行其道。富贵不能淫，贫贱不能移，威武不能屈，此之谓大丈夫。"

"富贵不能淫，贫贱不能移，威武不能屈"说的就是"贞"。"立天下之正位"靠的就是"贞"。换句话说，没有"贞"就到不了"正"。"正"是一个境界，"贞"是一种精神。所以，我们说一个人是正人君子很容易，但是真要做到正人君子则不那么简单。

侯王得一以为天下贞：侯王得到谷神以便为天下答疑解惑。

⑥ **长**：久远也。从兀从匕。兀者，高远意也。久则变化。匕声。𠤎者，倒匕也。——《说文》。臣铉等曰：倒亡，不亡也。长久之义也。

以：因为。

其：代词，指天地。

不自生：天地的运行、存在，不是为了自己的生存。

长生：长久存在。

⑦ **大患**：大的忧患。

有：不宜有也。——《说文》

有身：不明事理地心系于身。

及吾无身：合乎道的忘身。

按：在老子看来，人生在世就要面对很多风险祸患，这些外在的灾祸是必然存在的。但是真正的大患并不是这些外在的灾祸，而在于人们害怕身体受到伤害不敢面对客观环境。

比如说，父母怕小孩子感冒打喷嚏，就不敢让孩子外出锻炼，久而久之，孩子就成了温室里的豆芽菜。

⑧ **寄**：托也。——《说文》

托：寄也。——《说文》

若：好像。

按：这个"若"字很奇妙。

有些侯王很看重身体，至于方法对头不对头先放在一边。老子只是从态度上来说，如果能够把天下看得和身体一样贵重，似乎可以把天下寄托给他；

像爱惜身体那样爱惜天下，似乎也可以把天下托付给他。以上这些都是虚笔。下面的感叹才是实笔：

奈何：感叹词，怜其不幸，怒其不争之义。

万乘之主：一辆兵车叫作一乘，具有一万辆兵车的国家，在当时是实力强大的国家，故"万乘之主"就是指大国的君主。

（注：帛书本作"万乘之土"。）

轻：看轻。

奈何万乘之主，而以身轻天下：为什么你作为大国的君主，因为身体而看轻天下呢？

⑨ **是以圣人后其身而身先，外其身而身存：**圣人因为甘居人后，而得到庶民拥戴进而被推举到前面。不考虑自身安危，身体却安然无恙。

按：1.《孙子兵法》"投于亡地而后存，置之死地而后生"和老子的"外其身而身存"有相似的地方。不同的是，前者是在战争危险时期的无奈之举，后者是在治国的"平常时期"。反过来看，中国历朝历代的帝王中重视养生的可谓不少，但有几个活到了六十？上面的论述非常清晰地表明，老子深谙养生之道。

2."外其身而身存"不能理解为"亡命徒倒可以生活得很好"。虽然事实上的确有许多"亡命徒"用诡诈的方式占了好多便宜，但是，你只看到贼偷钱，没看到贼挨打。

⑩ **非以其无私邪，故能成其私：**

前一个"私"指私心；后一个"私"表示人想拥有的一切：健康、名誉、财富乃至天下等等。

⑪ **犹：**比喻词，"如同"、"好像"的意思。

橐籥：古代冶炼时为炉火鼓风用的助燃器具——袋囊和送风管，是古代的风箱。

⑫ **屈：**竭尽，穷尽。

愈：更加。

勤：手忙脚乱，以至劳累。

绵绵若存，用之不勤：绵绵微妙，好像存在又像不存在，应用起来不会忙乱。

按：这是一个技术性的描述。老子在这里说明掌握了技术要领以后就不会感到手忙脚乱，就是不要"勤而行之"。

⑬ **既**：小食也。——《说文》

圣人不积，既以为人，己愈有；既以与人，己愈多：在位的圣人不积累什么金银财宝，甚至粮食。哪怕只有一顿小食也是为了别人，这样自己就越有能力，哪怕只有一顿小食也给予了别人（并且这是真心实意的，并不是为了"先弃后得"），最后反倒能得到更多。

按：一个人表面上好像什么都没有，但是一呼百应，有困难八方支持，这就是真正的财富！大家总说什么"一个中国人是条龙，十个中国人是条虫"，想想老子的智慧怎么会不感到汗颜？！

⑭ **物**：天下万物。

要妙：最关键的一点。

⑮ **宾**：宾服、服从。

自宾：自动宾服。

侯王若能守之，万物将自宾，天地相合，以降甘露，民莫之令而自均：人民不用命令，分配自然均匀。这可能也是对自由经济的探讨。

译文：

什么是"如果贵身就是大祸患呢"？道生谷神，谷神生天地，天地生人，天地人生出万物，万物都依赖光明并汲取物质，每个生物都是其他生物的食物，所以才和谐。这就像长长的链子无法名状，所以就混而为一，最终回复到无物。生生不息的谷神不死，被称作天地之根。在以前得到"一"的，天得到"一"而清明；地得到"一"而宁静；神得到"一"而通灵；山谷得到"一"而满盈；万物得到"一"而生长；侯王得到"一"所以能够解答天下的困惑。

天长地久，天地之所以能够永远存在而不衰灭，那是因为天地都不为了自己而有所作为。我之所以还感到有大的祸患，就是因为我有身体，如果我没有身体了又有什么忧患呢？所以，把天下看得和身体一样贵重的人，好像就可以把天下托付给他。爱护天下像爱护自己身体的人，好像也可以把天下托付给他，奈何拥有万乘的君主却因为身体而看轻天下呢？所以，圣人虽然甘愿置人身后，但最终还是领先于人。圣人虽然置生死于度外，却能安然无恙。这不就是因为他无私，反倒成就了他的私吗？天地之间不正像一个风箱一样吗？虽里面空虚却不会穷竭，抽动起来可以发出无穷无尽的风，缓慢柔和，并且连绵不绝，用起来不会劳累。在位的圣人不积累什么，哪怕只有一顿小食也是为了别人，自己反而更富有；哪怕只有一顿小食也给予了别人，自己反而更丰富。所以天下万物或者因为受益而减损，或者因为减损而受益，恰恰只有时刻保持不盈满，才是最关键的奥妙。侯王若能牢记这一点，天下万物都会自然有序和谐，天地相交和，就会降下甘露，庶民不用命令就会分配得公平合理。

　　何谓宠辱若惊？孔德之容，惟道是从。① 夫唯道，善贷且成。② 生之畜之，为而不恃，生而不有，唯有道者。③ 上善若水，水善，利万物而不争，处众人之所恶，万物恃之而生而不辞，万物作焉而不为主，功成而弗居，夫唯弗居，是以不去，④ 故几于道。⑤ 故贵以贱为本，高以下为基。⑥ 是以侯王自称孤、寡、不穀，珞珞如石，不欲琭琭如玉。⑦ 故民或行或随，或歔或吹，或强或羸，或载或隳。⑧ 正善治，心善渊，言善信，与善仁。⑨ 挫其锐，解其纷，和其光，同其尘。⑩ 为而不恃，衣养万物而不辞，功成不名有，万物归焉而不为主。⑪ 故有无相生，难易相成，长短相较，高下相全，音声相和，前后相随，可以长久。⑫ 故致数舆无舆，自今及古，其名不去，是谓道纪。⑬ 是以圣人云："受国之垢，是谓社稷主；受国不祥，是为天下王。"⑭ 侯王若能守之，万物将自化，化而欲作，不欲以静，天下将自定。⑮

注释及解析：

①**孔（𤇾）**：通也。从乚从子。乚，请子之候鸟也。乚至而得子，嘉美之也。古人名嘉字子孔。——《说文》。（用"乙""子"会意。"乙"，是祈得子女、随季节而迁徙的鸟。乙鸟到，祈求者就会得到子女，使生活嘉美。据说古人有叫"嘉"的，字就取"子孔"。）

段注："……故凡言孔者，皆所以嘉美之。《毛传》曰：'孔，甚也。'是其义。甚者，尤安乐也。"

按：上士说："是以圣人去甚，去奢，去太。"

"孔"有"甚"的含义，是因为在历史的演变中，"甚"的"损人利己"的本义不复存在。

容：盛也。——《说文》

孔德之容："孔容之德"的倒装，这个句式和"宠辱若惊""贵大患若身"一样，都是倒装笔法。可理解为"美好而盛大的德""通达的德"。

孔德之容，惟道是从：这句话所蕴含的笔法与笔力完全让人无法想象！

按：1.中士引用说："天之道，其犹张弓与？将欲发之，必固张之。"

拉弓射箭，弓弦拉开了，然后因为弹力收缩回去，这是属于物理的力学范畴。

候鸟，冬天飞往南方，春天又飞回来。同样是周而复始，那么是什么力量使之回来呢？大概不能简单用天气冷暖来解释，因为还有很多鱼类洄游。

拉弓射箭是外力使然。而候鸟的往复完全是内驱力，在目前科学的能力范围内只能解释到此。

下士说："……莫知其极，复归于无极。"

对于射箭来说，即便是臂力再大，箭射出去的距离终究有限。所谓后羿射日，完全是个传说。

可是，候鸟的往复，谁知道它们的极限在哪里呢？

2.这里的"道"就是"天之道"——"有余者损之，不足者补之"。

"惟道是从"而不说"唯道是从"，更强调这是用心的结果。

当忠君和忠于道有了分歧，该当如何？旗帜鲜明地忠于道，这是君与臣乃至平民都应该遵从的普世法则。

② 唯：只有。

道：天之道。

贷：施也。——《说文》

夫唯道，善贷且成：只有道才善于施与并且能够成功。

按：1.《孟子·滕文公上》："又称贷而益之。"这里的"贷"就不是无偿施与，基本就是今天"借贷"的意思。"贷"从无偿施与到有偿借贷，说明社会制度已经发生了根本的变化，即私有制已经确立。

但是，这里的"贷"老子仍然取"施与"之义，因为下面有"与善仁"与之呼应。

老子用"贷"而不用"施"，表明老子反对"贷"字含义的演变。在贫富差距很大的社会中，"高利贷"恐怕扮演了不可或缺的角色。老子希望那些放高利贷者能够知晓"贷"的原本含义。

2.并非所有的无偿施与都会成功。社会上广为流传的"升米恩，斗米仇"就说明，无偿施与并不见得成功。所以，面对施与的一方，老子主张他们要不求回报，但是，面对受惠者一方，老子则主张他们必须懂得感恩。下文"生之畜之""与善仁"就是这个含义。所以，老子在这里突出了道的"善贷"特性。

③ 畜：《礼记·祭统》："孝者，畜也。顺于道，不逆于伦，是之谓畜。"

生之畜之，为而不恃，生而不有，唯有道者：

按：与下士引用的"为而不恃，生而不有，长而不宰，功成而不处，天之道"这句话相比，老子没说"长而不宰"，而多了一句"生之畜之"。在家庭生活中，老子既不主张主宰一切，也不主张放纵一切。老子主张要有所施教，即所有的人都应该顺服于道，懂得感恩。

现在的孩子在家里成为小皇帝、小祖宗，这在老子看来是完全不允许的。

④ **上善**：最好的善。

若水：像水一样。

利万物而不争：有利于万物而又不与万物竞争。（注：老子并未说"利而不害"。）

处：处在，居于。

众人之所恶：众人厌恶的地方，指低下的地位。（注：不是"圣人处上而民不重"。）

万物恃之而生而不辞：万物都依赖它生长，而它却从来不推辞。

第一个"而"：通行本第三十四章作"而"字。傅奕本、景龙本、苏辙本、林希逸本、范应元本及众多古本均作"以"字。

辞：推辞。

万物作焉而不为主：万物自然兴起自己却不主宰。

按：与下士"长而不宰"遥相呼应。

（注："万物作焉而不为主"通行本第三十四章作"衣养万物而不为主"。但是，水没有"衣"这一功能。参考第二章"万物作焉而不辞"。调整为"万物作焉而不为主"和"衣养万物而不辞"。）

不为主：不自以为主宰。

弗：挢也。从丿从乀，从韦省。分勿切。——《说文》。段注："（弗）矫也。矫各本作挢，今正。挢者，举手也，引申为高举之用。矫者，揉箭箝（qián）也，引申为矫拂之用。今人不能辩者久矣。弗之训矫也。今人矫、弗皆作拂，而用弗为不，其误葢（gài）亦久矣。《公羊传》曰：'弗者、不之深也。'固是矫义，凡经传言不者其文直，言弗者其文曲。如《春秋》：'公孙敖如京师、不至而复。晋人纳捷菑（zī）于邾（zhū）、弗克纳。'弗与不之异也。《礼记》：'虽有嘉肴，弗食不知其旨也。虽有至道。弗学不知其善也。'弗'与'不'不可互易。从丿乀。丿乀皆有矫意。从韦省。韦者，相背也。故取以会意。谓或左或右皆背而矫之也。"

居：蹲也。——《说文》。段注："（居）蹲也。足部曰蹲，居也。二字为转注。今足部改居为踞。……说文有尻，有居。尻，处也。从尸得几而止。凡今人居处字古只作尻处。居，踞也。凡今人蹲踞字古只作居。……但古人有坐，有跪，有蹲，有箕踞。……箕踞为大不敬。……居篆正谓踞也。今字用踞，居字为尻处字。而尻字废矣。又别制踞字为蹲居字。而居之本义废矣。……"

按："尸"的本义是踞；"居"的本义是"蹲在历史上"，表示对历史的不敬。

功成而弗居：成功后并不居功自傲。

按：1."弗"字含义的历史演变少有人知晓。老子用这个"弗"字，不仅仅是修辞手法。同时也呼应君主所谓"直则枉""大道氾兮，其可左右！"。

"居"的本义在历史中已经废除了。老子在这里仍旧取"居"的本义："蹲在历史上"。"蹲"有不敬之态，说明居功自傲，并且内心不正。

"弗居"说明，不居功自傲是因为自己矫正了不敬的心态。

上士说："知者不言，言者不知。塞其兑，闭其门，终身不勤。"这是让"圣人"闭嘴。

中士说："是以圣人被褐怀玉，塞其兑，闭其门，不道早已。"这是圣人自己闭嘴不言。

老子在这里用"弗"，说明这是水的"自觉"。当然，水也不会"贪恋"位置，这是取"弗居"的演变含义。

2.最后，通过这几个字的含义的转化过程，我们会对君主所谓"大道氾兮"有更直观的认识。

从文字方面来看，文字解释传播不再是少数人的专利，似乎谁都可以"解释"文字。当越来越多的人认识、书写文字的时候，每个人的理解都会有所不同，有的"错误"理解还会传播得很远，乃至于以讹传讹，三人成虎，将错就错。

⑤ **几于道：**接近于"道"。

按：这三个字功力精深。老子没有把"道"完全比作"水"，只是说，水的这个"精神"接近于"道"。

⑥ 贵（臾）：物不贱也。从贝臾声。臾（yú），古文蒉（kuì）。（蒉：艹器也。）——《说文》。[臾：束缚捽（zuó）抴（yè）为臾。——《说文》。段注："（臾）束缚捽抴为臾曳。束，缚也。缚，束也。捽，持头发也。抴，捈（tú）也。捈，卧引也。"]

按：古人造"贵"字，境界完全不可思议。单就造字本身就明白地告诉人"贵以贱为本"。

高以下为基：高建筑是以深挖地基作为基础的。

⑦ **孤、寡、不穀**：见中士部分。

是以侯王自称孤、寡、不穀：

按：中士认为，王公自称"孤""寡""不穀"，或许是因为他们的荣誉达到了极致，因而物极必反，这是王公从自我称呼上要体现谦卑。

老子认为侯王自称"孤""寡""不穀"，绝不应仅限于口头谦卑，而是要有所警醒，因为国家还有如此之不幸，这不幸由谁造成？所以，更重要的是如何做。（"侯王"与"王公"有细微区别。）

珞珞：形容石块的坚实，可作地基之用。

琭琭：形容玉的华美，可为装饰。

珞珞如石，不欲琭琭如玉：看起来就像做地基的石头，而不想像华美的玉石那般细嫩。

按：这可不是影视剧的化装，靠化装也完全不可能。有人说"相由心生"，老子指明，唯有常年与劳动人民甘苦与共才会有如此圣德之相。

⑧ **民**：庶民。

行：前行。

随：跟随。

[注："故民或行或随"通行本第二十九章作"故物或行或随"。此句没有道理。试问，砖头瓦块如何"行""随"？今调整为"故民或行或随"。（详见下士部分）。]

歔（xū）：欷（xī）也。（欷，歔也。）——《说文》

"歔"，王弼本作"歔"，河上公本作"呴（hǒu）"，景龙本、敦煌丁本皆作"嘘"。

河上公注："呴，温也。吹，寒也。"

易顺鼎《读老札记》："歔字本当作嘘。《玉篇》引《声类》：'出气急曰吹，缓曰嘘。'此吹、嘘之别。"

按：《说文》："嘘，吹也。吹，嘘也。"可见二字互为转注。所以，此处不作"嘘"。"歔"在这里有抽泣、叹息等义。

吹：因为"出气急为吹"。"吹口哨"则出气必急。所以"吹"在这里可训为"吹口哨"，为得意之状，与抽泣、叹息相对。

羸：羸弱。

载：承载。

隳：毁坏。

（注："或载或隳"通行本第二十九章作"或挫或隳"。河上、御注、景福三本作"或载或隳"。俞樾《诸子平议》："'挫'，河上本作'载'，注：'载，安也'，'隳，危也'，是'载'与'隳'相对为文，与上文'或强或羸'一律。而王弼本乃作'挫'，则与'隳'不分二义矣。"高亨《老子正诂》："俞说是也。乘车曰载，落车曰隳，故河上训载为安，训隳曰危也。"参考通行本第十章"载营魄抱一"。历代对"载"的解释，各有不同。（见《明常德·君主》）"载"和"挫"互换位置极妙。今调整为"载营魄抱一"和"或载或隳"。"载"用在这里没什么争议，无论从古本还是语义都说得通。）

故民或行或随，或歔或吹，或强或羸，或载或隳：

按：这里说的是庶民的各种状态、各种矛盾。当然，也不排除庶民和侯王的矛盾。

⑨ **正善治**：政治上善于治理民众。

按："正善治"是一个高标准的综合性要求，就是在正直的前提下，善于治理自身、治理民众、治理国家，要去除暴力因素，突出"正"的内涵。

（注："正善治"通行本、河上本第八章作"正善治"。纪昀曰："永乐大典作'政'，古通用。"）

渊：寓意深、静、清。

心善渊：心很善良并深沉。

按：这里没有什么阴谋诡计，并不是所谓的"城府深"，更不是什么"口蜜腹剑"。

言：说话。

按：要说话，而不是"塞其兑"。

言善信：良言要善于获得信任。

按：在保持善的基础上获得信任，不能曲意逢迎骗取信任。历史上，很多奸臣不都是取得了帝王的信任吗？他们哪里有一点善呢？所以，"言善信"是一种非常高的道德和能力。

与：付出、赠予。

仁：人的付出不能带功利心，要出于人道。

与善仁：赠予出自智慧与仁爱。

按："与善仁"是非常精深的思想。施舍、人道主义施舍，帮弱扶贫是好事，但是如果帮扶的对象因为受到帮扶，而产生依赖性，这就不是善，而是在纵恶。比如，政府发放救济金，领救济金的人好吃懒做，这就没什么意义。政府想扶持一个项目，但是，项目负责人把款项挪作他用，这也是纵恶。

⑩ **解**：化解。

纷：纷争。

挫其锐，解其纷，和其光，同其尘：

按：这句话和上士所说几乎完全一致，可见老子对这个观点的肯定。但是，由"解其分"到"解其纷"，说明老子面对的问题更复杂。

⑪ **为而不恃**：圣人做事不依不靠，勇担重任。

衣养：保护、养育。

衣养万物而不辞：养育万物不辞辛苦。

（注："衣养万物而不辞"通行本第二章作"万物作焉而不辞"。实际上，这里谈论的是圣人如何做。如果是"万物作焉而不辞"，就不知道"当万物兴起的时候，圣人'不辞'什么"？难道是跟着瞎捣乱？傅奕本、敦煌本作"万物作焉而不为始"，这就更没意义。今调整为"衣养万物而不辞"，这是圣人所作，并且是义不容辞。）

名有：宣布占有。

功成不名有：圣人做事成功后，并不把成功的果实宣布为自己所有。

按：这和下士所引用的"生而不有"有微妙的差别。

万物归焉而不为主：成功以后，即便人们主动把万物都送给他，他也不认为这是属于自己的，不据为己有。

按：1.这句话首先表明，受惠者是感恩的。

2.这不但给虚伪的"禅让"制度堵上了口子，同时也没给那些身居高位不干事的君主留有任何口实。老子一方面主张人君不居于"高贵"的位置；另一方面，在事业成功以后也不要"功遂身退"，而是依旧为人民服务，这是为人君主应该具备的基本素质，

⑫ **有无相生**：互通有无，彼此相生。

按：上士引用的"天下万物生于有，有生于无"是阐述一个生命个体的新陈代谢。

"有无相生"是阐述社会生活中多个个体的互补互助。比如，你有车但是没有馒头，我有馒头但是没有车，这时候就可以互通有无，而不是互相"宰客"。

难易相成：困难的事和容易的事互补而成功。

按：你做车子比较困难，但是我做车子就很容易；我做馒头比较困难，但是你做馒头比较容易。这样就可以分工协作，互相取长补短。

长短相较：长和短相互比较而调整。

按：在市场经济中，人们对货物的各个方面相互比较，讨价还价。讨价

还价的最终结果是"和"，而不是弄成僵局，也不是让一方占尽便宜，另一方赔得倾家荡产。

"长短相较"是辨明是非曲直，所谓"亲兄弟，明算账"。

全： 保全。

高下相全： 高与下相互保全。

按：富人不要歧视压迫穷人，穷人也不要仇富，要相互保全。

（注："高下相全"通行本第二章作"高下相倾"。帛书甲乙本均作"高下相盈"。上面老子说："高以下为基。"今调整为"高下相全"。）

音声相和： 言必由衷，所以，政策得到庶民、官员的响应。

前后相随： 后面的跟随前方的。

按：先富带后富，而不是后面的跟不上，也不是加害前方。

故有无相生，难易相成，长短相较，高下相全，音声相和，前后相随，可以长久：

按：①这是人与人相处的法则，唯有如此才能长治久安。

②这一段也是从多维角度阐述了阴阳相对论。

⑬ **致：** 河上公注：就也。

舆： 《周礼·冬官考工记》："舆人为车。"《注》："舆人专做舆，而言为车者，车以舆为主也。"——《康熙字典》

按：舆的本义是轿夫。（补）

数舆： 轿夫的人数，象征尊贵等级。

故致数舆无舆： 此言至尊不可以用轿夫人数的多少来衡量，乃至无须用人抬轿。

按：侯王自称孤、寡是从言语上谦卑。不用轿抬则是从精神和物质的一致谦卑。既不用轿抬，则一切华丽的宫殿、衣帽之"彰显"身份的，一概全免。

自今及古，其名不去： 从古至今，王公的名称都不去除。

按："自今及古"为"自古及今"的倒装。

是谓道纪：这就是道的纲要。

按：上士说："道隐无名。"

老子前面所述"故民或行或随，或嘘或吹，或强或羸，或载或隳。正善治，心善渊，言善信，与善仁。挫其锐，解其纷，和其光，同其尘。为而不恃，衣养万物而不辞，功成不名有，万物归焉而不为主。故有无相生，难易相成，长短相较。高下相全，音声相和，前后相随，可以长久，故致数舆无舆。自今及古，其名不去"。这一段话所包含的所有内容的综合，可称为"道的纲要"。简言之，圣人以道治理国家而不自以为是，百姓知晓感恩回馈，这二者不可分割。

⑭ **社**：地主也。从示土。《春秋传》曰："共工之子句龙为社神。"《周礼》："二十五家为社，各树其土所宜之木。"——《说文》

稷：五谷之长。——《说文》。段注："社者，五土总神。稷者，原隰（xí新开垦的田）之神。皆能生万物者。以古之有大功者配之。"

受国之垢，是谓社稷主；受国不祥，是为天下王：

按：1.老子主张敬神。敬神，并不是建立高台，沐浴净身、焚香祷告，甚至祭献童男童女等等，而是要承载天下的各种不幸，并为人民服务。

2.无论是圣人不积，还是受国之垢，都是对君主、侯王的要求。对于庶民，老子的要求甚低，乃至没有。《孟子·尽心章下》："孟子曰：'民为贵，社稷次之，君为轻。'"这和老子的思想就很接近。到后来，帝王之术盛行起来，和老子、孟子的思想就越来越远离了，再到后来，就是庶民"受国之垢"了。

⑮ **自化**：自我生长、自我化育。

欲：欲望。

作：起也。——《说文》

化而欲作：以庶民为例，庶民因为自我教化，而有了做官的能力，因而也想做官。

侯王若能守之，万物将自化，化而欲作，不欲以静，天下将自定：

按：1. 在生命演化的过程中，一开始总是蠢蠢欲动，这种躁动会战胜冰封沉寂的状态，就像节气里的惊蛰，万物苏醒，充满生机，然后有序地生长。你不用去想着静下来，天下自己就安定了。

2. 对于黎民众生来说，每个人都有向上的动机，都有追求美好生活的向往。如果他们能够自我教化，能够在人格、技能等各方面都有升华，并且有做官的欲望，就不要因为血统等等而采取各种各样的压制措施。

3. 这段文章的思想也不单单适用于国家，在小孩儿教育上的作用更为突出。青春期的孩子正值蠢蠢欲动的时候，小孩子对万事万物都充满好奇，似乎也有无尽的能量，捆也捆不住，这时候，作为家长，一方面要明白青春期的规律，另一方面就得知道自己该处于什么样的位置，把自己的心放踏实，而不是非得让孩子静下来。

君主问："孰能浊以静之徐清？孰能安以动之徐生？"

老子在这里给了完美的回答。

译文：

什么是"宠辱若惊呢"？美好而盛大的德行，只有道才是可以追从的。只有道，能贷给万物且无所不成，自然生产蓄养万物，生养万物而不据为己有，有所作为而不依赖其他，也只有道。最高的善就像水那样，滋养万物却从来不与万物相争，处在人厌恶的位置，自然万物都依赖它而生长，它也从来没有推辞过，万物自然兴起也从来不做万物的主宰。成功后并不占着位置，正由于不占位置，所以不会失去位置。所以就接近道了。所以尊贵以卑贱为根本，高以下为基础。所以王公自称孤、寡、不毂，风尘仆仆就像做地基的石头，而不想保养得像玉石般细嫩。所以，世间的人不管是离你而去还是追随你；不管是哈暖气还是吹冷风；不管是强盛还是衰弱；不管是承载还是颠覆。你在政治上要善于治理国家，心要像深渊一样清静，善言出口可让人信服，赠予要出自智慧与仁爱。挫掉他们的锋芒，化解他们的纷扰；以他们的光彩为荣，也与他们共处于尘垢之中；为万物尽力而不自恃有功，保护养育万物也从来没有推辞过，成功了而不据为己有，万物归附于他而不自以为主宰。所以"有"和"无"互相依存，难和易由分工协作而成功，长和短互相比较，地位高低都互相保全，好的政策都会得到积极的响应，前和后相跟从，所以能够长久。所以，致为尊贵的人不用轿夫。从远古到现在，"王公"的名都不去除，这就是道的纲要。所以圣人说："能承受国家的屈辱，这才是社稷的君主；能承受国家的祸殃，这才是天下的君王。"侯王若能牢记这一点，天下万物都会自己生化繁衍，当万物生化欲有所作为的时候，虽然没有欲望让它们静下来，但是天下自己就安定了。